\> coleção = *decolonização e psicanálise* <.>
volume = a *psicanálise em elipse decolonial* <

> volume = *a psicanálise em elipse decolonial* <
> coleção = *decolonização e psicanálise* <

© n-1 edições + psilacs, 2021
ISBN 978-65-86941-57-9

Embora adote a maioria dos usos editoriais do âmbito brasileiro, a n-1 edições não segue necessariamente as convenções das instituições normativas, pois considera a edição um trabalho de criação que deve interagir com a pluralidade de linguagens e a especificidade de cada obra publicada.

> n-1 edições <

> coordenação editorial <.> *peter pal pelbert · ricardo muniz fernandes* <
> preparação <.> *fernanda mello · flavio taam · gabriel rath kolyniak* <
> direção de arte <.> *ricardo muniz fernandes* <
> assistência editorial <.> *inês mendonça* <
> ilustração na capa <.> *denilson baniwa* <
> projeto gráfico <.> *luan freitas* <

> psilacs <

> coordenação da coleção decolonização e psicanálise <.> *andréa guerra* <
> coedição <.> *rodrigo goes e lima* <
> revisão <.> *ana paula menezes de souza · lucas alexandre alves rocha · rodrigo goes e lima* <
> apoio técnico <.> *lucas alexandre alves rocha · ana paula menezes de souza* <
> apoio de arte <.> *guilherme rodrigues* <

> conselho editorial <

> antoine masson <
> jacqueline de oliveira moreira <
> leônia cavalcante teixeira <
> luciano da fonseca elia <
> marcelo ricardo pereira <
> mario elkin ramírez <

A reprodução parcial sem fins lucrativos deste livro, para uso privado ou coletivo, em qualquer meio, está autorizada, desde que citada a fonte. Se for necessária a reprodução na íntegra, solicita-se entrar em contato com os editores.

2ª edição | São Paulo | Março, 2022 | n-1edicoes.org

11   > guerra, andréa <.> manifesto por uma psicanálise decolonizada <

seção 1 <.> horizontes do sul global

17   > apresentação <.> silva, maria lucia da <.> sankofa: um ato necessário no campo psicanalítico <

23   > siqueira, fídias <.> as consequências da colonização e da escravidão e o contexto de decolonização <

45   > pimenta, tomás <.> modernidade, raça e desumanização <

61   > andrade, cleyton <.> viveiros e florestas, onças e xamãs: decolonizar o pensamento <

77   > rodrigues, guilherme <.> o humanismo universalista da estrutura: aportes totemistas e perspectivistas <

seção 2 <.> descentramentos

105   > apresentação <.> ribeiro, cristiane · mendonça, renata <.> o descentramento como imperativo a uma psicanálise brasileira <

115   > faustino, deivison <.> por uma crítica ao identitarismo (branco) <

121   > lima, mônica <.> a construção da noção de negro e a problematização da identidade em frantz fanon <

133   > rosa, paulina <.> nossa língua pretuguesa <

141   > hissa, juliana · silva, jovana · martins, aline <.> epistemicídio feminino e consolidação capitalista: para além da caça às bruxas <

155   > bispo, fábio · peixoto, herlam · scaramussa, melissa <.> violência masculina – uma leitura clínica da constituição histórica e subjetiva da masculinidade <

seção 3 <.> a práxis em elipse decolonial

175   > apresentação <.> rosa, miriam <.> desafios teóricos e metodológicos para a construção de um futuro decolonial <

183   > hook, derek <.> racismo e gozo: uma avaliação da hipótese do "racismo como (roubo de) gozo" <

209   > moreno, david <.> o real da colonização e as invenções a partir de restos: um saber--fazer com lalíngua <

221   > dupin, fernanda <.> boaventura de sousa santos e a subversão da universidade: um projeto decolonial <

239   > mollica, mariana <.> autoabolição: condição para um futuro decolonial <

253   > guerra, andréa <.> a psicanálise em elipse decolonial <

> manifesto por uma psicanálise decolonizada <

Este manifesto nasce do movimento psicanalítico em elipse decolonial – mais que em giro. Sua raiz é o encontro da psicanálise com corpos subalternizados e seus modos inconscientes de ocupação. Corpos negros na metrópole, aquilombados no Sul Global, transgêneros nas conquistas jurídicas, organizados nos desastres ecológicos, pacifistas nas guerras tribais, indígenas em preservação de suas terras, denunciantes na cena violenta doméstica, em luta nos motins e chacinas, migrantes e ribeirinhos em terra natal, apátridas pelo avanço tecnológico, resistentes de telas.

Descentrados, eles se tornam visíveis pela equação equante. Ponto deslocado em relação ao centro que traça o movimento errante de um corpo - e não seu movimento regular e fixado pelo discurso homogeneizante. Uma órbita elíptica em relação a uma órbita circular. Clínica de bordas. A elipse, ao produzir mínimos movimentos, desloca o próprio centro.

Revela o poder que antes obturava o lugar vazio como olhar que monta a cena em perspectiva. Gozo escópico da arrogância do ponto zero. Desde a desmontagem desse plano especular, ponto de onde o movimento de sobreposições e contenções não é mais encoberto, a obscenidade salta aos olhos. Outro plano subterrâneo de leitura das vísceras, do jorro, da carne, se autoriza.

Fora do centro, se complexificam as perspectivas hierárquicas das linhas abissais. O mapa vermelho da violência no sul global desbota o peso imperial. Em perspectivismo, caça e caçador se veem desde outra humanidade nesses pronomes cosmológicos que não os contêm. Nem detêm. A escala de grandeza dos seres deixa a ver todo corpo em combustão. Multinaturalismos. A psicanálise arde em sua leitura-escolta.

As violações invertem-se nas esquinas globais. O pretenso complexo de dependência do colonizado, desmontado, mostra o esqueleto neoliberal do gozo civilizatório predatório. O fardo do homem branco imperial mostra o lucro que ele carrega. O susto do encontro com a fabricação do Outro, único ser inexistente com um corpo, desvela seu sadismo originário. A psicanalista suleia, enegrece, kizomba. A-bunda-m novos significantes e outros modos de dialetos e de regozijos.

falo, ânus. Língua e buracos. O narcisismo primário e secundário se triplicam num espelho cisheteropatriarcal e racista que se deseja norma universal. Ver e, ao mesmo tempo ser visto, síncope imagética. Desmontagem. O discurso do mestre capitalista imperial é corrompido por seu avesso colonial. O sinthoma introduziu o 'h' da questão: uma língua colonizada miscuída da brutalidade do colonizador. Encriptam-se a história e a geo-política na estrutura inconsciente.

Epistemicídios de saberes em terras plurais, plantation da egologia divina, assepsia e branqueamento do olhar que pretende tudo ver – menos a si mesmo –, disfarçado de neutralidade. Águas caudalosas de regimes sexistas e generificados fabricaram canais de prazer e códigos tecnocráticos fizeram crer no desvalor atribuído aos saberes, subjetividades, seres e poderes que, desde sempre, habitaram terras originárias.

Entre ser uma deusa ou uma ciborgue, perguntamos por que não um orixá Obaluaê ou uma outra trindade una: Brahma, Vishnu e Shiva? Tupã, Jaci e Guaraci teriam vivido um complexo de Édipo? Como pensar a unidade e sua impossível coesão num eu habitado por tantos furos e corrompido por tantos ideais? Como fazer ver o gozo que escorre no corpo pelas tramas da linguagem colonial? Como disjuntar em sua relação moebiana natureza e cultura? Como pensar o sintoma, a norma simbólica e a língua que dão carne e forma aos discursos que domesticam gozo? Como desamar suas vestes imperiais?

O confronto necessário de psicanalistas com a herança colonial descentrou sua obediência civil. Nosso agora movimentou sua estrutura epistêmica, ontológica, sexual e afetou sua práxis. Decidimos enterrar com dignidade cada corpo irmão assassinado. Um véu se levantou quando a subalterna falou e foi escutada, quando o oriental não mostrou seu turbante e quebrou o espelho, quando a indígena não cedeu de sua tez e guardou o direito a sua terra vermelha, quando a funcionária doméstica entrou pelo elevador social e requereu seus direitos trabalhistas, quando a sexualidade saiu dos manuais diagnósticos, quando as nações ao controlarem suas fronteiras foram denunciadas em sua falácia.

Elipses decoloniais engendraram outras dispersões no território da psicanálise. A terra e o sol no heliocentrismo, o homem e o primata no darwinismo, a razão e o inconsciente na psicanálise. Nome de feridas narcísicas. A elas acrescentamos o imperialismo e as raças. Desalinhadas pelas quebradas da periferia, quarto golpe. A peste avança. Enquanto houver o que manca, o que não cabe e o que se fabrica, a psicanálise irá se recriar. Fora do regime das hegemonias – já em crise.

A psicanalista com seu corpo sobre a tela experimentou outra materialidade do gozo. Letra, rasura, litoral, sulco, significante, gíria, meme, imagem. O objeto subtraído da cena decodifica o padrão em ato. Não há como voltar ao antes. O tempo se mostrou manobra neoliberal. Primitivos eternos do passado, lançados incondicionais ao progresso, inibidos do imediato. Os sujeitos ganham qualidades temporais num corpo volatizado pelo monitor. A presença do analista na praça e no celular, carregado no bolso, radicaliza sua condição de equivocidade.

"Pai, não vês que estou queimando?", um sonho, um pesadelo. Quem é o pai? De qual incêndio estamos falando? O que arde, dói e arrasa um corpo-filho? Qual corpo foi morto? Por quem? Como? Quando o real toma a cena e se imiscui no simbólico não é mais possível imaginarizar uma cena descolada do mundo.

A mancha entra na linha de frente nesse assalto à mão armada de um povo inteiro. O corpo em chamas foi um indígena em uma calçada brasileira, um corpo árabe na primavera, uma estátua durante o protesto. A psicanálise, com seu corpo vivo, estava lá, e não apenas como testemunha. Poesia para fazer fixão.

Arsenal de guerra, objeto-arma, corpo em composição. Somos muitas na frente de batalha da guerra transversal do cotidiano. E sabemos de que lado estamos. Não jogamos, porém, o bebê com a água do banho fora. Nós o lavamos, antes mesmo do pai, em lama, mar, rio e sal. O real não cede e o inconsciente arma suas defesas, assente com o desejo e resiste à normalização que faz sacudir suas escrituras.

Ler, escutar, intervir, se pronunciar, participar, denunciar, tomar posição e partido. Decolonizar. Verbos infinitivos porque em descontinuidade. A clínica, inundada. O caminho, na encruzilhada. A escuta, carta-letra. A psicanálise, incomodada.

Esse manifesto não fagocita porque não destrói. Fundante e afundante. Busca desalojar semblantes e realocar os termos no simbólico para ler o inconsciente real. Canibaliza e em-corpora. Whiteless. Segue o fluxo gozoso do corpo, inadestrável e retumbante de um modo de ser Um, não sem o Outro. Aposta ética do devir psicanalítico na falta de horizonte de nosso doravante. Não ficaremos por aqui hoje.

deferências bibliográficas (canibalizadas)*

frantz fanon, aimée césaire, sigmund freud, enrique dussel, aníbal quijano, santiago castro gómez, jacques lacan, sojourner truth, bell hooks, oyèrónkẹ́ oyěwùmí, donna haraway, paul b. preciado, jacques-alain miller, kalpana seshadri-crooks, glen sean coulthard, éric laurent, boaventura de sousa santos, achille mbembe, anne mcclintock, silvia federici, grada kilomba, eduardo viveiros de castro, rita laura segato, lélia gonzalez.

> por andréa guerra <

Andréa Guerra é doutora em Teoria Psicanalítica pela Universidade Federal do Rio de Janeiro (UFRJ) com Études Approfondies em Rennes II (França), mestre em Psicologia Social pela Universidade Federal de Minas Gerais (UFMG), professora adjunta do Departamento e da Pós-Graduação em Psicologia da UFMG, onde coordena o @psilacs. Psicanalista, Psicóloga e Bacharel em Direito.

seção 1

horizontes do sul global

> apresentação   <.>

silva, maria lucia da[1] <.> sankofa: um ato necessário no campo psicanalítico <

A discussão da colonialidade, conceito que nos ajuda a compreender os desdobramentos e impactos concretos, simbólicos e subjetivos da colonização, tem gerado movimentos, debates e produções importantes, com efeitos na decolonização do pensamento. Contribui também para a construção de novas formas de compreender, atuar e transformar a realidade, apesar do contexto secular de dominação e dos processos de pressão e opressão que vivemos, cada vez mais intensos e violentos dentro e fora do país.

A ideia central defendida neste livro é a de que a raça, base do pensamento colonial, é um recorte que fundamenta epistemicídios, produz violências estruturais e cria supremacias e hierarquias, portanto, um fundamento que legitima a prática hegemônica de poder econômico, subjetivo, ontológico, relacional etc.

Nesse processo, não há como manter invisibilizado o avanço da discussão sobre a branquitude como elemento do racismo que estrutura a sociedade brasileira. Esta discussão ganha cada vez mais espaço, seja na crítica às instituições, na reflexão e produção teóricas ou mesmo na implementação de ações concretas visando à alteração da realidade nacional.

Se, no nível estrutural, o racismo se torna chave para repensar soluções societárias, no plano conjuntural somam-se outros elementos. Assim, embora haja esse movimento decolonial, nos anos de 2020 e 2021 a epidemia de *COVID-19* e a crise política favoreceram retrocessos perceptíveis em todos os continentes, com profundos impactos nas populações menos favorecidas. Esses retrocessos, nas condições de vida de diferentes grupos, foram materializados em indicadores e índices alarmantes, que aqui recuperamos: mortes entre a população negra e indígena produzidas pela *COVID-19*; aumento dos homicídios de jovens e homens negros; alto índice de desemprego e, por consequência, aumento da fome; aumento da violência contra as mulheres e do feminicídio; usurpação de terras indígenas; expulsão de crianças e jovens negras e negros e pobres da escola e dos processos de ingresso nas universidades; precário acesso às novas tecnologias, produzindo o aumento da pobreza e maior

---

1 > Psicóloga e psicanalista, especializada em trabalhos em grupo com recorte de gênero e raça, diretora-presidente do Instituto AMMA – Psique e Negritude, coordenadora geral da Articulação Nacional de Psicólogas(os) Negras(os) e Pesquisadoras(es) e empreendedora social da Ashoka.

concentração de riqueza e privilégios para uma minoria de brasileiros. Houve, então, um retrocesso generalizado em todas as dimensões: na humana, na da acessibilidade, na da política, entre outras.

Mas por que falar sobre isso numa publicação cujo cerne é a colonialidade?! Exatamente porque, apesar das mudanças, continuamos operando a partir de matrizes coloniais, e são elas que continuam ditando quem tem direito de viver ou não. Essa discussão tem a ver com a vida, com a saúde mental, com a saúde psíquica, com a posição de poder e atuação política, tem a ver com racismo e branquitude.

A produção de uma teoria está na mesma dimensão da produção de indicadores econômicos: por trás de ambos encontramos pessoas – algumas humanas, mas muitas desumanizadas.

Apesar disso, quero falar de minha satisfação em apresentar um livro com novas reflexões sobre velhos dilemas, sobre temas que impactam, concretamente, a realidade de milhões de pessoas. Meu contentamento ocorre também pelo processo de "contaminação" – para usar uma palavra que tem nos colocado em alerta – de novos atores, seja na universidade, em movimentos, como no da psicanálise, de modo geral no processo de construção de alianças para o enfrentamento ao racismo estrutural. Ampliar a reflexão e a construção crítica e psicanalítica sobre o racismo estrutural e seu impacto nas relações, na psique e na produção dos fenômenos alarga horizontes e contribui para a construção de novas alianças em direção a uma sociedade onde fenótipos não sejam marcadores de diferença.

A psicanálise nasce sob a égide da colonialidade, portanto, é essencial ouvir as vozes de psicanalistas negros e/ou de pessoas negras, tanto em suas construções teóricas quanto no contato pessoal no âmbito da análise. Diferentes depoimentos nos dizem sobre a vivência das pessoas em não serem ouvidas naquilo que as constitui, atravessadas por uma escuta marcada pelo signo da raça na relação analista/analisante, elemento legitimador de práticas hegemônicas de poder e dominação. Uma ação decolonizadora será revisitar o tripé formação, supervisão e análise, levando em conta a centralidade da colonialidade e considerando o racismo e a branquitude como elementos estruturantes do pensamento e da ação.

Nesse sentido, na primeira seção do livro *A psicanálise em elipse decolonial*, vemos logo de saída, no capítulo de Fídias Siqueira, a proposição de tomar esses dois fenômenos – racismo e colonização – como ponto de partida em direção a possibilidade e exigência de se produzir a decolonização. Siqueira retoma os processos históricos iniciados no século XVI e, com a Revolução do Haiti, busca outros marcadores para denunciar a construção da segregação baseada na raça e pensar a mudança da condição do colonizado, extraindo, como efeito, o modo de estruturação do racismo, apoiado na depreciação hierárquica atribuída à cor da pele e à negação que legitima estruturas violentas de exclusão racial e mostra como a diferença se torna desigualdade. O autor estende longamente sua análise às formas de adoecimento psíquico que esse regime de opressão engendra.

Em "*Modernidade, raça e desumanização*", Tomás Pimenta pretende chamar a atenção para a centralidade da questão da raça a fim de gerar maior compreensão do momento histórico que estamos vivendo. Visando à concepção de possibilidades de uma vida mais digna e tolerável, poderíamos dizer que há um desejo de recriar a vida e as relações humanizadas.

Compreendendo a raça como uma construção social, o autor pretende esclarecer as formas dessa construção, suas particularidades e genealogias, a fim de pensar seus possíveis destinos. Com Enrique Dussel, Pimenta discutirá o início da modernidade em 1492, com os processos de invenção, encobrimento, conquista e colonização das Américas. E, com Quijano, irá debater o fato de a constituição do mundo colonial ter inaugurado novas modalidades de exploração e expropriação de riquezas baseadas na produção de identidades históricas específicas como raça e etnia. Nada mais importante do que atualizarmos a discussão do conceito de raça frente à perspectiva da colonialidade.

O texto de Cleyton Andrade discute o perspectivismo e o estruturalismo, mostrando como a alteridade estabelece uma relação lógica que, no Ocidente, desconhece e aniquila o outro, em vez de operar, a partir dele, como no perspectivismo. Uma afirmação do autor no artigo condensa essa proposição: "não é uma rotação de perspectiva que produz novas teorias, inovadoras formas de pensar, mas uma operação que permita, de fato e de direito, fazer ressoar as teorias das próprias sociedades estudadas. Menos a vanguarda de novos conceitos sobre os ameríndios, mas sim a retaguarda dos conceitos do pensamento ameríndio".

Nesse sentido, o autor nos auxilia a compreender que o encontro, ou melhor, o confronto com as formas de vida não europeias que poderia ter resultado numa constatação da diferença acabou por erigir na figura do Outro, exotizado, alegorizado ou caricaturizado, o mesmo que carecia educar, civilizar, emancipar. O desafio político deixado pelo autor é o de adotar uma estratégia que passa menos por abandonar a leitura da teoria nascida eurocêntrica e mais por promover uma anamorfose sobre ela, uma deformação especular como metodologia. Ou, ainda, aos moldes xamânicos, "adotar o ponto de vista do outro sem perder a própria alma".

Finalmente, em "*O humanismo universalista da estrutura: aportes totemistas e perspectivistas*", Guilherme Rodrigues traz uma discussão fundamental ao desnudar as inspirações antropológicas da teoria psicanalítica, avaliando, criticamente, o alcance da psicanálise à luz da antropologia contemporânea perspectivista.

Ao descrever o resgate que Lacan faz da teoria freudiana a partir de elementos do estruturalismo, o autor nos mostra, por meio de uma leitura cuidadosa de *Totem e tabu*, como "o totemismo se funda a partir de premissas que visam cristalizar os modos de pensamento do homem branco, normal e ocidental". A partir desse ponto, desenha uma perspectiva de avanço teórico ancorada nas inovações conceituais trazidas pelo perspectivismo ameríndio de Viveiros de Castro, que instrumentaliza uma nova possibilidade de interpretação da construção da alteridade face à humanidade.

"Qual modelo de sujeito está em jogo na psicanálise a partir do horizonte fornecido pela noção de estrutura, de Freud a Lacan?" é uma pergunta que abre um importante caminho para se pensar a "Psicanálise e a alma inconstante ameríndia". É também um empenho nobre e que porta o fôlego necessário para que se avance sobre bases epistemológicas radicalmente diferentes das tradicionais, um movimento essencial para se pensar um processo de decolonização em psicanálise.

Finalmente, gostaria de resgatar uma importante tradição africana, por meio de um movimento que vem ocorrendo com o uso do símbolo *Sankofa,* representado por um pássaro com a cabeça voltada à cauda e que é parte de um conjunto de ideogramas chamado *adinkra* – símbolos ideográficos dos povos acã, grupo linguístico da África Ocidental. *Sankofa* é traduzido por "retornar ao passado para ressignificar o presente e construir o futuro".

Esse símbolo está representado no esforço do povo negro para recuperar a sua ancestralidade, expondo as cicatrizes da diáspora, mas também apontando caminhos na construção de um novo mundo. Penso que, ao trazer a reflexão do papel da colonialidade, este livro faz parte do movimento, da ação política de "retornar ao passado para ressignificar o presente e construir o futuro".

> siqueira, fídias[1] <.> as consequências da colonização e da escravidão e o contexto de decolonização <

introdução

A questão que o colonialismo nos coloca não é mais um esforço para compreender os seus motivos, efeitos e consequências, tratando-se muito mais de tomá-las como ponto de partida em direção à possibilidade e exigência de se produzir a decolonização.

Estaríamos à altura dos movimentos de ruptura que quebraram a ordem colonial vigente nos séculos passados? Em que medida tomaremos o conceito e o contexto da decolonização? De antemão, precisamos antecipar que não se trata de desconstruir o passado, mas de reinventar o futuro a partir do mal-estar cotidiano que a herança colonial e escravagista nos legou.

Nesse sentido, a opção pelo uso do termo "decolonização" é preferível por estar em consonância com a referência aos autores cujas proposições serão apresentadas neste trabalho. Entendemos que decolonizar implica a produção de algo novo. O trauma, como tema central inerente às consequências da colonização e escravização aqui tratado, também resta como impossível de ser desfeito, mas abre a possibilidade de uma nova significação.

Trata-se de um trabalho que articula pesquisa psicanalítica e fatos históricos, apontando aspectos psicológicos e sociais que repercutem na subjetividade. Ao apresentarmos o contexto da colonização, da escravização, dos movimentos de resistência e da abolição, também procuraremos construir algumas conexões que nos levem a pensar como se dá um processo de decolonização.

---

1 > Psicanalista. Doutor em Psicologia (Teoria Psicanalítica), Mestre em Psicologia (Teoria Psicanalítica) pela FAFICH/UFMG, Especialista em Segurança Pública e Justiça Criminal pela EG/FJP, Graduação em Psicologia pela PUC Minas. Pesquisador colaborador e Co-coordenador do Programa de Extensão Já É do Núcleo PSILACS – Psicanálise e Laço Social no Contemporâneo da UFMG.

colonização e escravização no contexto do século XVI

Ao estudarmos a colonização, tendo no horizonte as consequências e seus efeitos na subjetividade, não podemos desconsiderar que, para Dussel, o sentido emancipador da razão moderna está na articulação do projeto colonial.[2] Ao mesmo tempo, no entanto, o autor ressalta que o processo de "dominação" ou "violência" sobre outras culturas é ocultado, pois o sentido emancipador se sustenta na ideia de superioridade e inferioridade entre os povos, recorrendo à barbárie, à dominação e à ação de vitimizar e culpar o Outro. Trata-se, portanto, de um processo de negação da alteridade, em que a centralidade da cultura "superior" também é negada, como se a conquista fosse um ato emancipatório, além de criar um mito sobre o povo dominado. Esse mito precisará ser desconstruído, pois a vítima é transformada em culpada e o vitimário é considerado inocente.[3]

A ideia da negação da alteridade pode ser pensada a partir da proposição de Freud acerca do conteúdo de uma ideia recalcada que abrirá caminho até a consciência com a condição de que seja negado.[4] Desse modo, Freud situa na dimensão da negativa o aspecto do julgamento, em que o estabelecimento de um juízo negativo equivale a um substituto intelectual do recalque. Na função do julgamento, portanto, "aquilo que é mau, que é estranho ao eu, e aquilo que é externo são, para começar, idênticos".[5]

Freud nos indica uma relação entre o *externo* e o *interno,* e o julgar é uma ação intelectual que tem efeito de escolha, assim como caracteriza uma continuação do processo em que o eu integra ou expele algo de si de acordo com o princípio de prazer, ou seja, em relação aos estados que o objeto produz no sujeito. Ao mesmo tempo, essa polaridade de julgamento parece corresponder à oposição de dois grupos de pulsões: a afirmação pertencente a Eros; a negação – sucessora da expulsão – pertencente à pulsão de destruição.

Essa condição permite-nos, inicialmente, já identificar uma importante configuração naquilo que será crucial na estratégia do colonialismo e da escravização, pois expulsar ou negar algo está associado à intenção de destruir, eliminar, manter à distância.

Não será diferente essa recorrência no processo de colonização e dominação dos povos africanos e americanos a partir do século *XVI*. A negação da alteridade e sua eliminação encontram correspondência na proposição de Grosfoguel quanto aos genocídios/epistemicídios ocorridos ao longo do século *XVI*, sendo um destes o genocídio/epistemicídio de

---

2 > Enrique Dussel, *1942: o encobrimento do outro: a origem do mito da modernidade.* Trad Jaime A. Clasen. Petrópolis: Vozes, 1993.
3 > Ibid.
4 > Sigmund Freud, "A negativa". In: J. Salomão (Org.), *Edição standard brasileira das obras psicológicas completas de Sigmund Freud* (Vol. XIX). Rio de Janeiro: Imago, 1976.
5 > Ibid., p. 297.

mulçumanos, judeus e africanos.⁶ Segundo o autor, o extermínio se torna uma condição para a existência, e esse método, tendo sido transplantado para as Américas, cria um novo imaginário e uma nova hierarquia racial sustentada na classificação dos povos "sem religião".⁷

Cabe destacar mais uma vez a função da negação, pois, segundo Grosfoguel, ao considerar esses povos sem alma, abria-se a possibilidade de afirmar que não eram humanos, mas animais. Assim o discurso racista do Estado cria categorias e inventa uma identidade moderna e colonial. Trata-se da institucionalização da ideia de raça, o que leva à escravização dos povos africanos. Ao serem considerados "povos sem alma", o racismo contra o negro se tornou uma estrutura fundamental e constitutiva da lógica do mundo moderno-colonial.⁸

Em continuidade a essa construção, consideramos a proposição de Quijano ao afirmar que o colonialismo se refere a uma estrutura de dominação/exploração, controle da autoridade política e dos recursos de produção, nem sempre implicando relações raciais de poder.⁹ O autor propõe o termo "colonialidade" como um dos elementos constitutivos e específicos do padrão mundial do poder capitalista, sustentando-se na imposição de uma classificação racial/étnica da população do mundo como pedra angular do padrão de poder. Se o colonialismo é mais antigo, a colonialidade é mais profunda e duradoura, embora se encontre engendrada dentro do primeiro.

Ainda em referência à proposição freudiana da negação, seguiremos com a proposição de Quijano sobre a constituição da América Latina a partir da centralidade da concepção de poder e dominação, em que surgem novas identidades societais da colonialidade como uma configuração – índios, negros, amarelos, brancos, mestiços – que instaura um novo universo de relações intersubjetivas de dominação.¹⁰

Não podemos desconsiderar o papel da negação na constituição do poder. Tal como propõe Quijano, o poder se encontra no centro das relações e a autoridade é produzida sob coerção.¹¹ O mecanismo psíquico da negação será importante para pensarmos tal proposição, uma vez que o autor se refere a relações que operam entre coerção e força, colocando em jogo a questão da classificação social. Mais uma vez, em consonância com o mecanismo psíquico, aproximamos a discussão a partir do julgamento possibilitado pela negação ao que Quijano destaca da classificação dos povos a partir das suas características diferenciais

---

6 > Ramón Grosfogel, "A estrutura do conhecimento nas universidades ocidentalizadas: racismo/sexismo epistêmico e os quatro genocídios/epistemicídios do longo século XVI", *Revista Sociedade e Estado*, v. 31, n. 1, 2016.
7 > Ibid.
8 > Ibid.
9 > Aníbal Quijano, "Colonialidade do poder, eurocentrismo e América Latina". In: *A colonialidade do saber: eurocentrismo e ciências sociais: Perspectivas latino-americanas*. Buenos Aires: CLACSO, 2005.
10 > Aníbal Quijano, "Colonialidade do Poder e Classificação Social". In: Boaventura de Sousa Santos e Maria Paula Meneses, *Epistemologias do Sul*. Coimbra: Almedina, 2009.
11 > Ibid.

como forma de demarcar lugares e papéis das pessoas no controle dos recursos, produtos, sexo e subjetividade.[12]

Se a classificação pode ser pensada em concomitância ao julgamento, a outra esfera do processo de colonização que encontramos no texto de Quijano se refere ao processo de formação de identidade, em que se ressalta que o processo identitário no contexto de colonização não coloca em questão as instâncias do poder societal.[13] Dessa maneira, as relações de poder e o papel dos atributos se tornam centrais na classificação social das pessoas a partir de características como sexo, idade e força de trabalho. Entretanto Quijano afirma que nas Américas houve o acréscimo do fenótipo – a cor da pele.[14] Para o autor, a categoria raça foi incorporada na classificação dos indivíduos nas relações de poder, o que produziu novas relações intersubjetivas de dominação, em que a "cor" da pele se tornou definidora da marca diferencial mais significativa.

Quijano afirma que o colonialismo criou um novo padrão de poder mundial do qual um dos eixos fundamentais é a classificação social da população a partir da ideia de raça.[15] Da associação entre poder, dominação, hierarquia, lugares e papeis, a classificação da população a partir da ideia de raça se torna a forma de outorgar legitimidade à dominação, pois constitui o mais eficaz e durável instrumento de dominação que incide sobre os povos e os despojam de identidades históricas, atribuindo-lhes uma identidade racial e colonial negativa.

O outro aspecto concernente à instauração do colonialismo e à sua lógica de dominação se refere à escravização. Nesse contexto, Kilomba afirma que o tráfico negreiro tornou a África única em sua história colonial, pois foi algo único em relação ao povo africano, transformando seres humanos em artigo de comércio.[16] Para a autora, a população africana foi "desmembrada, escravizada, coletivamente segregada da sociedade e privada de seus direitos, tudo para o benefício das economias europeias".[17] Este se torna o fio condutor da investigação de Kilomba, que insiste na necessidade de se destacar o choque da separação, a dor violenta da privação de um elo com a comunidade, pois as experiências de ruptura permitem uma referência ao que trata em sua obra sobre a definição clássica de trauma, já que

> o desmembramento dos povos africanos simboliza um trauma colonial, pois trata-se de uma ocorrência que afetou tragicamente não apenas aquelas e aqueles que ficaram para

---

12 > Ibid.
13 > Ibid.
14 > Ibid.
15 > Aníbal Quijano, "Colonialidade do poder, eurocentrismo e América Latina", op. cit.
16 > Grada Kilomba, *Memórias da plantação: Episódios de racismo cotidiano*. Trad. Jess Oliveira. Rio de Janeiro: Cobogó, 2019.
17 > Ibid., p. 206.

trás e sobreviveram à captura, mas sobretudo aquelas e aqueles que foram levadas/os para o exterior e escravizadas/os.[18]

Ao mesmo tempo que destaca essa história de desarticulação, divisão e fragmentação, Kilomba também afirma que nessa mesma direção se insere a história de uma ruptura que une negras e negros em todo o mundo. Na contramão de uma ideia de permanência da negação, consideramos se tratar de uma perspectiva de afirmação a partir da negação primordial da história de um povo.[19]

Não se trata de uma história apenas de negação, mas também de uma dominação que se afirma a partir da negação. E, como tal, consideramos o que Charles-Nicolas destaca da colonização e seu suporte no tráfico negreiro e na escravidão, produzindo-se uma visão racializada e racialmente hierarquizada da humanidade como justificativa para a escravidão.[20] Para o autor, a estratégia vinculada às teorias raciais e hierarquias ligadas à colonização situavam o negro como animal. Tal estratégia é encontrada nas ideias racistas e tem como função manter o Outro à distância, visando a proteção. Isso leva à emergência da ideia de inferioridade do negro e à radicalização da diferença.

Confirmamos a partir do conceito psicanalítico da negação e das evidências históricas e sociológicas acerca da colonização e da escravização que a negação tem sua função no processo de dominação. A partir da negação, no entanto, pode-se considerar que outro processo também é possível, a afirmação, tal como veremos no evento revolucionário descrito a seguir.

a revolução de são domingos e suas repercussões

A discussão sobre decolonização e psicanálise pode ser corroborada pelo acontecimento histórico, pois os fatos históricos não estão desvinculados dos aspectos psicológicos, mesmo porque não se trata de estabelecer uma relação de causalidade direta, mas de extrair considerações sobre as consequências do contexto histórico e subjetivo.

Dado o contexto de instauração da colonização e suas estratégias de dominação, seguiremos com o que James destaca sobre a escravização como recurso da colonização a partir da introdução do trabalho forçado, do assassinato, do estupro, da coerção, bem como da separação de pessoas, famílias e povos.[21] Tal condição foi avalizada pela Igreja e pelo Estado

---

18 > Ibid., p. 207.
19 > Ibid.
20 > Aimé Charles-Nicolas, "L'esclavage: quel impact sur la psychologie des populations?". In: Aimé Charles-Nicolas e Benjamin Bowser, *L'esclavage: quel impact sur la psychologie des populations?*. Paris: Éditions Idem, 2018.
21 > Cyril Lionel Robert James, *Os jacobinos negros: Toussaint L'Ouverture e a revolução de São Domingos*. Trad. Afonso Teixeira Filho. São Paulo: Boitempo, 2000.

na implantação de um regime baseado na brutalidade e no terrorismo, além de estabelecer relações marcadas pelo ódio e pela nomeação pejorativa e depreciativa.

Para James, tais estratégias justificavam o colonialismo, pois considerar os negros como animais era também uma forma de justificar sua escravização. O modelo de colonização associado à escravização se expandiu por todo o continente, caracterizando-se por sua larga escala e pela articulação ao tráfico de escravos, ao comércio internacional e à grande propriedade.[22]

É em relação a esse sistema de dominação que a Revolução de São Domingos (1791), atual Haiti, é compreendida por Morel pela ligação com o tema da escravidão e do domínio colonial.[23] Segundo o autor, trata-se de uma referência histórica da humanidade, pois dela resultou o primeiro Estado colonial oriundo de uma insurreição de escravos. O país foi o primeiro a abolir a escravatura e o segundo a declarar independência nas Américas. O principal destaque é que os protagonistas foram trabalhadores escravizados que, ligados paradoxalmente à Revolução Francesa, destruíram a escravidão e o domínio colonial e exterminaram a maioria da população branca, constituindo um processo insurrecional único na história.

O outro aspecto tratado por Morel se refere à influência dos ideais Iluministas e da Revolução Francesa, pois a reivindicação pela igualdade de direitos e pela liberdade fez com que as duas revoluções não recuassem frente à escravização.[24] Segundo o autor, as duas revoluções se aproximam, mas a Revolução do Haiti forçou a Revolução Francesa à universalização dos Direitos do Homem e do Cidadão, pois embora a França abolisse o escravismo de suas colônias, o evento revolucionário em São Domingos já o havia destruído. Apesar de entrelaçadas nesse ponto, as duas revoluções possuíam alcance, dinâmicas, características e objetivos próprios, confirmando que não foram as "Ideias francesas" que iluminaram a colônia unilateralmente.[25]

A outra condição encontrada na Revolução de São Domingos é destacada por James em relação ao impulso revolucionário identificado na força das massas e na figura de um líder.[26] Foi inicialmente a liderança de Toussaint L'Ouverture, um negro, que também levou à concepção de uma revolução à imagem dos negros, constituindo a base de sua organização em torno da igualdade de direitos e da liberdade.

James ressalta como principal característica da Revolução de São Domingos o fato de ter sido conduzida pelos escravos,[27] tratando-se, assim, da única revolta bem-sucedida da História, numa luta contra a colonização, a escravização, a submissão, a inferioridade

---

22 > Ibid.
23 > Marco Morel, *A Revolução do Haiti e o Brasil escravista: o que não deve ser dito*. Jundiaí: Paco, 2017.
24 > Ibid.
25 > Ibid.
26 > Cyril Lionel Robert James, *Os jacobinos negros*, op. cit.
27 > Ibid.

e rompendo com a estrutura hierárquica que estabelecera as vantagens e privilégios dos brancos. Isso o leva a constatar que, se na força das massas se encontrava o poder, a revolução criara uma nova raça de homens, pois a capacidade instintiva para uma organização revolucionária não era algo peculiarmente francês.

Se isso constitui uma especial distinção entre as duas revoluções, a partir da abolição do escravismo e da independência, Morel destaca na reorganização da sociedade assolada pela guerra a implantação de novas formas de dominação, com a permanência da concentração da terra e de novas formas de controle do trabalho.[28] Para o autor, entre 1804 e 1825 o Haiti se tornou um extenso laboratório de experimentos políticos, e, se a revolução foi caracterizada pela destruição do escravismo e da dominação colonial, a sua marca foi a ruptura violenta com o sistema. Nesse sentido, Morel ainda enfatiza que a destruição do escravismo colonial deixou marcas de permanência nas mentalidades práticas de poder social e político.[29] Dessa forma, a revolução produziu efeitos como a destruição de um sistema, a manutenção ou reinvenção de valores coloniais e da desigualdade, bem como a cristalização do pertencimento racial. Além disso, ocorreram mudanças no sistema de exploração dos trabalhadores pobres, nas formas de controle e distinção social, bem como a reinvenção de outros modos de dominação. O Haiti surge como uma nação oriunda de uma rebelião de escravos, não se tratando de uma ramificação da Revolução Francesa. Tal experiência foi exceção, não regra, no panorama internacional.

Ainda sobre esses efeitos, Morel afirma ter se tratado de algo singular, inesquecível e inigualável,[30] motivo pelo qual o autor apresenta em sua investigação as repercussões da revolução no Brasil, onde, apesar da emergência de manifestações antirracistas, antiescravistas e emancipacionistas, pairou uma camada de silêncio quanto à relevância e originalidade da revolução. Enquanto no Haiti a revolução rompeu e quebrou um sistema, o autor enfatiza que um dos seus efeitos no Brasil foi reforçar as relações escravistas.[31]

Dentre alguns aspectos da Revolução do Haiti, Morel considera que seus efeitos levaram a esforços interpretativos para dimensionar seu alcance e sentido no Brasil.[32] Com isso produziram-se expressões acusatórias, carregadas de conotações raciais para desqualificar o adversário. O autor ainda destaca outro aspecto referente à força da tradição oral e do papel da imprensa escrita na circulação das ideias advindas daquela revolução, enfatizando que esse legado possibilitou a abertura para a discussão racial, para a definição de direitos e

---

28 > Marco Morel, op. cit.
29 > Ibid.
30 > Ibid.
31 > Ibid.
32 > Ibid.

de cidadania, mesmo diante da alternância entre o "maldito" e o "não dito", o silêncio e a ocultação, confirmando que esse movimento abafava a contestação à discriminação racial e à escravidão, pois havia a pretensão de transformação da ordem sem ruptura e sem a iniciativa dos escravos.

Finalmente, Morel destaca a chegada da Revolução do Haiti ao Brasil pela circulação da palavra e ressalta o silêncio quanto ao assunto, "o não dito que assim, acaba dito e escrito, em meias palavras",[33] tocando no cerne do preconceito racial, da tentativa de desqualificar o exercício do poder dos negros. Nesse contexto, evidenciava-se a legitimação das diferenças raciais e do racismo, bem como o surgimento da definição de racismo e o questionamento sobre a escravidão.

Para Morel, o contexto da revolução e suas repercussões permitiu levantar "o véu daquilo que não deveria ser dito nem lembrado, isto é, o peso da dominação racial e social e a possibilidade destes oprimidos se rebelarem",[34] porque "o que não deveria se dizer fora pronunciado, era preciso então maldizer".[35] Lançava-se assim o espectro da "força negra" que parecia ameaçar o Brasil, levando à criação de estratégias de depreciação aos negros em nosso país: "A Revolução do Haiti traz a marca do improvável, do impossível e do impensável. Desconstruir o silêncio do passado é uma trilha, ainda que enviesada, para projetos futuros."[36]

efeitos da colonização, do colonialismo/colonialidade e da escravização

A partir do contexto da colonização e sua associação à escravização, bem como o pano de fundo do advento da modernidade, tomada a Revolução do Haiti e suas repercussões nos países das Américas, percorreremos nessa seção as contribuições de alguns autores sobre os efeitos do colonialismo/colonialidade e da escravização, a fim de extrairmos dessas consequências algumas possibilidades para pensarmos como se dá um processo de decolonização.

No prefácio ao livro *Retrato do colonizado precedido pelo retrato do colonizador* de Albert Memmi, Roland Corbisier afirma que o fim do colonialismo não significa o seu fim, pois o neocolonialismo surge como último estágio do imperialismo.[37] Esse novo colonialismo não deixa de ser o mesmo, perdura, embora o seu caráter "novo" assuma novas formas e modalidades.

---

33 > Ibid., p. 229.
34 > Ibid., p. 264.
35 > Ibid., p. 265.
36 > Ibid., p. 310.
37 > Roland Corbisier, "Prefácio". In: Albert Memmi, *Retrato do colonizado precedido de retrato do colonizador*. Trad. Roland Corbisier e Mariza Pinto Coelho. Rio de Janeiro: Paz e Terra, 1977.

O colonialismo, segundo Corbisier, não se apresenta somente na forma da dominação e exploração de grupos humanos, classes sociais ou povos, mas perdura sob a forma de segregação racial ou recrudesce pela marginalização dos povos, pelo controle da economia, pela criação de mitos e estereótipos, assumindo formas extremas.[38] Nesse sistema, colonizado e colonizador são colocados frente a frente entre inferioridade e superioridade, sendo a situação colonial constituída por interesses antagônicos e irreconciliáveis – além do espectro de alienação que ocorre quando o colonizado se convence da superioridade do colonizador, uma vez que o colonizado se perde no "outro", e a alienação é levada às últimas consequências como lógica de dominação.

A partir daí, Corbisier define tal processo como uma "pseudomorfose",[39] pois a nova forma adquirida não exprime nem representa o antigo conteúdo, já que não se deixa de ser o que é para se tornar o que não é. A ideologia colonialista leva o colonizador a desembocar no racismo, pois o domínio e a espoliação exigem o estabelecimento de estereótipos sobre o colonizado, definindo uma relação fundamental com o colonizador, em que o racismo é um obstáculo intransponível à assimilação.[40]

Em sua obra, Albert Memmi traça o retrato do colonizado precedido do retrato do colonizador.[41] Esse "precedido" é uma distinção fundamental para pensarmos a estratégia colonialista. Tal condição parece já nos antecipar não apenas o fato de o colonizador saber onde se situa o seu lugar e o seu papel, bem como a sua função nesse processo de alienação.

Memmi enfatiza não só a base econômica e o lucro visado pelo colonizador, mas o instante em que descobre o colonizado e o seu privilégio como colonizador. Sob essa perspectiva, é dessa relação que se cria o privilégio e se concebem leis que estabelecem os direitos do colonizador e os deveres do colonizado. Mesmo verificando a ilegitimidade da sua situação, o colonizador subverte as normas vigentes e as substitui pelas suas, e é isso que o define como *usurpador*.[42]

O outro aspecto apresentando nesse texto e já discutido anteriormente é também destacado por Memmi quanto à imagem mistificada e depreciada que o colonizador impõe ao colonizado – um retrato-acusação e um ideal de referência e norma. Com isto, o colonizador toma uma decisão sobre um traço constitutivo da essência do colonizado, tornando o racismo uma substantificação de um traço real ou imaginário do acusado.[43]

---

38 > Ibid.
39 > Ibid., p. 9.
40 > Ibid.
41 > Albert Memmi, *Retrato do colonizado precedido de retrato do colonizador*, op. cit., 1977.
42 > Ibid.
43 > Ibid.

Como consequência dessa extração que tornará o traço depreciativo, Memmi enfatiza a ambiguidade do colonizador que transmite a ideia de proteção (protetorado) ao mesmo tempo que desumaniza o colonizado, submetendo-o e transformando-o numa sucessiva modelagem de negações. Ao torná-lo estranho e misterioso, faz da despersonalização a sua marca plural. Ao torná-lo objeto, demonstra a eficácia da operação em que o colonizado se parece cada vez mais com uma coisa, um animal. Da mistificação, do confronto com a imagem de si, essa marca detestável se torna um sinal familiar, uma acusação, uma perturbação. Apoiado na jurisdição, tira-lhe a cidadania.[44]

Tais condições se somam ao que encontramos no texto de Kilomba ao se referir às consequências do colonialismo, principalmente quanto à afirmação de algo sobre o outro e à recusa deste em reconhecer em si.[45] É a partir dessa estrutura do racismo baseada na negação para manter e legitimar estruturas violentas de exclusão racial, em que o negro é transformado em inimigo, e o branco, em vítima passiva, que a autora destaca as consequências dessa dominação.

A partir das ambiguidades intrínsecas a essa relação entre brancos e negros, em que os aspectos depreciativos e ameaçadores foram destacados em distintos polos, Kilomba afirma que o racismo é pensado como fenômeno periférico, marginal, como se fosse algo na estrutura das relações sociais, mas não determinante dessas relações. Vê-lo como "coisa" externa, do passado, à margem, possibilita encobrir as cicatrizes psíquicas que ele mesmo causa.[46]

Dessa maneira, Kilomba demonstra que o racismo leva à construção da diferença, mostrando ainda como a diferença está ligada a valores hierárquicos (estigma, desonra, inferioridade), preconceito e poder. Da combinação desses últimos fatores se forma o racismo, pois nele está incluída a dimensão do poder e a revelação da diferença. O problema central não é a diversidade, mas a desigualdade entre as pessoas.[47]

Pela definição do racismo como estrutural, institucional e cotidiano, Kilomba afirma não podermos deixar de articulá-lo ao gênero, pois raça e gênero são inseparáveis.[48] Embora não seja objeto de discussão neste texto, não desconsideramos as proposições da autora quanto à branquitude e à situação das mulheres brancas em relação às mulheres negras, bem como em relação ao patriarcado, já que os homens negros não possuem as mesmas relações patriarcais como os homens brancos. Entretanto, em consonância com a proposição deste trabalho, não podemos deixar de interrogar tais aspectos em relação à decolonização.

---

44 > Ibid.
45 > Grada Kilomba, *Memórias da plantação*, op. cit.
46 > Ibid.
47 > Ibid.
48 > Ibid.

Outros aspectos relacionados ao racismo são tratados por Kilomba a respeito da territorialidade e da espacialidade, em que se verifica a exclusão e o sentimento de não pertencer, sendo o racismo definidor de fronteiras, segregação, confinamento, controle e exploração.[49] Além disso, o racismo explicita a dimensão do gozo, situando do lado do negro a dimensão do exotismo e do prazer. A autora se refere à proposição de Fanon quanto à condição em que o negro é inspecionado como um objeto de fetiche, obsessão e desejo. Nessa conjuntura o negro é tornado Outro, mas isolado no conjunto, pois a diferença se torna uma marca para a invasão.[50]

Além disso, Kilomba afirma que o racismo funciona por meio do discurso. Trata-se de um regime discursivo, de uma cadeia de palavras e imagens que se tornam equivalentes por associação. A autora ainda estabelece uma longa construção sobre a articulação entre racismo e trauma, identificando neste último uma linguagem e um impacto corporal em que o sujeito é separado de qualquer identidade, enquanto o trauma é advindo do contato com a violenta barbaridade do mundo branco. Desse modo, sua proposição é que há no racismo uma irracionalidade, e a "Irracionalidade do racismo é o trauma".[51]

Além de identificar o efeito da linguagem no racismo como corolário ao ódio racial colonial, condição presentificada na depreciação, inferioridade e submissão a que o negro é reduzido, Kilomba afirma que essas equivalências definem o racismo, mas a corporificação desses termos não se dá pela inscrição na pele, pois o racismo é discursivo.[52]

Ao tratar do tema do racismo, Kilomba nos permite inferir de seu trabalho as perspectivas da articulação significante, do corpo e da linguagem. Ao se referir ao choque violento e traumático, situa a fantasia construída a respeito da proximidade do negro à natureza, como se os negros fossem possuidores de algo que os brancos perderam. Assim, os negros seriam representantes de algo perigoso, ameaçador e proibido, o que nos leva a considerar que também se trata de algo também desejado, a saber, o gozo.[53]

Ao mesmo tempo que situa a relação entre racismo e trauma, Kilomba considera a dor infligida no corpo como efeito da palavra, de forma que a transferência dessa experiência psicológica para o corpo expressa a ideia do trauma no sentido de uma experiência indizível, um evento desumanizante, para o qual não se tem palavras.[54] Além de ressaltar a experiência individual, Kilomba enfatiza que o trauma colonial é reencenado por meio do racismo cotidiano, pois

---

49 > Ibid.
50 > Ibid.
51 > Ibid., p. 40.
52 > Ibid.
53 > Ibid.
54 > Ibid.

> o racismo cotidiano não é um evento violento na biografia individual, [...] mas sim o acúmulo de eventos violentos que, ao mesmo tempo, revelam um padrão histórico de abuso racial que envolve não apenas os horrores da violência racista, mas também as memórias coletivas do trauma colonial.[55]

Segundo a autora, "o trauma, no entanto, raramente é discutido dentro do contexto do racismo".[56] Ao indicar a negligência dos discursos ocidentais, das disciplinas da psicologia e da psicanálise, negligenciam-se a história da opressão racial e suas consequências psicológicas. É preciso pensar no trauma individual, familiar, histórico e coletivo da escravização e do colonialismo. Desse modo, racismo e trauma estão articulados pelo choque violento, pela separação ou fragmentação, pela atemporalidade: três ideias que se encontram na vinculação entre o trauma colonial e o trauma individual.[57]

Em continuidade a essa discussão, Charles-Nicolas propõe uma perspectiva em que as consequências psicológicas da escravidão remetem ao campo da psicologia e da psicanálise, formado por mecanismos como inconsciente, negação, recalcamento, forclusão e denegação.[58] Para o autor, "estes mecanismos habitam ainda mais o campo das consequências psicológicas da escravidão, de qualquer lado que você esteja, especialmente entre aqueles que proclamam 'nada ter a ver com a escravidão'".[59]

Para Charles-Nicolas remexer na história é se deparar com as heranças da escravidão e ter acesso à "história verdadeira".[60] Se há impacto na vida das pessoas, há também angústia, sofrimento mental e um pesado silêncio sobre a escravidão. Mas o seu aparecimento equivale à proposição freudiana do "retorno do recalcado", pois esse esquecimento explica sua perpetuação no espaço dessa violência, já que se trata de um "esquecimento arranjado".[61]

Charles-Nicolas propõe duas formas de pensar a história da escravidão pós-abolição: o ideal de liberdade e de afirmação identitária a ser construída. Para o autor, não podendo mudar os fatos, mudar o modo de vivê-los é uma forma de não permanecer no sofrimento.[62]

A partir dessa perspectiva, Charles-Nicolas também afirma que a humilhação dá tonalidade ao traumatismo da escravidão e à sua continuação, pois produz a interiorização da

---

55 > Ibid., p. 215.
56 > Ibid.
57 > Ibid.
58 > Aimé Charles-Nicolas, "L'esclavage: quel impact sur la psychologie des populations?", op. cit.
59 > Ibid., p. 12.
60 > Ibid.
61 > Ibid.
62 > Ibid.

inferioridade.[63] A associação da racialização do pensamento e da humilhação combina certa continuidade da configuração psíquica do trauma. Dentre os elementos como repetição, estresse, humilhações públicas e vergonha – esta última, pela sua relação com a economia psíquica –, ela se torna uma arma de destruição massiva da estima de si.

Ao situar a racialização do pensamento e a humilhação que possibilitam encontrarmos a particularidade de moções afetivas de sensibilidade, desconfiança e necessidade intensa de respeito, Charles-Nicolas afirma que a racialização do pensamento é uma consequência psicológica da escravidão: "Ela é, em primeiro lugar, ligada do núcleo central do sistema escravagista transatlântico de quem a desumanização é o princípio fundador",[64] de forma que esse mecanismo produz uma humilhação primordial e uma hierarquia racial construídas em todos os psiquismos do mundo, tendo a particularidade de ser vivida pelos negros com os olhos dos brancos. Assim, a racialização também tem por corolário a biologização das diferenças culturais que se tornam essenciais, manifestando-se nas relações sociais de hierarquia e na cor da pele como significante.

Segundo Charles-Nicolas, a escravidão transatlântica deve ser pensada como possuindo um núcleo que a identifica, pois recobre uma realidade psíquica que a difundiu e perdura. Esse núcleo é a racialização do pensamento, da humilhação, da hierarquia, da pureza racial e da opressão. A herança da escravidão não pode ser pensada sem a racialização do pensamento.[65] Assim, não se pode negligenciar a saúde mental das populações que sofrem da situação psicossocial herdeira da escravidão, pois ela é afetada de diferentes modos: discriminação, fragilização da identidade subjetiva, suscetibilidade. A patologia, nesse caso, é consequência extrema da escravidão, consequência da qual decorre a hierarquização racial presente no psiquismo dos brancos e que cria "psiquismos negros", pois a racialização tem uma valência negativa marcada pela conotação de inferioridade pelo sujeito negro.[66]

Dessa maneira, Charles-Nicolas considera importante pensar o lugar do trauma a partir do contexto colonial, pois "a escravidão responde aos critérios da definição do trauma psíquico tal qual ele é descrito no DSM[2]".[67] Suas consequências são proporcionais à gravidade do traumatismo, que deposita no psiquismo um "corpo estranho" e cujos efeitos se farão sentir depois do desaparecimento do traumatismo e manterão o sofrimento.

Nessa mesma direção, "as consequências atuais não estão em continuidade linear com os traumatismos iniciais, eles foram remanejados pelas contingências existenciais".[68] Para o

---

63 > Ibid.
64 > Ibid., p. 35.
65 > Ibid.
66 > Ibid.
67 > Ibid., p. 62.
68 > Ibid., p. 65.

autor, a existência de marcas não significa que as consequências da escravidão não se depositam no psiquismo como um receptáculo passivo, a causa não desencadeia a consequência, mas "o impacto é a resultante de forças externas e internas, ela depende da capacidade de reação do receptor".[69]

Ao construir sua investigação sobre o tema, Charles-Nicolas reafirma a potência do impacto da escravidão no psiquismo, bem como aponta a negação do racismo mesmo quando institucionalizado em países como o Brasil. O autor ainda ressalta que a segunda particularidade do traumatismo reside na imensa dureza que traz uma estranha legitimação à escravidão, assim como a terceira legitimidade se inscreve na codificação jurídica que justificava com a força da lei que este tratamento é normal.

Em continuidade a essa discussão, Sauvagnat e Schoonewolff ressaltam a noção de traumatismo e apontam duas direções: a desumanização organizada e a teorização estigmatizante de "raças". Além disso, os autores distinguem a vitimização da noção de traumatização. Se a primeira se refere a algo ligado a um agressor ou aparelho social muito abusivo, a traumatização se refere à noção de traumatismo, que aparece na segunda metade do século XIX para designar danos fisiológicos ou psicológicos e que, no aspecto psicológico, é pensado a partir da intensidade e autenticidade da experiência traumática.

A afirmação de Sauvagnat e Schoonewolff é de que a maior parte dos fenômenos traumáticos não é explicada em termos biológicos, pois o traumatismo é um fenômeno bem mais complexo que a vitimização.[70] Por isso apontam que não se deve confundi-lo com uma agressão, pois pulsões e fantasmas do indivíduo podem ser traumatizantes como uma agressão exterior, assim como a potencialidade da linguagem. Os mecanismos psíquicos e as consequências psicológicas do traumatismo não levavam em conta a especificidade de situações pós-coloniais e pós-escravidão. Dessa maneira, os autores se referem à síndrome do escravo pós-traumático numa referência à transmissão de traumatismos múltiplos, embora a descrição de situações patológicas não reflita todas as consequências da escravidão, pois as definições de escravidão não estão centradas na traumatização, mas nas disposições concernentes à propriedade, em que o escravo é definido como aquele que não pertence a si mesmo.[71]

Sauvagnat e Schoonewolff consideram não somente os impactos em longo prazo da escravidão sobre a psicopatologia, mas também o impacto sobre a psicopatologia de pessoas cujos ancestrais foram escravizados.[72] De acordo com os autores, essas vivências traumáticas

---

69   > Ibid., p. 66.
70   > François Sauvagnat e Mauricio Rugeles Schoonewolff, "Les modèles traumatiques et d'aliénation dialectique de l'esclavage : leur impact sur la compréhension actuelle et les traitements des effets à long terme". In: Aimé Charles-Nicolas e Benjamin Bowser, *L'esclavage: quel impact sur la psychologie des populations?*. Paris: Éditions Idem, 2018
71   > Ibid.
72   > Ibid.

são experimentadas na atualidade sob as formas sociais "estruturais" indiretas de segregação integradas a regimentos administrativos e políticas específicas; na promoção da segregação e na representação pejorativa; na produção de uma identidade segregada e nas formas sintomáticas em que a periculosidade ou a conduta de risco evidenciam experiências inevitáveis de identificação ao mal. Para os autores, trata-se de uma sintomatologia em que os laços com a escravidão são dificilmente perceptíveis do exterior, pois os aspectos traumáticos da escravidão não podem ser negados, mas devem ser complementados pelos aspectos dialéticos inerentes à situação.

rumo à decolonização

Ao construímos este percurso, retornamos à constituição do colonialismo e da escravização, bem como ao apontamento de algumas de suas consequências psicológicas a fim de construirmos algumas elaborações sobre o processo de decolonização. Um movimento ainda novo e diante do qual não pretendemos apontar soluções, mas apresentar as ideias de alguns autores sobre o tema e traçarmos nossas considerações.

Nesse sentido, partimos da proposição de Fanon de que "a descolonização é sempre um fenômeno violento".[73] Ao mesmo tempo, o autor afirma que a decolonização implica uma transição, caso contrário, haverá substituição total, completa e absoluta, ocorrendo a substituição de uma "espécie" de homens por outra "espécie" de homens, colocando de saída que toda decolonização exige transformação, pois a mudança da ordem do mundo é um programa de desordem absoluta.

Em relação a esta mudança, Fanon propõe que a decolonização é um processo histórico, situado entre duas forças antagônicas que extraem sua originalidade dessa espécie de substantificação que segrega e alimenta a situação colonial. A sua primeira confrontação se desenrolou sob o signo da violência, não passando despercebida porque atinge o ser, modificando-o fundamentalmente, uma vez que a decolonização "introduz no ser um ritmo próprio, transmitido por homens novos, uma nova linguagem, uma nova humanidade. A descolonização é, em verdade, criação de homens novos".[74]

Segundo Fanon, a decolonização implica a destruição dos obstáculos, pois, se a linguagem violenta é inerente à vida colonial, essa violência será reivindicada no momento que a massa reage. Consequentemente, o desmanche do mundo colonial não significa uma

---

73 > Frantz Fanon, *Os condenados da terra*. Trad. José Laurênio de Melo. Rio de Janeiro: Civilização Brasileira, 1968, p. 25.
74 > Ibid., p. 26.

abolição das fronteiras entre essas duas zonas, mas destruir o mundo colonial é abolir uma zona, enterrá-la ou expulsá-la.[75]

Ainda como consequência do processo de decolonização, Fanon afirma que o colonizado sabe que não é um animal e, ao descobrir sua humanidade começa, a polir suas armas para fazê-la triunfar. Tal descoberta produz um abalo essencial nesse mundo dicotômico, que será unificado pela decolonização, em que a heterogeneidade resultará de uma decisão radical.[76]

O outro aspecto ressaltado por Fanon se refere à decolonização dos privilégios, em um contexto em que o acordo de "não violência" é apenas uma tentativa de equacionar o problema colonial. Segundo o autor, abre-se a passagem da violência atmosférica à violência à flor da pele, em que o problema entre opressores e oprimidos se resolverá pela força.[77]

Nesse processo, Fanon indaga sobre essa violência, afirmando se tratar da "Intuição que têm as massas de que sua libertação deve efetuar-se, e só pode efetuar-se, pela força".[78] Essa violência poderá se constituir em uma palavra de ordem, enfatizando o poder das massas, já que esse povo que compreendia a linguagem da força se exprimirá pela força.

Para Fanon, "o homem colonizado liberta-se na e pela violência".[79] Essa violência constitui o único trabalho do colonizado, pois unifica o povo, desintoxicando e desembaraçando o colono do seu complexo de inferioridade, mesmo que seja uma luta simbólica. Como condição fundamental desse processo, o autor ainda ressalta que nesse contexto o líder não tem mérito especial, pois as massas não permitem que ninguém surja como "libertador".[80]

Nessa mesma direção, Memmi nos permite pensar a decolonização a partir da dimensão da revolta. Diante da extração da cidadania e à mutilação social produzida pela colonização, as novas gerações encontram no movimento coletivo a solução.[81] Isto exige acelerar o processo, pois a situação colonial impede ao jovem alguma invenção. Assim, há em todo colonizado uma exigência fundamental de mudança, para a qual Memmi aponta duas saídas possíveis: "o colonizado tenta tornar-se outro, ou reconquistar todas as suas dimensões das quais foi amputado pela colonização".[82] Na primeira tentativa, trata-se de se identificar ao colonizador, mas cai em uma dialética: transige ou recusa a si mesmo. Nesse processo, de recusa de si e amor do outro, surgem sentimentos que estão na linha dessa tentativa de

---

75 > Ibid.
76 > Ibid.
77 > Ibid.
78 > Ibid., p. 56.
79 > Ibid., p. 66.
80 > Ibid.
81 > Albert Memmi, *Retrato do colonizado precedido de retrato do colonizador*, op. cit.
82 > Ibid., p. 107.

libertação, estreitamente ligados: "Subjacente ao amor do colonizador há um complexo de sentimentos que vão da vergonha ao ódio de si mesmo."[83] Nesse caso, o colonizado vivenciará um esmagamento, pois, ao adotar os valores do colonizador, também adota a sua própria condenação.

Para Memmi, trata-se de um contexto em que a assimilação é impossível, não bastando se despedir de seu grupo, pois encontrará a recusa do colonizador. Na identificação ao colonizador, encontrará o segundo desprezo, a zombaria, além de ganhar como traço suplementar o ridículo.[84] Por isso Memmi afirma que a revolta é a única saída, "única saída que não é miragem",[85] pois reclama uma ruptura e não um compromisso, tratando-se de uma solução cada vez mais radical e se a saída é a ruptura, sua libertação implica a reconquista de si quando antes o impulso o levava à recusa de si.

A proposição de Kilomba sobre a decolonização remete à linguagem como possibilidade de nomeação em que se pode encontrar uma terminologia comum que unificaria os povos africanos. Sua referência à ideia de família imaginária como senso de unidade e produção de um reconhecimento inscrito na linguagem é uma tentativa evidente de trabalhar o trauma colonial da separação.[86] Assim, é preciso trabalhar o trauma individual, coletivo e histórico do colonialismo, pois esse trauma foi memorizado, não foi esquecido:

> O racismo cotidiano não é um evento violento na biografia individual, como se acredita – algo que "poderia ter acontecido uma ou duas vezes" –, mas sim o acúmulo de eventos violentos que, ao mesmo tempo, revelam um padrão histórico de abuso racial que envolve não apenas os horrores da violência racista, mas também as memórias coletivas do trauma colonial.[87]

É desse modo que Kilomba insiste na importância de se discutir o trauma dentro do contexto do racismo. Trata-se de lidar com aspectos traumáticos individuais ou familiares, mas também com o trauma histórico e coletivo produzidos pela escravização e pelo colonialismo. Assim, concordamos com a autora quando ela se refere à reencenação e ao restabelecimento desse trauma por meio do racismo cotidiano, pois o que resta como indizível retorna sempre em sua dimensão real.[88]

---

83 > Ibid.
84 > Ibid.
85 > Ibid., p. 111.
86 > Grada Kilomba, *Memórias da plantação*, op. cit.
87 > Ibid., p. 215.
88 > Ibid.

Dada a exigência de pensar as consequências do colonialismo e da escravização, encontramos no trabalho de Kilomba a confirmação dessa urgência: "nossa história nos assombra porque foi enterrada indevidamente. Escrever é, nesse sentido, uma maneira de ressuscitar uma experiência coletiva traumática e enterrá-la adequadamente".[89] Trata-se de um exercício. Para Kilomba a descolonização se refere ao desfazer do colonialismo. Há nesse termo a descrição da "conquista da autonomia por parte daquelas/es que foram colonizadas/os e, portanto, envolve a realização da independência e da autonomia".[90]

Antes de apontar algumas indicações do que considera um processo de descolonização, Kilomba lança duas perguntas cruciais. A primeira delas é: "Como alguém se descoloniza?", já indicando a pergunta seguinte: "O que o racismo fez com você?" Para a autora, essa pergunta é vista como "um ato real de descolonização e resistência política, na medida em que permite ao *sujeito negro*, finalmente, se ocupar consigo mesma/o, em vez de com a/o '*outra/o branca/o*'".[91]

Se a decolonização possui algo de perturbador, Kilomba ainda enfatiza o estabelecimento de limites frente ao racismo cotidiano e invasivo como forma de decolonização. Em seguida, lança em nosso peito uma questão que nos deixa perplexos e nos convoca ao engajamento: por que o exercício é sempre do negro? Para a autora, trata-se de um duplo trabalho, pois, além de tudo, ao sujeito negro é incumbido o papel de reagir à branquitude.[92]

Ao apontar os cinco processos pelos quais o sujeito negro passa, Kilomba refere-se aos mecanismos de defesa do ego que o sujeito negro atravessa para se conscientizar de sua negritude e de sua realidade vivida com o racismo. Assim a negação, a frustração, a ambivalência e a identificação são termos psicanalíticos identificados no contexto estrutural da colonização e da escravização. Entretanto é a partir da concepção de identificação não mais pelo caráter alienante, mas pela identificação positiva do *sujeito negro* com a *negritude*, que a autora afirma se tratar de uma via que leva à reparação e abertura em relação as/os outras/os brancas/os. Finalmente, aponta o quinto processo, a descolonização, em que não se existe mais como a/o "Outra/o", mas como "eu". Tornando-se sujeito.[93]

Para reafirmar que a decolonização não pode ser pensada sem levarmos em consideração as consequências psicológicas da escravidão, retomamos a referência de Charles-Nicolas acerca de duas formas de se pensar a história da escravidão pós-abolição: o ideal de liberdade e de afirmação identitária a ser construída. Sob essa perspectiva, o sentimento de

---

89 > Ibid., pp. 223-224.
90 > Ibid., p. 224.
91 > Ibid., p. 227.
92 > Ibid.
93 > Ibid.

pertença deve ser pensado como matriz de resistência coletiva, possibilitando aos negros escravizados e aos negros em geral, a possibilidade de uma identificação valorizante, reconfigurando as relações com eles mesmos e com o mundo. Conforme o autor, a Revolução de São Domingos foi um exemplo disso, pois constituiu um fenômeno de forte impacto psicológico e repercussão, em que a figura de alguns heróis ou líderes negros se tornaram suporte de processos identificatórios de orgulho coletivo.[94] Charles-Nicolas considera que hoje, em tempos em que parece liberada a palavra "supremacista", herdeira do escravagismo, a militância contra o racismo e redução das desigualdades é uma expressão em continuidade ao que foi o movimento abolicionista. Dessa maneira, o autor conclui que, embora a resistência não seja invulnerável, ela permite resistir aos traumatismos apelando à confiança fundada nos alicerces narcísicos que foram estruturados.[95]

considerações finais

O que apreendemos nesta discussão é a sua complexidade, mas ao mesmo tempo este percurso nos permitiu situar o problema e as condições de possibilidade que abrem as vias para a decolonização e a invenção de uma nova ordem.

Ao situar a complexidade do colonialismo e sua articulação com a escravização, compreendemos os mecanismos psíquicos e as consequências subjetivas e coletivas. Desse modo, concordamos com a indagação de Corbisier se o fim do colonialismo significou realmente seu término.[96] Do nosso ponto de vista, embora a Revolução de São Domingos tenha sido o ponto de partida que demonstrou a possibilidade de rompimento e destruição da estrutura colonial e escravagista, consideramos também que novas formas de colonização se impuseram. Ao criar novas formas de poder e dominação, também consideramos que o racismo se torna um elemento poderoso nesses novos domínios do neocolonialismo, atualizados hoje pela lógica do neoliberalismo.

Outra dimensão apontada neste trabalho é relativa ao trauma. Dada a impossibilidade de se desfazer o trauma, o que podemos, num contexto de decolonização, é utilizar os recursos psicanalíticos de tratamento do trauma pela linguagem. Falar desse indizível, considerar sua repercussão em cada um de nós e entre nós, brancos e negros.

Embora se pense no contexto atual em decolonização, não podemos falar em "des-traumatização", senão pela possibilidade de cada um se decolonizar. A indagação de Kilomba sobre a incumbência de reação atribuída ao sujeito negro frente à branquitude carece de

---

94 > Aimé Charles-Nicolas, "L'esclavage: quel impact sur la psychologie des populations?", op. cit.
95 > Ibid.
96 > Roland Corbisier, "Prefácio", op. cit.

uma retificação por todos os brancos e não brancos.[97] Decolonizar-se é um exercício que compete também, e principalmente, ao sujeito branco diante do racismo, do preconceito, do poder e do privilégio.

Nesse sentido, consideramos que decolonizar é também nos guiarmos pela perspectiva de Djamila Ribeiro sobre "o que é lugar de fala".[98] Decolonizar não seria o exercício de não falar dos negros, mas, considerando que os negros falam por si, "falar com os negros" é uma das possibilidades e um dos efeitos da decolonização que concluímos neste trabalho. E, se a decolonização implica a ruptura com uma estrutura de poder, o aspecto da revolta e da destruição da ordem, a exemplo da Revolução de São Domingos, mesmo diante do grande silêncio que predominou desde o período colonial até os dias atuais:

Quando você for convidado pra subir no adro
Da fundação casa de Jorge Amado
Pra ver do alto a fila de soldados, quase todos pretos
Dando porrada na nuca de malandros pretos
De ladrões mulatos e outros quase brancos
Tratados como pretos
Só pra mostrar aos outros quase pretos
(E são quase todos pretos)
E aos quase brancos pobres como pretos
Como é que pretos, pobres e mulatos
E quase brancos quase pretos de tão pobres são tratados
E não importa se os olhos do mundo inteiro
Possam estar por um momento voltados para o largo
Onde os escravos eram castigados
E hoje um batuque um batuque
Com a pureza de meninos uniformizados de escola secundária
Em dia de parada
E a grandeza épica de um povo em formação
Nos atrai, nos deslumbra e estimula
Não importa nada:
Nem o traço do sobrado
Nem a lente do fantástico,
Nem o disco de Paul Simon

---

97 > Grada Kilomba, *Memórias da plantação*, op. cit.
98 > Djamila Ribeiro, *O que é lugar de fala?*. Belo Horizonte: Letramento, 2017.

Ninguém, ninguém é cidadão
Se você for a festa do pelô, e se você não for
Pense no Haiti, reze pelo Haiti
O Haiti é aqui
O Haiti não é aqui
[...]
Pense no Haiti, reze pelo Haiti
O Haiti é aqui
O Haiti não é aqui.[99]

---

[99] > Caetano Veloso – Haiti – Recuperado em 17 de setembro de 2020 e disponível em https://www.letras.mus.br/caetano-veloso/44730/.

> pimenta, tomás[1] <.> modernidade, raça e desumanização <

Falar de raça é essencialmente falar do sentido da humanidade, na medida em que é uma interrogação sobre o sentido e o escopo do que e quem é ser humano. A reflexão, portanto, sobre raça se coloca no coração de toda ciência dita humana, dado que todo pensamento social responde a certa concepção da existência humana. Pretendemos mostrar neste artigo como toda discussão sobre a humanidade e direitos humanos deve engajar-se seriamente com as questões levantadas pela reflexão teórica sobre a raça, pois, ao lado da cidadania, não há nada que ameace mais a noção de um comum do que a prática da racialização. Posto de forma clara, a raça é a "negação da própria ideia do comum, isto é, de uma comunidade humana [...], de uma semelhança e de uma proximidade humana essencial".[2]

Duas teses fundamentais perpassam este trabalho. A primeira é a tese de Enrique Dussel segundo a qual a modernidade se inicia em 1492, com os processos de invenção, encobrimento, conquista e colonização das Américas.[3] A segunda é a de Quijano de acordo com a qual a constituição do mundo colonial inaugura novas modalidades de exploração e expropriação de riquezas que se baseiam na produção de identidades históricas específicas como a raça e a etnia.[4] Segundo essa perspectiva, a raça não seria algo suplementar à exploração capitalista típica, mas um de seus aspectos essenciais. Utilizaremos a formulação de Quijano "colonialidade do poder" para se referir ao modo de poder específico da dualidade moderno/colonial do qual o princípio da raça é constitutivo.

Neste artigo introdutório, buscaremos destacar alguns aspectos centrais da teoria crítica da raça. A raça é uma construção social, como se diz frequentemente, mas que forma de

---

1   > Tomás Lima Pimenta é graduado em Ciências Econômicas pela UFMG, mestre em Filosofia pela New School for Social Research e é, atualmente, Ph.D. candidate em Filosofia na mesma instituição. Tomás desenvolve pesquisas sobre Hegel, teoria crítica e pensamento decolonial.

2   > Achille Mbembe, *Crítica da Razão Negra*. Trad. Sebastião Nascimento. São Paulo: n-1, 2018, p. 104.

3   > Enrique Dussel, *1492: O Encobrimento do Outro (A origem do "mito da Modernidade")*. Trad. Jaime A. Clasen. Petrópolis: Vozes, 1993; "Meditaciones Anti-Cartesianas: Sobre el Origen del Anti-discurso Filosofico de la Modernidad", Tabula Rasa, n. 9 (Julio-Deciembre), 2008, pp. 153-197.

4   > Aníbal Quijano, "Colonialidad y Modernidad/Racionalidad", *Perú Indígena*, v. 13, n. 29, 1992, pp. 11-20; "'Raza', 'Etnia' y 'Nación' en Mariátegui. Cuestiones abiertas". In: Roland Forgues (Org.), *José Carlos Mariátegui y Europa. El otro aspecto del descubrimiento*. Lima: Amauta, 1993.

construção seria essa? Trata-se de jogar luz sobre essa pergunta, tocando alguns aspectos da construção social da raça, suas particularidades e genealogias, para, então, pensar em seus possíveis destinos. Partiremos da apresentação de um quadro histórico mais geral no qual a formação do pensamento racista se deu e, em seguida, mencionaremos alguns aspectos da experiência do racismo, com o objetivo de demonstrar que a questão racial (a) é essencial para a racionalidade moderna e (b) representa um déficit de racionalidade que impede a realização de uma sociabilidade humana. Nas primeiras seções deste texto buscaremos evidenciar, por meio de uma genealogia crítica, como a experiência prática da colonização produz, por um lado, uma ontologia e uma antropologia peculiares, nas quais a construção da raça é um momento constitutivo, e, por outro, mostrar como a produção da raça está articulada a modos particulares de exploração e trabalho que fundam uma racionalidade manipulativa e instrumental. Nas seções finais, ilustraremos de modo geral a relação essencial entre a experiência do racismo e a desumanização.

Tais reflexões têm, como afirmado acima, um caráter meramente introdutório. As muitas referências bibliográficas têm o intuito de apresentar ao leitor uma gama de contribuições ao campo da teoria crítica da raça e apontar caminhos possíveis de reflexão teórica. Por fim, tais considerações visam destacar a centralidade da questão da raça em qualquer reflexão social que queira minimamente compreender nosso presente histórico e imaginar a possibilidade de uma vida humana mais digna e tolerável – e não apenas para o homem.

raça e humanismo na modernidade nascente e madura

Partiremos da hipótese de Dussel segundo a qual a modernidade surge do processo prático de conquista e colonização das Américas. Tal modernidade, que pela primeira vez estrutura o mundo como divisão entre o centro metropolitano Europeu e a periferia global, produz tanto uma ontologia específica, a qual Dussel chamará de "ontologia do atlântico norte", quanto uma antropologia.[5] Essa nova antropologia gera o conceito do homem, que se refere exclusivamente ao homem branco europeu. Uma reflexão sobre a raça deve necessariamente situar-se no quadro dessa nova antropologia, pois, como afirma Gordon, "muitos erros emergem quando se falha em estudar a raça sem uma antropologia filosófica".[6]

A concepção moderna do homem delimita certa zona à qual alguns pertencem. Pertencem ao ser aquilo que é visto, pois o ser é o que ilumina aquilo que aparece. Fora dessa

---

5 > Enrique Dussel, *Filosofia da Libertação*. Trad. Luiz João Gaio. São Paulo: Loyola, 1980, p. 78.
6 > Lewis Gordon, "Thinking Through Some Themes of Race and More", *Res Philosophica*, v. 95, n. 2, 2018, pp. 331-345. Sobre a importância da antropologia para o pensamento moderno, ver a seção "O sono antropológico" de *As palavras e as coisas* (M. Foucault, As palavras e as coisas. São Paulo: Martins Fontes, 1999).

zona, encontra-se uma "zona de não-ser, uma região extraordinariamente estéril e árida".[7] A raça é um modo antropológico, próprio à modernidade, de delimitar a zona do ser, e o racismo é uma prática estrutural de exclusão de certos indivíduos dessa zona de ser. Como produto do colonialismo, o princípio da raça opera como uma lógica de cercamento que instaura uma distinção entre o mundo e o "além-mundo".[8] O ser, a branquitude, se desenha dentro da "fronteira que nossos exércitos controlam"[9] – ou da área de que toma conta a segurança privada. Deleuze e Guattari se contrapõem a esse argumento ao afirmarem que,

> do ponto de vista do racismo, não existe exterior, não existem as pessoas de fora. Só existem pessoas que deveriam ser como nós, e cujo crime é não serem. A cisão não passa mais entre um dentro e um fora, mas no interior das cadeias significantes simultâneas e das escolhas subjetivas sucessivas.[10]

Deleuze e Guattari nos alertam, corretamente, para o fato de que não se deve tomar a metáfora espacial da exterioridade de forma ingênua. O outro não se situa em um "fora" absoluto, abstrato. Pelo contrário, veremos abaixo que a racialização é sempre um jogo perverso entre o dentro e o fora, mesmo que tudo se dê "no interior das cadeias significantes". Nesse jogo, a humanidade do outro é simultaneamente reconhecida e negada, pois, afinal, somente um ser humano é passível de ser desumanizado. Seria, no entanto, ingênuo desconsiderar como dentro dessa interioridade se joga algo da exclusão e da exterioridade.[11] Pensar a raça demanda aprender dialeticamente como se dá esse jogo entre interioridade e exterioridade, ou tomá-la na perspectiva lacaniana da extimidade.[12] Desse ponto de vista, a luta antirracista envolve sempre uma "política do ser", para usar a expressão de Sylvia Wynter, na medida em que questiona, implode e retraça essas fronteiras.[13]

Para pensar a raça dentro de um quadro antropológico, nos concentraremos em dois paradigmas que marcaram o pensamento moderno, os quais correspondem a duas

---

7 > Frantz Fanon, *Pele negra, máscaras brancas*. Trad. Renato da Silveira. Salvador: Edufba, 2008, p. 26.
8 > Achille Mbembe, *Crítica da Razão Negra*, op. cit., p. 122.
9 > Enrique Dussel, *Filosofia da Libertação*. Trad. Luiz João Gaio. São Paulo: Loyola, 1980, p. 12.
10 > Gilles Deleuze e Félix Guattari, *Mil Platôs: Capitalismo e Esquizofrenia*, v. 3. Trad. Aurélio Guerra Neto, Ana Lúcia de Oliveira, Lúcia Cláudia Leão e Suely Rolnik. Rio de Janeiro: Editora 34, 1995, p. 41.
11 > Sylvia Wynter nos mostra isso de forma brutalmente clara ao reagir contra o acrônimo N.H.I (do inglês, 'sem envolvimento de humanos") utilizado por oficiais do sistema judiciário de Los Angeles para se referir a casos envolvendo jovens negros e desempregados. Ver Sylvia Wynter, "No Humans Involved' An Open Letter to my Colleagues", *Knowledge for the 21st Century*, v. 1, n. 1 (Fall), 1994, pp. 42-73.
12 > Jacques Lacan, *O seminário, livro 16: de um Outro ao outro*. Rio de Janeiro: Jorge Zahar, 2008, p. 241.
13 > Sylvia Wynter, "Unsettling the Coloniality of Being/Power/Truth/Freedom: Towards the Human, After Man, Its Overrepresentation -- An Argument", *CR: The New Centennial Review*, v. 3, n 3 (Fall), 2003, pp. 257-337.

transformações no sentido do homem. A primeira transformação se dá na passagem do século *xv* para o século *xvi* (modernidade nascente), período da expansão marítima ibérica, da colonização das Américas e do chamado Renascimento, ao passo que a segunda corresponde ao período do Iluminismo (modernidade madura).[14]

A empresa marítima ibérica e a revolução intelectual renascentista foram experiências fundamentais que transformaram o imaginário e a cosmologia da cristandade medieval e sua característica antropologia. A esfericidade da Terra, agora vista como inteiramente navegável e habitável, cuja afirmação prática foi realizada pela circum-navegação de Fernão de Magalhães, erodiu as bases da cosmologia medieval, a saber, a separação entre Firmamento e Terra, abrindo caminho para o surgimento da física moderna. A decomposição dessa cosmologia que contrapunha a existência perfeita celestial à existência terrena contingente e pecadora fomentou o desenvolvimento de uma concepção humanista do ser humano. Esse novo homem, o primeiro propriamente europeu, era um homem político, membro de uma civilidade, de um Estado. Esse novo homem já não era um mero pecador em busca de redenção posterior, mas tinha agora uma escolha entre 'descender em direção à baixa natureza dos brutos ou responder ao chamado do criador para crescer 'de modo ascendente' em direção a naturezas mais 'altas' e 'divinas'".[15] A própria possibilidade da escolha de uma perfeição ou degradação terrena constitui o contínuo no qual a racialização se torna inteligível, pois estabelece uma escala de perfeição. Chamemos tal contínuo, como sugere Wynter, de "cadeia do ser".[16]

A invasão, conquista e colonização da África e das Américas é concomitante a esse processo de reelaboração subjetiva na Europa. Ao mesmo tempo que o nascente europeu se pergunta "quem sou eu?", ele deve responder à pergunta sobre "quem é este?", de maneira que a resposta à primeira pergunta pode se dar somente em relação à outra. A constituição do "eu" é correlata à do "outro". Nesse ínterim se dá a definição do "quem" e "que" do humano, como também do "quem" e "quê" da raça. Doutro modo, se estabelecem as fronteiras do ser através da produção da racialização. Tal processo se mostra claramente no Debate de Valladolid, protagonizado por Bartolomé de Las Casas e Ginés de Sepúlveda, no

---

14 > Os dois paradigmas antropológicos em debate aqui são uma simplificação de duas referências fundamentais para este texto. Em primeiro lugar, a tese de Dussel, formulada mais explicitamente em sua história política, segundo a qual a modernidade seria constituída de duas fases fundamentais, i.e., a modernidade nascente e a modernidade madura, veja Enrique Dussel, *Política de la Liberción, História Mundial y Crítica*. Madrid: Trotta, 2007. Em segundo lugar, a rica relação estabelecida por Sylvia Wynter entre as diferentes epistémês apresentadas por Foucault em *As palavras e as coisas* e diferentes concepções do sentido da raça, veja Sylvia Wynter, op. cit. Uma análise mais cuidadosa dessa relação demandaria um comentário mais extenso. Para fins introdutórios, simplificar o esquema foucaultiano e pensar os dois momentos propostos por Dussel será suficiente. Por fim, seria necessário dizer que, hoje, vivemos ainda uma nova experiência antropológica, típica das sociedades ultra neoliberais fundadas nas novas tecnologias e nas intervenções genéticas, do homem-código, para utilizar uma expressão de Mbembe (op. cit., p. 17), que nos coloca uma série de novas questões que fogem completamente ao escopo deste breve texto.

15 > Sylvia Wynter, op. cit., p. 287.

16 > Ibid., p. 314.

qual as noções de humanidade, razão e direito natural despontam em referência ao colonizado. Um aspecto importante do debate foi a elaboração de uma legitimação teórica para a exploração e expropriação coloniais, em que a raça é um dispositivo central.[17]

A raça é, portanto, a inscrição de uma diferença antropológica em uma lei natural, que dispõe distinções entre perfeição e imperfeição. De acordo com tal lei natural, alguns são julgados como faltantes, como despidos de uma razão natural. O outro da Europa é representado por uma falta fundamental, uma imperfeição inata.[18] Decerto o sentido dessa lei natural se transformou nos séculos posteriores à colonização. A princípio, a naturalidade é entendida em sentido aristotélico, o homem é pensado como animal político, e a justificação da escravidão natural grega é replicada ao contexto colonial emergente.[19] Vale ressaltar que a apropriação do pensamento grego antigo na Europa renascentista serve tanto para uma renovada valorização do homem, para a saída das "trevas", quanto para a justificação da escravidão colonial.

O predicado da falta, o estar fora do círculo da razão, justifica a conquista e a dominação do sujeito racializado. Essa violência é concebida como uma libertação, como um ato emancipador, que permitirá que o sujeito racializado abandone o estado bruto de natureza e ascenda ao domínio do ser. Em contrapartida, o conquistador é tomado como o herói de um ato civilizador.[20] Esse ato heroico do conquistador é essencialmente militar e disciplinador. Tal caráter militar é herança direta das violentas guerras de Reconquista no território da atual Espanha.[21] A violência racista aplicada na colonização é herdeira, portanto, da doutrina da pureza de sangue que já estava em operação na Península Ibérica contra judeus e muçulmanos. Essa vitória militar e ética é fundamental para a constituição do "eu" europeu, que se infla pelo imaginário de sua superioridade racial, princípio ecoado e retrabalhado de diferentes formas no pensamento moderno. Esboçamos aqui a intuição fundamental de

---

17 > No vocabulário escolástico e latino de Sepúlveda, ainda não aparece a palavra "raça" tal como a concebemos, mas "gentes" ou "derecho de gentes" [ius gentium]. Propomos que este conceito já prefigura tudo aquilo que será, posteriormente, concebido sob a categoria de "raça". Jean Ginés de Sepúlveda, *Demócrates segundo, o de las justas causas de la guerra contra los indios*. Clássicos de História, Publicação independente, 2016. p. 54.

18 > Sylvia Wynter, "No Humans Involved' An Open Letter to my Colleagues", op. cit., p. 292.

19 > Como afirma Marcelino Menéndez y Pelayo ao introduzir sua obra, "Sepúlveda, peripatético clássico, dos chamados helenistas ou alexandristas na Itália, tratou o problema com toda crueza do aristotelismo puro, tal como exposto na Política, inclinando-se com mais ou menos circunlóquios retóricos à teoria da escravidão natural. Nesta parte, seu modo de pensar não difere muito daqueles modernos sociólogos empíricos e positivistas que proclamam o extermínio das raças inferiores como necessária e consequência de seu vencimento na luta por existência". Jean Ginés de Sepúlveda, op. cit., p. 4.

20 > Enrique Dussel, *1492: O Encobrimento do Outro (A origem do 'mito da Modernidade')*, op. cit., p. 78.

21 > Não podemos deixar de enfatizar o quanto o termo "reconquista" é ideológico. O que houve de fato foi uma conquista e a formação do primeiro estado espanhol, e não a reconquista de um território que, pretensamente, haveria sempre pertencido ao rei de Espanha.

Dussel segundo a qual o *ego cogito*, como expressão da subjetividade moderna, é um epifenômeno da efetividade prática e militar do *ego conquiro*.[22]

Um segundo momento importante se dá com a ilustração típica dos séculos XVII e XIX, em que a antropologia, economia e biologia começam a se estabelecer como ciências autônomas. O homem já não é pensado como animal político, tal como propõe Aristóteles, mas como um ser vivente biologicamente e economicamente competitivo. Aqui, o discurso da raça já assume um caráter científico e a própria antropologia torna-se uma disciplina científica, como se vê claramente na antropologia de Kant.[23] Esse homem é também um ser econômico, um indivíduo que estabelece uma relação metabólica com a natureza, uma relação produtiva e mercantil. Desenha-se um ambiente competitivo no qual seleção natural e adequação às leis do mercado tornam-se condições necessárias de sobrevivência e no qual a perfeição se apresenta agora como "adaptação", econômica e genética.[24]

Nesse novo horizonte intelectual, o princípio da raça é redescrito e traduzido em termos de seleção econômica e natural. Nesse paradigma evolucionário e mercantil, a 'linha de cor" (color line), teorizada por Du Bois, torna-se o arquétipo da categorização racial.[25] Essa linha sempre se articula e interseciona com outras formas de seletividade, tais como gênero, emprego, renda, desenvolvimento etc. De um lado, há a esfera da sociedade civil, do trabalho formal, reconhecido e branco, no qual os homens efetivam sua existência por meio do trabalho e das responsabilidades cívicas; de outro, em uma zona periférica de desemprego e subemprego excluída do mercado formal e composta de sujeitos racializados,[26] sobreposto a outras formas de exploração e dominação, o princípio da raça contribui para tornar a vida superficial, por meio de falhas na adaptação como exclusão, o desemprego, a pobreza e a fome. A raça não legitima apenas a conquista e a colonização – como nas colonizações modernas –, mas também formas de exclusão e controle populacional, tais como a invisibilização dos 'arquipélagos de pobreza", produzidos pela colonialidade do capital e o

---

22 > Enrique Dussel, "Meditaciones Anti-Cartesianas: Sobre el Origen del Anti-discurso Filosofico de la Modernidad", op. cit., pp. 153-197.

23 > Sobre o discurso científico da raça recomendamos a leitura do capítulo 4 de M. Omi e H. Winant, *Racial formation in the United States*. New York: Routledge, 2015.

24 > Sobre a íntima relação entre raça e adaptação bioeconômica, conferir os supracitados artigos de Wynter. Essa ideia pode ser nitidamente observada, por exemplo, na obra do jovem Max Weber. Além de articular uma relação direta entre nacionalidade e raça com a possibilidade de adaptação econômica, Weber chega a defender uma política colonialista ativa para a Prússia. Max Weber, *Der Nationalstaat und die Volkswirtschaftspolitik*. Freiburg und Leipzig: Akademische Verlagsbuchhandlung Von J C B Mohr (Paul Siebeck), 1895.

25 > W.E.B. Du Bois, *Writings*. New York: Penguin, 1986.

26 > Poderíamos pensar como a teoria hegeliana do populacho (*Pöbel*) poderia se articular com a exclusão social de caráter racista, na medida em que aqui também há um fracasso ético em relação aos valores da sociabilidade burguesa do trabalho. Sobre a relação da eticidade da sociedade burguesa e o populacho, ver G.W.F. Hegel, *Princípios da Filosofia do Direito*. São Paulo: Martins Fontes, 2009.

encarceramento em massa.²⁷ Ambas são formas contemporâneas de cercamento da política racista. Os arquipélagos mencionados se colocam fora dos domínios do ser, da sociedade civil e suas responsabilidades civis e profissionais. O desempregado racializado é excluído mesmo da exploração formal do capital. A visibilidade social do sujeito racializado se mostra como fracasso, perigo, ameaça, como a própria negação da eticidade burguesa. Perversamente, o complexo industrial prisional funciona como forma de inserção desse sujeito, habitante da "zona do não-ser", dentro do reino "formal" da exploração.

O princípio da raça foi, então, crucial para a legitimação e efetivação tanto da expropriação quanto da exploração colonial. Ao distinguir o homem do selvagem ou do negro, o colonialismo retirou alguns sujeitos da esfera da razão e da lei. A mesma lógica se reproduz nas geografias do mundo pós-colonial. A lógica do cercamento²⁸ delimita zonas de aplicações diferenciadas da ordem do direito, pois o tecido jurídico é heterogêneo e determina as áreas nas quais há licença para matar, espoliar, ocupar etc. O direito se torna cada vez menos um monopólio do Estado e cada vez mais privatizado e zoneado, sob a jurisdição de grupos privados e organizações paramilitares. Na conexão entre direito e colonialidade, não devemos perder de vista a relação íntima da colonização com a formação do direito moderno nacional e internacional, de cujo surgimento o Tratado de Tordesilhas, por exemplo, é um marco. O próprio direito é um instrumento desse processo de produção de corpos racializados, ao mesmo tempo que, dialeticamente, projeta a imagem de uma humanidade digna. A crítica da sociedade deve se assentar sobre essa contradição dos direitos humanos, que se efetiva como direito do homem ao mesmo tempo que se apresenta como imagem de uma humanidade liberada.

Em resumo, exclusão econômica, perfilamento racial e encarceramento em massa são momentos da interseção entre política da raça e inadaptação bioeconômica. Mais uma vez, exclusão aqui não deve nos induzir ao erro de pensar um absolutamente "fora" das mediações sociais. O economicamente excluído e inapto, assim como a população excedente, ainda são momentos imanentes da mediação do capital, pois participam da formação do valor. Vale ressaltar que a colonização ainda contribuiu substancialmente para a chamada acumulação primitiva do capital,²⁹ evidenciando-se mais uma vez como inclusão e exclusão, interioridade e exterioridade, categorias que devem sempre ser pensadas de forma dialética.

---

27 > Angela Davis, *Freedom is a constant struggle: Ferguson, Palestine and the foundation of a movement*. Chicago: Haymarket Books, 2016. Ver também Michelle Alexander, *The New Jim Crow: Mass Incarceration in the Age of Colorblindness*. New York: The New Press, 2012.

28 > Achille Mbembe, *Crítica da Razão Negra*, op. cit., pp. 112-113.

29 > Nikhil Pal Singh, "On Race, Violence, and So-Called Primitive Accumulation", *Social Text 128*, v. 34, n. 3, 2016.

racionalidade instrumental, exploração e expropriação

Como afirmado anteriormente, é por meio do processo de colonização que se funda o mundo moderno, no qual, pela primeira vez, a Europa surge como unidade e, simultaneamente, como centro de um sistema mundial. Modernidade deve ser aqui entendida, portanto, como um processo planetário, com uma divisão internacional do trabalho específica, no qual a Europa emerge como centro de poder e de produção intelectual em detrimento da periferia explorada e intelectualmente subalterna. Em função da administração dessa centralidade global, desenvolve-se na Europa uma forma peculiar de racionalidade instrumental e administrativa. A crítica dessa forma de racionalidade foi bem desenvolvida pela escola da teoria crítica, que soube articular a emergência do capitalismo à supremacia da racionalidade instrumental e de um saber que se identifica com o poder. Adorno e Horkheimer, por exemplo, afirmam:

> a distância do sujeito com relação ao objeto, que é o pressuposto da abstração, está fundada na distância em relação à coisa, que o senhor conquista através do dominado. Os cantos de Homero e os hinos do Rigveda datam da época da dominação territorial e dos lugares fortificados, quando uma belicosa nação de senhores se estabeleceu sobre a massa dos autóctones vencidos.[30]

Passa-lhes, no entanto, desapercebido que esse processo de dominação territorial não pode ser entendido fora de um quadro global, no qual a colonização é momento fundamental. A manipulação do objeto sublimada na filosofia moderna é resultado da manipulação prática do colonizador sobre corpos e territórios do mundo colonial.[31] A genealogia da racionalidade instrumental moderna não precisa remontar aos textos míticos antigos, mas à prática da administração colonial.

Tal racionalidade administrativa organiza o modo de produção e trabalho na modernidade. Diversos modos de gestão moderna do trabalho foram efetivados (escravidão, mita, encomenda etc.) fora da Europa para a produção do excedente. E, no que se refere à raça, vale enfatizar que distintos modos de extração coerciva do excedente foram mediados por construções de novas identidades raciais (o índio, o mestiço, o branco, o negro, o amarelo etc.).

Contra qualquer reducionismo economicista, não se pode exaurir o sentido da raça ao reduzi-lo a um aspecto da produção. Por outro lado, não é possível compreender os modos

---

30 > T. W. Adorno e M. Horkheimer, *Dialética do Esclarecimento*. Trad. Guido Antonio de Almeida. Rio de Janeiro: Zahar, 2006, p. 24.

31 > Sobre a relação entre raça e racionalidade administrativa, ver a obra crucial de E.Esch e D. Roediger, *The production of Difference: Race and the Management of Labour in U.S. History*. Oxford: Oxford University Press, 2012.

próprios de exploração e a expropriação econômicas na modernidade sem pensar a produção da identidade racial.³²

Queremos mostrar que o princípio da raça é imanente a essa nova forma de consciência do cálculo. As críticas europeias à racionalidade instrumental frequentemente deixam de lado o fato de que o desenvolvimento e a crescente predominância desse modo de racionalidade na modernidade estão diretamente ligados às demandas impostas pelo governo das colônias. Racionalização e burocratização são momentos essenciais da matriz colonial do poder. Consequentemente, a crítica ao princípio da raça é, ao mesmo tempo, uma crítica da modernidade e suas formas de socialização, mas também uma crítica da colonialidade dos nossos modos de produção de saber, de sorte que críticas à modernidade que se furtam à crítica ao princípio da raça devem ser consideradas fundamentalmente incompletas.³³

Como afirmado anteriormente, na interseção entre racismo e excedente econômico, encontram-se diversos modos de racialização que não devem ser igualados de forma leviana. Por exemplo, a construção do 'indígena" e a expropriação da terra é fundamentalmente distinta da construção do 'negro" e da escravização mercantil. Perde-se conteúdo ao querer reduzir essas diferenças a um quadro geral da teoria da formação racial, como em Michael Omi e Howard Winant.³⁴

Tomemos como ilustração alguns aspectos da construção da categoria do 'negro" em contraposição ao 'indígena".³⁵ Nas palavras de Gordon, "a negritude, no fim das contas, funciona como uma marca constante e subjacente da racialização como nenhuma outra designação racial."³⁶ Para a razão moderna, o escravo negro é 'um objeto, um corpo e uma mercadoria".³⁷ A colonização demanda sempre um modo de reificação, e o corpo negro é o arquétipo de tal fenômeno.³⁸ Para alguns autores, a plantation é a instituição moderna por excelência.³⁹ A negritude representa o fim absoluto do racismo na medida em que o escravo negro se coloca infinitamente além do reino do ser e do humano. Assim, a razão liberal, apesar de seu apelo à liberdade inata do ser humano, compõe uma série de princípios que desumaniza e mercantiliza os corpos.

---

32 > Aníbal Quijano, "Colonialidad y Modernidad/Racionalidad", *Perú Indígena*, v. 13, n. 29, 1992.
33 > Achille Mbembe, *Crítica da Razão Negra*, op. cit., p. 106.
34 > Michael Omi e Howard Winant, *Racial formation in the United States*. New York: Routledge, 2015.
35 > Poderíamos, decerto, nos valer de outros exemplos de formação racial, como por exemplo a exploração da mão de obra chinesa na construção da Central Pacific Railroad e o Chinese Exclusion Act de 1882 nos Estados Unidos (E. Esch e D. Roediger, *The production of Difference*, op. cit., p. 73).
36 > Lewis Gordon, *Her Majesty's Other Children*. Lanham: Rowman & Littlefield Publishers, 1997, p. 57.
37 > Achille Mbembe, *Crítica da Razão Negra*, op. cit., p. 145.
38 > Aimé Césaire, *Discurso sobre o colonialismo*. Lisboa: Livraria Sá da Costa, 1978.
39 > Katherine McKittrick "On plantations, prisons, and a black sense of place", *Social & Cultural Geography*, v. 12, n. 8 (December), 2011, pp. 948-963.

Se para a negritude a plantation representa o paradigma moderno da colonialidade do poder, para a indigeneidade a lógica predominante é a da eliminação por meio da colonização de povoamento. O fim último do povoamento não é a extração de valor do corpo, mas a expropriação da terra e a eliminação radical da marca indígena dessa terra.[40] Decerto essa eliminação nunca se realiza por completo, restando sempre uma marca negativa do permanentemente eliminado, em cujo segredo se esconde a possibilidade de resistência.[41] A lógica da eliminação faz uso de diferentes instrumentos e dispositivos. De modo geral, o povoamento implica em uma violência ambiental, na medida em que destitui a autodeterminação dos povos ao desarticular sua relação metabólica com a vida:

> colonialismo de povoamento se refere a processos sociais complexos nos quais ao menos uma sociedade busca mudar-se permanentemente para os lugares terrestres, aquáticos e aéreos vividos por uma ou mais outras sociedades que já derivam sua vitalidade econômica, florescimento cultural e autodeterminação política das relações que estabelecem com as plantas, animais, entidades físicas e ecossistemas desses lugares.[42]

Essa importante tese de Whyte pode ser compreendida como traço essencial da própria colonialidade do poder. Há correlação entre a violência territorial colonial e déficit de autodeterminação comunitária, bem como da relação metabólica com o ecossistema. Algo da violência ambiental perpassa a favela, a villa e as reservas indígenas. Desse modo, haveria um elemento comum entre as lutas indígenas contra a destruição ambiental (seja em Belo Monte ou na Dakota do Norte) e a luta contra a injustiça ambiental nas periferias do mundo colonial, como no emblemático caso da crise aquífera Flint.[43]

Esse comentário não visa produzir uma falsa identidade entre essas diferentes geografias pós-coloniais, mas evidenciar a determinante ambiental da exploração e da expropriação moderna/colonial. Com isso, defendemos a proposição de que qualquer pensamento "de-" ou "anti-" colonial deve necessariamente repensar a relação dos seres humanos com

---

40 > Mais uma vez, não queremos com isso ignorar as diversas formas de exploração e de extração de valor da mão-de-obra indígena que se deram nas Américas. Mita, encomienda, escravidão, reduções, foram todas formas de exploração do trabalho corporal e intelectual indígena, mas isso não anula o fato de que há uma lógica genocida de eliminação típica dos processos de colonização de povoamento.

41 > Patrick Wolfe. "Settler Colonialism and the elimination of the native", *Journal of Genocide Research*, v. 8, n. 4 (December), 2006, p. 390.

42 > Kyle Whyte, "The Dakota Access Pipeline, Environmental Injustice, and U.S. Colonialism". *Red Ink: An International Journal of Indigenous Literature, Arts & Humanities*, 19.1 (Spring), 2017, pp. 154-169. Ver também Kyle Whyte, "Indigeneity and U.S. Settler Colonialism" in Zack, N. (Org.), *Oxford Handbook of Philosophy and Race*. Oxford: Oxford University Press, 2016.

43 > Nos últimos anos cresce uma rica literatura focada no racismo ambiental. Além de Whyte, ver, por exemplo, Laura Pulido, "Rethinking Environmental Racism: White Privilege and Urban Development in Southern California". *Annals of the Association of American Geographers*, v. 90, n. 1, 2000, pp. 12-40; Bryan Williams, "That we may live: Pesticides, plantations, and environmental racism in the United States South", *Environment and Planning E: Nature and Space*, v. 1, n. 1-2, 2018.

suas próprias condições materiais de possibilidade. Nesse contexto, é notável o esforço de Katherine McKittrick de inscrever o princípio da raça numa concepção geográfica do espaço. Relacioná-lo à categoria do "lugar", evidenciando a geografia racista da colonialidade do poder e permitindo se pensar trajetos e cartografias de libertação, indicadas pelo conceito do "sentido negro do lugar".⁴⁴

a temporalidade da raça

Na modernidade, o desenvolvimento, representado como a realização tardia da trajetória europeia, vem a ser uma ideologia e aparece como o fim último de todas as sociedades e indivíduos: "Modernização' (ontologicamente) é exatamente o processo imitativo de constituição, como a passagem da potência ao ato (um 'desenvolvimentismo' ontológico), dos mundos coloniais com respeito ao 'ser' da Europa [...]: a 'falácia desenvolvimentista'".⁴⁵ As figuras do desenvolvimento se transformaram com o tempo: ora representadas como desenvolvimento da razão natural, ora como industrialização e desenvolvimento econômico, ora como desenvolvimento das instituições políticas e instauração da "democracia liberal" ocidental. Em todo caso, desenvolvimento é sempre concebido como processo imitativo daquilo que foi realizado anteriormente pela Europa. O fato de que o desenvolvimento tenha se tornado uma categoria tão central em nosso imaginário intelectual, como também em nossas práticas políticas, não é fortuito. Ele está associado a uma nova concepção do tempo, agora abstrato e linear, no qual a perfectibilidade e o progresso tornam-se compreensíveis. No quadro da filosofia europeia moderna, o desenvolvimento se tornou uma categoria central. Hegel o identifica com o movimento próprio do conceito, ou seja, com aquilo de mais elevado.⁴⁶

A raça possui também uma temporalidade que se articula dentro da lógica teleológica do desenvolvimento moderno. O objeto do desejo, a branquitude, se apresenta como um telos. Essa teleologia se estrutura como "cadeia do ser", a representação da possibilidade de ascenso ou descenso do existente.⁴⁷ No imperativo modernizador – "ocidentalize!", "desenvolva!", "democratize!" – encontra-se também um imperativo racial: "seja branco!". O negro

---

44 > Katherine McKittrick, "On plantations, prisons, and a black sense of place", pp. 948-963.
45 > Enrique Dussel, *1492: O Encobrimento do Outro (A origem do 'mito da Modernidade')*, op. cit., p. 40
46 > G.W.F. Hegel, *Ciência da Lógica. 3. A Doutrina do Conceito*. Petrópolis: Vozes, 2018, p. 10.
47 > Não queremos com isso apagar o fato de que o negro, como bem assinalou Mbembe, tornou-se também, numa "reviravolta espetacular", um "desejo consciente de vida, força pujante, flutuante e plástica, plenamente engajada no ato de criação e até mesmo no ato de viver em vários tempos e várias histórias simultaneamente" (Achille Mbembe, *Crítica da Razão Negra*, op. cit., p. 21). Não deveríamos levar a sério a advertência de McKittrik segundo a qual as análises da "negritude [blackness] podem reificar as categorias raciais-coloniais"? (Katherine McKittrick, "On plantations, prisons, and a black sense of place", op. cit., p. 948). Mesmo enquanto denúncia, a reprodução da associação da negritude e da racialização com a falta e com a inumanidade termina por consolidar esses predicados de forma problemática.

é, como escreve Fanon, a "força brutal, opositora" a todas as mitologias brancas de progresso, civilização, liberalismo e educação.[48] Tais imperativos são falaciosos na medida em que são impossíveis. Seu segredo se assenta sobre essa própria impossibilidade. A modernidade produz as dicotomias civilizado/bárbaro, branco/não branco, desenvolvido/subdesenvolvido, moderno/tradicional. Cada momento se põe em relação ao outro e nenhum subsiste autonomamente. Dialeticamente, a efetivação de cada um significa sua própria dissolução.

A estrutura do desenvolvimento requer um breve comentário sobre seu contorno temporal. A dialética da colonização e da racialização impõe dinâmicas peculiares à estrutura passado, presente e futuro. Modernidade vem do latim modus, isto é, o "presente" ou "justo agora". É claro que, como todo presente, esse moderno estrutura seu próprio passado e projeta certo futuro.[49] Na colonialidade do poder, a Europa moderna é o que é no presente, e o Outro é desprovido de presença.[50] A ideologia moderna anuncia que aquele que quer ser deve se modernizar, se adequar ao presente, isto é, se identificar com o ideal europeu.

A perversidade de tal condicionamento está no fato de que, para ser, deve-se não ser o que se é e ser o que não se é. Essa dicotomia imposta pela ideologia moderna é condensada na expressão "bifurcação-segregação" de McKittrick, que evidencia a estrutura temporal do racismo, na medida em que ele lança caminhos possíveis adiante, caminhos estes que envolvem sempre algo da exclusão e da segregação.[51] A exclusividade da presença branca reduz outros modos de existir a uma existência virtualmente fantasmagórica, que se move, mas que não pertence a este tempo. A inadequação temporal é retroativa, na medida em que o falso presente falsifica também o passado, tornando-o ilegítimo: "Se um grupo pertence ao futuro, isso afeta, retroativamente, como ele vê seu presente e, como consequência, o passado. Se, entretanto, o futuro de um grupo é apagado no encontro, seu presente é questionado e o pertencimento torna-se um aspecto de seu passado."[52] Nesse sentido, a experiência racial é sempre uma experiência de extemporaneidade, de assincronia, na medida em que há uma inadequação fundamental com o presente, ao passo que a racialização é paradoxalmente uma categoria moderna por excelência. Tão contraditória é a raça.

---

48   > Frantz Fanon, *Pele negra, máscaras brancas*, op. cit., p. 164.
49   > Para discussão mais detalhada da etimologia da palavra modernus em latim, ver Moorhead (J. Moorhead, "The Word 'Modernus'". *Latomus*, T. 65, Fasc 2, 2006, pp. 425-433). Na história do pensamento ocidental, Hegel apresentou a versão mais bem fundamentada do eurocentrismo como doutrina histórica. Recomendo a leitura de suas preleções sobre a filosofia da história.
50   > Retomando temas clássicos, o último Heidegger eleva a presença (*Anwesenheit*) ao estatuto de uma categoria ontológica fundamental.
51   > Katherine McKittrick, "On plantations, prisons, and a black sense of place", op. cit., p. 950.
52   > Lewis Gordon, "Thinking Through Some Themes of Race and More", *Res Philosophica*, v. 95, n 2, 2018, pp. 331-335.

racismo e perversão

A análise anterior buscou situar o princípio da raça em um panorama histórico global, de uma racionalidade e temporalidade próprias à modernidade, mas esse princípio se efetiva sempre na experiência vivida singular. De acordo com Fanon, a racialização se produz através de um olhar. Nesse sentido, a raça seria um simulacro impresso sobre alguém pela mirada racista. Esse simulacro é imposto sobre o corpo e a experiência da raça se joga fundamentalmente na dimensão corporal. Enquanto veículo de desumanização, o olhar racista fixa o outro como pura coisa, objeto, corpo.

O olhar racista é, em certa medida, infantil, na medida em que é incapaz de ir além da imediaticidade do dado, da cor da pele. Usando o jargão moderno, o olhar racista é um olhar primitivo e fetichista, incapaz de abstrair do imediato para representar o outro como ser humano universal: "[A raça] é uma forma de representação primária. Incapaz de distinguir entre o externo e o interno, os invólucros e os conteúdos, ela remete, em primeira instância, aos simulacros de superfície."[53]

O olhar racista é sempre encobridor. No momento em que uma face humana se manifesta, ela é imediatamente encoberta por uma máscara que impede sua revelação. Deleuze e Guattari estão corretos ao afirmar que, no racismo, não há propriamente encontro com um outro, pois o outro é sempre coberto por um simulacro, pelo "mesmo", é sempre um judeu, um árabe, um negro, um louco...[54]

Por fim, o racismo é também uma forma de perversão. Tudo começa com o rosto humano, que é em seguida encoberto pelo simulacro do não humano. Nesse sentido, o olhar racista sempre reconhece e nega a humanidade do outro. O olhar racista é perverso na medida em que sabe que aquele que mira é humano, mas age como se...[55]

No jogo perverso racista revela-se o caráter intimamente subjetivo da raça. O princípio da raça não se inscreve apenas na geografia do espaço, na relação dos povos com o ambiente, com seu trabalho e com sua experiência do tempo, mas na própria cartografia e coordenadas temporais da subjetividade humana. Fanon dedicou sua breve e curta vida para desvelar a série de complexos e formações sintomáticas produzidos pelo contexto colonial, mostrando como a subjetividade dos atores da colônia (o branco, o indígena, o negro) é marcada por essa relação racial e colonial. A racialização envolve, por um lado, a interiorização da subalternidade e, por outro, a ilusão de superioridade do racista. A força ou o segredo da colonialidade do ser é precisamente sua capacidade de colonizar o imaginário dos sujeitos, talhando

---

53 > Achille Mbembe, *Crítica da Razão Negra*, op. cit., p. 27.
54 > Gilles Deleuze e Félix Guattari, *Mil Platôs: Capitalismo e Esquizofrenia*, v. 3, op. cit., p. 41.
55 > Vladimir Safatle, *Fetichismo: Colonizar o Outro*. Rio de Janeiro: Civilização Brasileira, 2010.

seu próprio desejo. Fanon compreendeu profundamente esse aspecto e afirmou que o processo de decolonização seria em grande parte subjetivo, exigindo "a necessidade de uma ação conjunta sobre o indivíduo e sobre o grupo".[56]

conclusão

Neste artigo introdutório, mostramos como a raça é um dispositivo fundamental da racionalidade moderna para legitimar a violência e a dominação, que contradiz "a própria ideia de uma comunidade humana, de uma mesma humanidade, de uma semelhança e de uma proximidade humana essencial".[57] Ao agir como se o outro não fosse humano, ao afirmar sua superioridade, ao mercantilizar o corpo e o trabalho do outro, ao expulsá-lo da zona do ser, o homem moderno acredita estar se assegurando de sua própria humanidade. A teoria crítica da raça, entretanto, é bem-sucedida ao provar que, no ato de desumanização, se desumanizam ambos os lados. De fato, só há humanidade se há reconhecimento recíproco da humanidade. O esfacelamento da humanidade é bem articulado por Césaire em sua denúncia ao colonialismo:

> [...] a colonização desumaniza, mesmo o homem mais civilizado; que a ação colonial, a empresa colonial, a conquista colonial, fundada sobre o desprezo pelo homem indígena e justificada por esse desprezo, tende, inevitavelmente, a modificar quem a empreende; que o colonizador, para se dar boa consciência se habitua a ver no outro o animal, se exercita a tratá-lo como animal, tende objetivamente a transformar-se, ele próprio, em animal.[58]

Esta é a posição da racionalidade moderna, que tanto falou do ser humano e do universal, mas que tanto contribui para a degradação de seu estado em tantas partes do mundo. Não poderíamos supor que a raça seria o cadáver que, segundo Lacan, o humanismo guardaria no armário?[59] A relutância do pensamento social moderno em tratar do tema da raça refletiria, segundo a hipótese aqui defendida, uma relutância em reconhecer a colonialidade própria do pensamento social, que não afeta apenas o pensamento produzido nos centros intelectuais, como Europa e Estados Unidos, mas, sobretudo, a produção intelectual na periferia do capitalismo, onde a experiência do racismo é paradoxalmente moeda corrente.

---

56 > Frantz Fanon, *Pele negra, máscaras brancas*, op. cit., p. 95.
57 > Achille Mbembe, *Crítica da Razão Negra*, op. cit., p. 299.
58 > Aimé Césaire, *Discurso sobre o colonialismo*, op. cit., pp. 23-24.
59 > Jacques Lacan, *O seminário, livro 11: os quatro conceitos fundamentais da psicanálise*. Rio de Janeiro: Jorge Zahar, 1988, p. 211.

Tal recusa reside no fato de que o racismo está inscrito na essência de nossa sociedade e sua construção é um longo processo de educação do imaginário e da corporeidade, que devem automatizar um repertório de representações, ditos, gestos e hábitos: "O ódio não é dado, deve ser conquistado a cada instante, tem de ser elevado ao ser em conflito com complexos de culpa mais ou menos conscientes."[60] O racismo já se tornou, para retomarmos um termo típico da filosofia política moderna, uma "segunda natureza".

Expor esse cadáver no armário é tarefa inadiável do pensamento crítico na periferia do capitalismo. Com este breve ensaio pretendemos ajudar nesta direção. Não pretendemos, entretanto, oferecer qualquer definição exaustiva da raça. Como formulado por Kwame Appiah, "não há nada no mundo que possa fazer para nós tudo aquilo que pedimos que a raça faça",[61] não porque a raça não se refere a nada, mas porque ela é um produto histórico da colonialidade do poder, produto de uma lógica moderna de opressão que produz dualidades que fragmentam a possibilidade de uma humanidade comum, em suma, ela é a verdade de uma realidade falsa. E, ao contrário do que alguns possam imaginar, o princípio da raça permanece vigoroso, apesar de todas suas transformações históricas e das importantes conquistas das lutas antirracistas. Segundo a advertência assustadora de Mbembe, há hoje uma tendência de universalização da negritude, no sentido de que, com o desenvolvimento do capital financeiro, das novas mídias e da radicalização do neoliberalismo, cada vez mais corpos se tornam predáveis e expropriáveis, como outrora foram especialmente os escravos de origem africana. Mbembe chama esse processo de "devir-negro do mundo". Tal é a urgência de nosso tema.

Buscamos, neste texto, situar o leitor no campo da teoria crítica da raça a fim de convidá-lo a conceber novas formas de habitar tempos e histórias simultaneamente, em oposição à teleologia desenvolvimentista que subjaz ao racismo moderno. Engajar-se criticamente com o princípio da raça é engajar-se numa política ontológica, que busca a dignificação de uma pluralidade de modos de ser, de autoexperimentações, de estar presente no mundo e de se apropriar dos produtos de sua própria atividade, que busca, por fim, imaginar uma vida humana para além do homem.

---

60 > Frantz Fanon, Pele negra, máscaras brancas, op. cit., p. 61.
61 > Kwame A. Appiah, *In my father's house: Africa in the Philosophy of Culture*. New York: Oxford University Press, 1992.

> andrade, cleyton[1] <.> viveiros e florestas, onças e xamãs: decolonizar o pensamento <

O século xx foi um século que não durou cem anos. Algumas formas de compreendê-lo como uma paixão pelo real,[2] por exemplo, podem construir marcadores que lhe dariam aproximadamente setenta anos. Foi um século que interrogou a sociedade, o capitalismo, as instituições, os valores, a família, o desejo, a sexualidade, a masculinidade, o Estado, a liberdade etc. Alguns dos principais ideais erguidos pela tradição europeia se viram em crise e sob protesto. Novas alternativas foram propostas, sem que se configurassem claramente como uma resposta à altura.

O "Anti-Édipo", de Deleuze e Guattari,[3] foi um dos diversos exemplos de crítica social e política que resultaram, inclusive, em implicações clínicas. Um dos pontos ali levantados foi o destaque a um universo restritivo de experiências subjetivas, de desejo e de laços sociais. A sociedade capitalista seria um campo de possibilidades estritamente delimitado, resultando em certas impossibilidades sociais de expressão. Ou seja, diante de um campo regido e regulado pelo falo – de um modo específico –, sobrevivem apenas algumas formas de experiências sociais prescritas como possíveis e compartilháveis. Qualquer coisa fora disso é inscrita sob a forma de impossibilidades sociais ou como figuras de indeterminação. A esquizofrenia, por exemplo, não seria a patologia do déficit em Kraepelin, ou da divisão em Bleuler, mas a expressão de uma impossibilidade social. Se, por um lado, a sociedade é refratária à multiplicidade criando um regime prescritivo da sexualidade, dos corpos, de um modelo de família nuclear, por outro lado, as figuras do múltiplo não são redutíveis ao regime de ordenamento fálico dessa sociedade. As diferentes formas de gozo que compõem

---

1 > Psicanalista, membro da EBP/AMP, professor do Programa de Pós-Graduação em Psicologia e do Programa de Pós-Graduação de Linguística e Literatura da UFAL, coordenador do ECLIPsi – Laboratório de Psicanálise, Clínica e Estudos Interculturais e autor do livro *Lacan Chinês: poesia, ideograma e caligrafia chinesa de uma psicanálise*, vencedor do prêmio Jabuti na categoria Psicologia, Psicanálise e Comportamento (2016).
2 > Alain Badiou, *O século*. São Paulo: Ideias & Letras, 2007.
3 > Gilles Deleuze e Félix Guattari, *O Anti-Édipo: Capitalismo e esquizofrenia*. São Paulo: Editora 34, 2014.

a figurabilidade do múltiplo não cabem no ordenamento unitário e identitário do aparato social. Não cabem nem no regime fálico nem na estrutura edípica.

Para Deleuze e Guattari,[4] a esquizofrenia pode ser pensada como um dos nomes da multiplicidade do desejo que não se deixa capturar pelo regime fálico nem pelo edípico. A esquizofrenia é a heroína trágica de uma insubmissão do desejo que demarca uma impossibilidade social. Ela é uma categoria clínica que, social e politicamente, expressa um modo privilegiado de resposta ao encarceramento do desejo no interior do capitalismo. Este último teria encontrado os mecanismos para fazer tanto do falo quanto do Édipo seus núcleos estruturantes. Numa configuração de dupla face, tanto o desejo circunscrito pelo falo e pelo Édipo seria uma forma de expressão do capitalismo quanto, de modo análogo, este seria a fotografia impressa daquela. Diante do espelho, Narciso acha belo o estruturado e estruturante de suas formas. Reflexo harmônico entre desejo, falo, Édipo, capitalismo. Com isso, uma certa concepção de multiplicidade seria francamente irredutível a tais regimes. Seria justamente aquilo que Narciso acha feio por não ser espelho. Ainda assim o "Anti-Édipo" é uma crítica social e política, uma crítica ao capitalismo, antes de ser uma crítica à psicanálise, mesmo que o seja de fato.

De declarada inspiração no "Anti-Édipo", o *Anti-Narciso* de Viveiros de Castro[5] é meu ponto de partida. É o livro que ocupa o espaço vago na estante. O livro que falta à biblioteca cujo vazio talvez sirva para contaminar as fichas catalográficas, palavras-chave, e imprimir uma inconstância na alma dos tesauros. Ele não foi escrito. Entretanto pode ser que, ainda assim, funcione para o *Metafísicas canibais* como a alma funciona para os instrumentos de corda, como no violoncelo, por exemplo. Diante de toda a complexidade e beleza desse instrumento, a alma é um pequeno pedaço de madeira de formato cilíndrico que exerce duas funções fundamentais: sustenta a pressão das cordas e conduz o som. Um violoncelo sem a alma ainda vai emitir sons, mas não será mais ele mesmo. Será possível vê-lo e reconhecê-lo diante dos olhos, embora mudo. Se for instado a exercer seu papel de instrumento musical, não será mais reconhecido como um violoncelo. É como se o *cello* tivesse tido um encontro infamiliar na floresta que lhe custasse a alma.

O *Anti-Narciso* não é só o livro não escrito do qual se fala, é a alma que permite a própria ressonância daquilo que se fala em torno dele. Ressoa no método da própria antropologia e no seu regime de inteligibilidade. Diria que implica uma espécie de ressonância de perspectiva. Num tropo, usando uma ideia Boaventura de Sousa Santos,[6] talvez O *Anti-*

---

4 > *Ibid.*

5 > Eduardo Viveiros de Castro, *Metafísicas canibais: elementos para uma antropologia pós-estrutural*. São Paulo: Cosac Naify, 2015.

6 > Boaventura de Sousa Santos, *O fim do império cognitivo: a afirmação das epistemologias do sul*. Belo Horizonte: Autêntica, 2019.

Narciso seja menos um pensamento de vanguarda e mais uma crítica de retaguarda. Em outras palavras, ele não é uma rotação de perspectiva que produz novas teorias, inovadoras formas de pensar, mas uma operação que permita de fato e de direito fazer ressoar as teorias das próprias sociedades estudadas. Menos a vanguarda de novos conceitos sobre os ameríndios, mas a retaguarda dos conceitos do pensamento ameríndio.

decolonizar o pensamento

Tendo a antropologia as suas bases apoiadas no colonialismo, sendo mais uma relação de identidade do que de similitude, a rotação de perspectiva tem como fundamento decolonizar-se. Uma definição negativa do conceito antropológico que tem como princípio o colonialismo para a afirmação dos conceitos das sociedades não europeias desemboca numa relação de oposição já indicada no uso do "anti". Um antagonismo inconciliável entre Narciso e o Anti-Narciso transcrito ou traduzido em dois movimentos ou ações: colonizar e decolonizar.

Uma antropologia feita à imagem e semelhança não só dos antropólogos, mas do pensamento e da linguagem que os habita, que *falam neles*. Uma ciência que se viu exotista e primitivista como efeito direto dos significantes mestres do Outro da cultura que fizeram deles, antes de colonizadores, colonizados por tais redes de significantes. O antropólogo colonizado é aquele que pode fazer do exercício político de sua episteme e epistemologia o recurso não apenas de dominação do outro, mas também, e sobretudo, de produção desse outro. O outro colonizado não é somente aquele que é objeto de uma teoria da sujeição, das estratégias econômicas, militares, políticas, de dominação; ele é principalmente o efeito de uma teoria da produção de subjetividades. O outro, esse outro, é inventado segundo interesses daquele que o inventa. O produto revela mais a verdade do processo de produção do que daquilo que foi produzido.

É claro que o momento inicial de um trabalho de investigação não tem instrumentos suficientes para se dizer decolonizado. Com isso digo que nem eu mesmo tenho a mínima convicção de que um modelo de racionalidade acerca dos mecanismos produção de subjetividade seja ele mesmo decolonizado. Afinal, se Lacan pôde se livrar desse conceito incômodo de sujeito, se os chineses se viraram com uma língua que não produziu uma filosofia nem uma ontologia ao redor do conceito de ser, e se houver epistemologias que acolham ontologias plurais, o próprio conceito de sujeito, e, consequentemente, de constituição do sujeito, pode ser alvo de uma perda da alma e com isso parecer um violoncelo sem ser. Ou ao menos, quem sabe, se transformar em outros instrumentos da orquestra.

O discurso europeu sobre povos não europeus expõe as representações que ergueram sobre esse outro. Contudo, como afirma Viveiros de Castro,[7] a construção dessas representações sobre o outro como diferente não é mais do que a máscara através da qual olhamos para nós mesmos. O outro, o não europeu, que foi incorporado por narrativas exotistas e primitivistas, não revela a verdade do que ele é, mas o sintoma de um jogo especular acerca de nós mesmos. Na esteira de Foucault,[8] não é o antropólogo que detém a verdade sobre os povos primitivos, e sim estes que detêm a verdade do narcisismo do colonizador. O colonizador tem diante de si um espelho. O gesto alegórico ou histórico, pouco importa, do invasor branco europeu presenteando um indígena com um espelho é um gesto, em si mesmo, revelador. Embora revele na exata medida em que é velado. Tal parece ser sua virtude, manter-se velado justamente por se fazer a céu aberto, às claras, na praia. O invasor não presenteou com o espelho se desfazendo dele. Ele fez do espelho uma de suas armas mais eficazes.

Assim como a exotização do nativo é um gesto de Narciso, sua desexotização é o ato epistemológico e político do Anti-Narciso. Desde o século XVII os povos ameríndios, dentre outros, causaram estranhamento por serem sociedades sem Estado. Na sequência da formação dos Estados-nação europeus, a ausência de Estado nessas sociedades compostas por tribos ou outras configurações sociais pareceu algo mais próximo da natureza que da cultura. Laços sociais erguidos sem Estado, ou seja, sem lei, sem instituições políticas, seriam pensados mais do lado da natureza que da política. Isso do ponto de vista do invasor. A ausência de Estado e de governo foi o solo propício para representações de um outro mais próximo da natureza, atrasado, caótico. A desordem e a insubmissão a instituições e leis eram uma ameaça impensável para um conceito narcísico de cultura e, obviamente, de Estado. A partilha entre civilizado e selvagem ou entre Natureza e Cultura foram campos estruturantes para uma narrativa a respeito de sociedades e sujeitos primitivos.

O confronto com as formas de vida não europeias não resultou numa constatação da diferença, e sim num conjunto de movimentos que resultou na construção de um outro por vezes alegórico, outras vezes caricatural, mas sempre exótico e primitivo, com a função precisa de localizar o mesmo. Uma espécie de ideal do Eu às avessas que, de fora, ajuda a organizar o "dentro" – este que pelo espelho me lembra daquilo que se mantém altivo nos meus próprios ideais. O narcisismo do colonizador é menos a figura clínica do que o princípio de uma epistemologia e uma política. Distribuir o espelho foi o gesto bélico de invasão que colocou (e se repete a cada dia) o colonizador no interior do colonizado para garantir ao primeiro a imagem de si mesmo. A identificação com o colonizador como modo de operação colonialista.

---

7 > Eduardo Viveiros de Castro, *Metafísicas canibais*, op. cit.
8 > Michel Foucault, *História da loucura na Idade Clássica*. São Paulo: Perspectiva, 1978.

A proposta de um anti-Narciso inclui a preocupação em não se tornar uma metanarrativa da modernidade,[9] não sendo mais que uma sociologia ou economia em vez de uma antropologia. A proposta é outra. É a de uma exteriorização e estranhamento da razão, ou seja, menos uma teoria e sim uma posição metodológica que crie condições de possibilidade para uma esquiva do universo do mesmo. Um deslocamento ou ruptura da velha conhecida antropologia de nós mesmos. Somente nesse sentido se torna apreensível o perspectivismo e o multinaturalismo como versões das práticas de conhecimento indígena.

encontro unheimliche na floresta epistêmica

Eis que um problema já se apresenta de partida. Foucault,[10] ao tecer seus comentários e análises sobre o quadro *Las Meninas* de Velázquez, se detém, até certo ponto, na perspectiva do olhar e da linguagem. Pintar a pintura, ou representar a representação, está no centro da interrogação. Uma operação que só se torna viável a preço fixo. O custo dela é o sujeito. Em contrapartida, se, por um lado, ela suprime o sujeito, por outro, ela mostra o olhar que olha aquele que olha. Há uma transposição entre espectador e observado, ofuscando a diferença até então absoluta entre sujeito e objeto, que antes pareciam vítreos. Ainda no quadro, mas mais ao fundo, menos nítido, há um espelho. Novamente ele que, em parceria com Narciso, se propõe mais que mero objeto de troca. Nesse caso, "um espelho turvo parece dar a impressão de ser o observador alguém estranho a si mesmo. Irrompe do fundo um olhar que faz do observador o quadro".[11] Uma primeira possibilidade de leitura desfocada para a discussão que proponho aqui coloca o narcisismo como base desse observador antropólogo, branco, europeu e colonizador que, ao se deparar com algo estranho a si mesmo, faz de si o quadro observado por sua ciência e epistemologia. Um discurso sobre conceitos que tratam aparentemente da diferença embora não sejam mais que meros discursos sobre seus próprios discursos, e conceitos que orbitam em torno de si mesmos. Uma outra leitura que me ocorre passa pelo que há de turvo no espelho, e não o próprio espelho. A opacidade que introduz no visível um ponto cego. A intromissão ou emergência de uma anamorfose que estilhaça a ambição de representar a representação como uma operação sem restos. Algo aqui parece funcionar de modo análogo ao efeito de infamiliar descrito por Freud.[12] O anti-Narciso, o perspectivismo, o multinaturalismo, as metafísicas canibais, como algumas formas de emergência de uma anamorfose discursiva ao exemplo freudiano do encontro e efeito infamiliar.

---

9 > Eduardo Viveiros de Castro, *Metafísicas canibais*, op. cit.
10 > Michel Foucault, *As palavras e as coisas: uma arqueologia das ciências humanas*. São Paulo: Martins Fontes, 1999.
11 > Pedro Heliodoro Tavares, *Freud e Schnitzler: sonho sujeito ao olhar*. São Paulo: Anablume, 2007, p. 84.
12 > Sigmund Freud, *O infamiliar [Das Unheimliche] e outros escritos (edição bilíngue)*. Belo Horizonte: Autêntica, 2019 (Obras Incompletas de Sigmund Freud).

Uma nova antropologia do conceito é correlata de um novo conceito de antropologia, e essa torção é possível somente na condição de uma anamorfose discursiva[13] que estilhace o espelho político e epistêmico de Narciso. Viveiros de Castro[14] interroga pelas condições de autodeterminação ontológica dos coletivos em relação dissimétrica com a redução epistemocêntrica do pensamento e suas consequências em termos de representação, classificação, predicação e julgamento. Portanto o Narciso do qual aqui se fala talvez tenha muito pouco a ver com o narcisismo como conceito freudiano, uma vez que se refere, a rigor, ao gesto de exclusão de toda alteridade e ignora a diferença. Em verdade pouco importa quem são esses povos, posto que o fundamental é sabermos quem somos nós. O outro é definido pelas ausências, por aquilo que lhe falta, seja o Estado, instituições, leis, governo, alma, cultura, fé etc. Uma metafísica ocidental é colonialista na exata medida em que faz do narcisismo seu fundamento. Em contrapartida, a aposta é na proliferação da multiplicidade: "Mude-se então o problema, mudar-se-á a forma da resposta: contra as Grandes Partilhas, uma antropologia menor fará proliferar as pequenas multiplicidades – não o narcisismo das pequenas diferenças, mas o antinarcisismo das variações contínuas".[15]

O esforço é de resistir ao automaton de formular uma ciência social ou uma teoria social que tenha o observado como objeto, e com isso buscar compreender a teoria social e os conceitos elaborados por eles próprios. Conceber a estética indígena não como a expressão inicial da minha própria, como se fosse o registro vivo de um passado em dias atuais, como um museu ou reserva jurássica, mas como uma estética que possa tornar visível o ponto cego, aquilo que resiste à conceitualização instrumental restando por vezes o esforço de formalização, tal como poderia nos sugerir Adorno.[16] Menos como uma estética primitiva numa escala evolutiva, e mesmo assim familiar, e mais uma como estética infamiliar que me despossui, com virtude de descentralização, e por isso decolonizadora.

binarismo ameríndio como operador da diferença

Há um tensionamento entre uma metafísica ocidental cuja verdade, apesar do logos, dos marcadores científicos, de uma ontologia aparentemente sustentável, é em última instância narcisista e, de outro lado, outras metafísicas. Um efeito do descentramento filosófico é passar a conceber como possível outras metafísicas não hierárquicas, outra filosofia,

---

13 > Eduardo Viveiros de Castro, *Metafísicas canibais*, op. cit.
14 > Ibid.
15 > Ibid, p. 27-8.
16 > Theodor Adorno, *Teoria estética* – Obra completa, 7. Madrid: Akal, 2014.

outro pensamento, enfim, outra política. Viveiros de Castro[17] adota como eixo etnográfico e metodológico o uso metafísico do conceito de afinidade entre os ameríndios. Citando Lévi-Strauss, ele se vale de um conceito que funciona como ponto de articulação entre opostos, como uma espécie de operador da diferença. Amigo e inimigo, parente e estrangeiro, humano e divino são, afinal, mais que relações, são também díades.

As díades já eram encontradas em Weber e Durkheim como modos de composição do pensamento, consistindo, a cada etapa, como um tratamento dado à diferença.[18] Lévi-Strauss introduz o binarismo por meio do uso de díades, mediações, por vezes tríades, com predomínio de uma dualidade originária que funciona como um modo de tornar inteligível a amplitude das variações do pensamento e mitos ameríndios. Ou seja, a oposição binária é uma chave de leitura tanto para os mitos quanto para o parentesco, que são ordenados em pares de opostos. Além disso, essa oposição recolhe da linguística de Saussure o par significante/significado e absorve a língua como um sistema de diferenças, o que é fundamental para dar gradualmente maior ênfase aos sistemas e não aos signos. Em outras palavras, a diferença pode se apresentar como distinção e oposição. Estas, por sua vez, são casos particulares do primado da diferença.[19]

Não é preciso dizer que haverá a necessidade de uma gramática para esse primado. Apoiado em Saussure e Jakobson, para dar conta da diversidade e das variações encontradas entre os ameríndios, Lévi-Strauss passará a introduzir díades propriamente antropológicas: natureza e cultura, homem e mulher, endogamia e exogamia, vida e morte, cru e cozido etc. O binarismo que se tornou essencial ao estruturalismo foi o recurso para lidar com as relações entre estabilidade e variação, universal e particular, permanente e dinâmico. Mas não só. As Américas, assim como a Oceania e a Ásia, teriam pensamentos binaristas, dualistas, a exceção seria a África.[20] Nesse sentido, as díades seriam mais significativas para a racionalidade do que as variações aleatórias, sobretudo porque elas não eliminam nem inibem essas variações – pelo contrário, elas seriam estruturantes das variações. A oposição binária ainda tem a virtude de oferecer um modelo mais simplificado da complexidade do sistema. Um exemplo disso é o uso do binarismo significante (S1 – S2), tão comum entre os lacanianos.

Destaco ainda, embora com imprudente brevidade, funcionando apenas como aceno para desenvolvimentos posteriores, que, enquanto o binarismo antropológico etnográfico homem/mulher recebe tratamento por meio dos sistemas ou estruturas do parentesco, me interessa aqui realçar outro binarismo fundamental para compreendermos o texto de

---

17 > Eduardo Viveiros de Castro, *Metafísicas canibais*, op. cit.
18 > Ivan Domingues, *Lévi-Strauss e as américas: análise estrutural dos mitos*. São Paulo: Loyola, 2012.
19 > Ibid.
20 > Ibid.

Viveiros de Castro,[21] natureza e cultura. Se o primeiro passa pelo parentesco, a inteligibilidade lógica da oposição e a operacionalidade da diferença, nesse caso, passam pela estrutura do mito. Para aquele que quiser ler Lévi-Strauss para entender o Viveiros de Castro do perspectivismo ameríndio, do multinaturalismo, das metafísicas da predação, terá a licença de passar mais brevemente e apenas sobrevoar as estruturas elementares do parentesco. Contudo terá que se certificar de um pouso certeiro e calmo no binarismo natureza/cultura e principalmente no tratamento dado a ele pelo mito.

Façamos aqui sobrevoo imprudente, posto que rápido, menos para discussão e mais como um convite à leitura: para Frazer e Taylor,[22] o mito é um pensamento confuso, irracional e imerso em crenças animistas, o que colocará a nós, leitores de Freud, um trabalho extra. Mas sigamos. A questão para Dumézil[23] é que o mito não é sua função social, mas sim intelectual, ao passo que Mauss se interessa em saber como os índios pensam. Lévi-Strauss faz desse par uma torção interessante. Ou seja, o que importa é saber como os mitos pensam dentro do seu contexto social. Os mitos pensam. Ele vê no mito o próprio trabalho intelectual, o trabalho do pensamento, e, além disso, o sentido do mito não deve ser buscado fora dele numa realidade outra, numa metalinguagem ou metanarrativa. O sentido do mito está no seu sistema de relações e interrelações, em outras palavras, na estrutura. O pensamento do mito é o pensamento da estrutura, revelando ele mesmo o mecanismo do pensamento. O mito individual do neurótico é o pensamento do mito que habita o neurótico, individualmente. O mito com o qual operam o xamã e os povos indígenas é o mito coletivo. Enfim, se o mito revela a estrutura do pensamento, se ele mesmo pensa, sendo um núcleo de relações que operam com a impossibilidade de sínteses dos binarismos irredutíveis, o mito é um tema imprescindível para a compreensão do que é o pensamento ameríndio.

o anti-apócrifo

Considero uma questão relevante observar que em meio a um trabalho que visa uma decolonização permanente do pensamento seja possível se valer de um recurso tão amplamente criticado quanto o binarismo. Ou ainda, se valer de um pensador cuja concepção de simbólico é duramente criticada desde os estudos de gênero[24] e até sua própria filiação eurocêntrica. Afinal, as metafísicas canibais, que dão nome ao livro de Viveiros de Castro sobre o qual me debruço inicialmente em rascunhos, são metafísicas da predação pensadas

---

21 > Eduardo Viveiros de Castro, *Metafísicas canibais*, op. cit.
22 > Ivan Domingues, *Lévi-Strauss e as américas*, op. cit.
23 > Ibid.
24 > Judith Butler, *Problemas de gênero: feminismo e subversão da identidade*. Rio de Janeiro: Civilização Brasileira, 2017.

a partir da noção de afinidade. Este não é apenas um dos eixos etnográficos fundamentais dessa nova antropologia, como também o próprio Lévi-Strauss é amplamente retomado, funcionando como fio condutor. Viveiros de Castro não se cansa de afirmar que o toma como referência central.

Parece estranho pensar que um conceito de simbólico a princípio ultrapassado (branco e masculinista), marcadamente eurocêntrico e binarista ainda possa ser a referência para pensar uma outra metafísica, uma outra epistemologia e um trabalho decidido por uma decolonização permanente do pensamento. Não seria isso uma contradição ou uma falha imperdoável do autor? Quem sabe uma fragilidade do texto, ou mesmo da metodologia? Uma inconsistência? Talvez alguns desses, talvez todos. Contudo isso me parece ser um dos pontos mais importantes a serem lidos neste livro. Resumidamente, ninguém precisa ter um gato para imaginar o que seria o pulo do gato. Dito de outra forma, podemos perguntar: para você que, assim como eu, lê Freud e Lacan, e ainda assim se ocupa com o movimento de decolonizar o pensamento, teríamos que abandonar essas leituras em função desse movimento? Será preciso, em nome de uma decolonização do pensamento, retirar os livros desses dois europeus da estante e destiná-los a uma caixa empoeirada ou encontrar alguma serventia nova para eles, tal como peso de papel, escorar portas ou acender fogueiras? Ou seria possível decolonizar o pensamento ainda se valendo de Freud e Lacan tal como Viveiros de Castro se vale de Lévi-Strauss?

Tive a feliz oportunidade de entrevistar Boaventura de Sousa Santos,[25] na ocasião em que não pude deixar de lhe perguntar a respeito do fato de ser uma referência no pensamento decolonial (sem fazer aqui as distinções entre os termos) e ser, ao mesmo tempo, português, europeu, vindo de um país historicamente colonizador. Destaco o início de sua resposta:

> Reconheço que, como português, tenho uma responsabilidade histórica e talvez as epistemologias do Sul sejam o testemunho dessa minha própria responsabilidade. Eu tive que me descolonizar, tive que desaprender muito do que aprendi, tive que deixar de ser muito do que era para poder vir a ser outra pessoa, que pudesse ser-com. E hoje estou envolvido em muitas lutas sociais e faço-o com grande solidariedade, e sei que tenho esse privilégio de contar com a confiança porque nos momentos difíceis estive com as comunidades e corri riscos com elas. Não é por escrever livros, mas por estar nas lutas, daí o conceito de luta das epistemologias do Sul. As identidades não são para mim biológicas, as identidades para mim são identificações. São processos através dos quais nós

---

25 > Boaventura de Sousa Santos, "As Epistemologias do Sul: entrevista com Boaventura de Sousa Santos por Cleyton Andrade". In: Boletim Dobradiça n 2. Diretoria de Cartéis e Intercâmbios. São Paulo: Escola Brasileira de Psicanálise, 2020. Disponível em: <https://www.ebp.org.br/carteis-e-intercambios/boletim-dobradica/>.

nos identificámos com uma determinada identidade e da qual também nos podemos desidentificar obviamente.[26]

Assim como as epistemologias do sul não possuem marcadores geográficos, biológicos ou nacionalistas, talvez sob certas condições possamos nos inspirar no xamã dos povos ameríndios, que, podendo transitar entre dois mundos, está em condições de adotar o ponto de vista do outro sem perder a própria alma. A decolonização do pensamento passa não apenas pelo texto, mas por aquele que lê e terá que se responsabilizar pelos efeitos de sua leitura. Digo que, no caso dos leitores de Freud e Lacan, por exemplo, a decolonização talvez passe menos por abandonar a leitura que por adotar uma anamorfose discursiva como metodologia. Pode ser um desafio mais político que epistêmico, mas isso é para uma outra investigação. Considero, no momento deste texto, e inspirado pelo próprio Viveiros de Castro e pelo depoimento de Boaventura de Sousa Santos, que decolonizar o pensamento não implica necessariamente a criação de uma lista de autores apócrifos.

o ponto de vista materialista

Para Koyré[27] há um corte entre episteme antiga e ciência moderna, sendo esta essencialmente a física matematizada. Ela opera com a subtração das qualidades sensíveis para que o objeto dessa ciência matematizada possa ser, de fato, o objeto da ciência.[28] Coube a Descartes o ordenamento interno que estabelece o que a ciência moderna demanda do pensamento, o que é o mesmo que dizer que o pensamento da ciência conta com o testemunho do cogito.[29] A equivalência entre sujeito da ciência e sujeito moderno é enunciável na medida em que ele é desprovido de toda qualidade. Toda e qualquer atribuição qualitativa será motivo para a instauração da dúvida, e não do conhecimento claro e distinto. Isso implica que a ciência moderna opera a partir e em função de um pensamento sem qualidades, em que a objetividade é condição de possibilidade para o conhecimento na mesma proporção em que o sujeito e a atribuição de subjetividades impedem o conhecimento claro e distinto. Portanto, a rigor, a imaginação é por definição algo que deve estar apartado da pesquisa científica. A imaginação é instável e indócil ao método científico. A lógica e a matemática, por outro lado, oferecem a regularidade necessária para o procedimento da ciência moderna. Não posso deixar de pelo menos apontar que a imaginação constitutiva do mito terá que

---

26 > Ibid, parágrafo 28.
27 > Alexandre Koyré, *Estudos de história do pensamento científico*. Rio de Janeiro: Forense, 2011.
28 > Jean-Claude Milner, *A obra clara: Lacan, a ciência, a filosofia*. Rio de Janeiro: Jorge Zahar, 1996.
29 > Ibid.

retornar de um modo ou de outro no interior do pensamento científico. A metapsicologia freudiana e a teoria da pulsão são exemplos mais imediatos que me poupam a exigência de ampliar por ora a discussão.

O materialismo, para Viveiros de Castro,[30] é uma pressuposição inicial para uma reflexão no campo da ciência. Brevemente, tal posição materialista se interroga a respeito das relações entre o conhecimento e o mundo material, entendendo como conhecimento a possibilidade, mesmo que limitada, de ter acesso ao mundo real. Só podemos conhecer a partir de imagens que produzimos do contato com ele. Ou, como costumava dizer Walter Evangelista,[31] o ponto de vista materialista é aquele capaz de distinguir o objeto real do objeto de conhecimento. Este é a imagem daquilo que é capturado como uma projeção do primeiro, não havendo identidade entre ambos. Compreender a radicalidade dessa distinção é imprescindível para se ter o alcance de um impasse crucial, bem como da insuficiência das próprias respostas materialistas. Há uma estabilidade ou uma instabilidade na relação entre objeto real e objeto de conhecimento? Há aí uma regularidade apropriada para a ciência moderna ou, pelo contrário, há uma variabilidade inapropriada?

Considerando estarmos diante de uma aporia, podemos recuperar uma reflexão de Lacan a respeito da ciência moderna. Segundo Milner,[32] Lacan reúne teoremas de Kojève – o cristianismo opera um corte entre o mundo antigo e o universo moderno – e Koyré – há um corte entre ciência moderna e episteme antiga. Ao reunir esses teoremas, ele extrai como resultado que a ciência moderna se constitui pelo cristianismo, ou seja, por mais que pareça contraditório, haveria um princípio judaico-cristão na ciência. A variabilidade inapropriada com a qual se depara a ciência, no ponto de vista materialista, produz como sintoma a elaboração de um princípio único, um fundamento último, mesmo que inaparente. Portanto, embora se constitua sob bases da física matematizada, ela ainda recorre a uma metafísica.

Perguntas e tentativas de respostas filosóficas como pano de fundo de uma operação própria à ciência encontraram uma alternativa para a promoção da regularidade possível na concepção metafísica de um fundamento ou princípio último, organizado hierarquicamente, mesmo que não seja empiricamente observável. A metafísica ocidental é a metafísica do princípio monista da ciência moderna. Um argumento cosmológico ou até mesmo divino que não ocupa o interior dos enunciados científicos, mas promove seu ordenamento. Serão sempre perguntas metafísicas questões acerca das origens, das distinções entre o animado e o inanimado (vida ou morte, mortalidade ou imortalidade), da natureza ou essência

---

30 > Eduardo Viveiros de Castro, *Metafísicas canibais*, op. cit.

31 > Walter Evangelista, "Freud: dos atropelos da termodinâmica às brumas do nirvana". In: Gilson Iannini et al., *O tempo, o objeto e o avesso: ensaios de filosofia e psicanálise*. Belo Horizonte: Autêntica, 2004.

32 > J.-C. Milner, *A obra clara*, op. cit.

última das coisas, da totalidade.[33] Segundo Viveiros de Castro,[34] há uma curiosa correlação entre o monoteísmo religioso e o monismo material. O princípio de unidade, esse monismo, pode sustentar uma metafísica no singular e não no plural.

Viveiros de Castro[35] nos remete a uma imagem do Deus Único que nos criou à sua imagem e semelhança e que, mesmo tendo saído de cena, deixou como marca o princípio da unidade. Tal relação de continuidade entre monoteísmo, monismo científico e, consequentemente, a noção de uma Natureza concebida como lugar patente do universal, da regularidade, que só pode ser conjugada no singular e jamais no plural, me ajuda a entender uma provável relação entre a metafísica ocidental e o plural das metafísicas canibais. E, na sequência, as flexões presentes no multiculturalismo e no singular da Natureza única, num contraponto extensivo à sua proposta de flexioná-la no plural: multinaturalismo.

conhecimento antropomórfico

O pensamento ameríndio opera o conhecimento de outra maneira, num movimento inverso ao da ciência moderna. Ele não recusa as qualidades secundárias atribuídas ao sujeito em prol das qualidades primárias do objeto. Na gramática materialista, o pensamento ameríndio tem como condição de possibilidade para o objeto de conhecimento a sua inclusão num sistema de relações subjetiváveis. O elemento que determina o entendimento não é o objeto, mas o sujeito, a exigência de "pessoalizar" para tornar inteligível. A variabilidade entre objeto do conhecimento e objeto real tem como alternativa não uma procura por um princípio único ou essência última, mas busca, na verdade, adotar sistemas de relações em que cada fenômeno vale pela sua potencialidade de ser reconhecido dentro de uma rede de intencionalidades. Um acontecimento, um fato, um ser, um fenômeno serão mais valorizados quanto maiores forem suas capacidades de serem entendidos como parte de um sistema de interesses. Este, por sua vez, somente pode ser concebido no interior de laços que envolvem uma afinidade virtual entre pessoas, entre sujeitos. Não que sejam necessariamente humanos, mas impreterivelmente pessoas ou almas.

Uma chuva torrencial ou uma seca não serão compreendidos como fenômenos naturais, mas como parte de uma rede de ações motivadas. Haverá sempre uma intenção, mesmo que desconhecida, um laço de afinidade entre pessoalidades ali concernidas. O conhecimento é político uma vez que exigirá uma política de precauções, já que podemos ignorar as

---

33 > Eduardo Viveiros de Castro, "Física, metafísica, mitofísica", apresentação no Colóquio do Centro Brasileiro de Pesquisas Físicas, 2017. Disponível em <https://www.youtube.com/watch?v=hygylCWmdYg&t=2154s>.
34 > Ibid.
35 > Ibid.

razões evolvidas. A condição de sujeito ou pessoa, dotada de intenções, associada à afinidade virtual como princípio metafísico tem uma dimensão essencialmente política que exige uma atitude de precaução frente ao outro. É um sistema de relações e reciprocidades. Eu me vejo como uma pessoa que leva a vida em meio a laços sociais e modos de vida próprios à minha sociedade. Os demais seres também se veem como pessoas, com seus modos de vida e laços sociais. A onça, o macaco, o porco do mato se veem, cada um, como pessoa em uma sociedade. Porém a exigência de subjetivar o objeto de conhecimento para que faça parte de um regime de racionalidade não significa que, ao ver uma onça, eu a veja como pessoa. Esse erro empírico pode me custar a vida. A qualquer humano que encontre uma onça, é aconselhável que saiba que de fato é uma onça, ou no mínimo a trate como tal, inclusive para que não seja devorado por ela, da mesma forma que ela, ao me ver, não me tomará por um igual.

A afinidade virtual não se equivale a uma identidade entre humano e onça, por exemplo. O objeto de conhecimento não é o objeto real, como já sabemos a respeito do ponto de vista materialista. A atribuição de uma alma, de uma subjetividade, é condição de constituição do objeto de conhecimento, não uma fonte de sobreposição com o objeto real. Como dizem: uma coisa é uma coisa, outra coisa é outra coisa. O conceito de afinidade funciona como uma metafísica dos laços sociais. É sempre em relação ao outro que posso reconhecer-me num lugar ou noutro. Diante de uma onça, eu a vejo como uma predadora. Ela, por sua vez, me vê como uma presa. Diante de uma perdiz, eu a vejo como presa, e ela me vê como predador. Ou seja, sob condições normais o objeto de conhecimento não coincide com o objeto real, e o lugar de cada um é o resultado da relação com o outro.

Vale notar igualmente que não são todos os seres que fazem parte desta dinâmica dos laços sociais e dessa política da precaução,[36] mas somente aqueles que se prestam de modo mais apropriado a encarnarem essa atribuição de pessoa e interesses, bem como de seres articuláveis a uma teoria social. Seres muito simples, de baixa complexidade relacional, ou mesmo de interação quase nula, ficarão de fora do intercâmbio de perspectivas.

> O perspectivismo raramente se aplica a todos os animais (além de quase sempre englobar outros seres – no mínimo, os mortos); ele parece focalizar mais frequentemente espécies como os grandes predadores e carniceiros, tais como o jaguar, a anaconda, o urubu ou harpia, bem como as presas típicas dos humanos, como os porcos selvagens, os macacos, os peixes, veados ou o tapir. Com efeito, uma das dimensões básicas das inversões perspectivas diz respeito aos estatutos relativos e relacionais de predador e presa. A metafísica amazônica da predação é um contexto pragmático e teórico altamente

---

[36] > Eduardo Viveiros de Castro, *Metafísicas canibais*, op. cit.

propício ao perspectivismo. Isso dito, não há existente que não possa ser definido nos termos relacionais gerais de sua posição em uma escala relativa de potência predatória.[37]

Vale destacar que a atribuição de um sujeito como critério para o objeto de conhecimento, distinto do objeto real, ainda assim implica uma relação diplomática de precaução, posto que é mais seguro que cada um continue a se ver e a enxergar seu modo peculiar de vida e de laços com seus próprios pares. Alguns humanos têm o privilégio de transitar pela instabilidade existente entre o mundo e a imagem que dele fazemos. O xamã é aquele que pode passar pela experiência da transformação, sobreposição ou indeterminação entre objeto real e objeto de conhecimento e manter-se, assim mesmo, em condições de retornar à distinção essencial entre eles. Ele é capaz de ver a pessoa na onça e retornar sem que tenha que pagar o preço da alma nem da própria vida. Não deixa de ver a onça como onça, mas pode ver o que, para os demais em situações normais, é invisível.

Eis o risco iminente que tanto exige diplomacia: se ao encontrar um outro na floresta e não vê-lo como ele é, como um objeto real, mas, diferentemente, for capturado, por um instante que seja, e vir a pessoa nele, nesse momento de anamorfose em que se elimina a distinção, produzindo uma identidade entre objeto real e objeto do conhecimento, poderá ter sua alma roubada naquele encontro infamiliar.

O fundamento do sujeito moderno, e, por extensão, do sujeito da ciência, é o *cogito* cartesiano – *penso, logo sou* –, o que implica na certeza daquele que pensa – logo, eu. Até então não havia me ocorrido a afinidade do cogito com Narciso. A única certeza que se tem articula pensamento e ser, como igualmente o conjuga na primeira pessoa. Por outro lado, o perspectivismo ameríndio começa com uma certeza inversa, o outro existe, logo pensa.[38] Há uma dupla certeza, sobre a existência indubitável do outro e de seu pensamento.

Termino por aqui. Não porque já tenha dito o que havia para dizer, mas talvez porque não seja possível que eu tenha demorado mais do que você, que insistiu em ler até aqui, em concluir que não é possível, meramente, comentar brevemente as Metafísicas canibais – um livro que articula literatura, filosofia, etnografia, antropologia, filosofia política, entre outros temas; que se propõe a discutir de forma orgânica o estruturalismo de Lévi-Strauss, lado a lado com o pós-estruturalismo de Deleuze e Guattari, como um modo de decolonizar o pensamento. Trata-se de um livro que precisa ser estudado. Com calma. Não basta degustá-lo nem cru nem cozido. E, a menos que você seja um xamã, será preciso entrar com ele pela floresta, com precaução e diplomacia, sem se esquecer de que pode perder ou encontrar sua alma pelo caminho.

---

37   > Ibid., p. 45.
38   > Ibid.

\> rodrigues, guilherme[1] <.> o humanismo universalista da estrutura: aportes totemistas e perspectivistas <

> "O que é novo é ter incidido a análise sobre as espécies, os graus, as relações e as variáveis da posse, para fazer disso o conteúdo ou desenvolvimento da noção de Ser".[2]

introdução

A partir da descoberta freudiana do inconsciente, fenômenos que antes não cabiam no arcabouço explicativo da ciência puderam ser elucidados e tiveram seus lugares justapostos aos novos conceitos psicanalíticos derivados dessa experiência, como é o caso da originalidade com que Freud estabeleceu a função do desejo e forneceu os primeiros contornos do complexo de Édipo, de onde pôde dar os seus primeiros passos. Como nos lembra Lacan, tudo começa a partir da "Ciência dos Sonhos e não nos esqueçamos de que Totem e tabu era seu [de Freud] livro preferido, e o que o gênio de Freud nos assegura é o seguinte: que o desejo é fundamentalmente, radicalmente estruturado por esse nó que se chama Édipo".[3] A partir dos avanços galgados por Freud nos anos seguintes, a psicanálise pôde construir sólidas bases teóricas que hoje servem de lentes não apenas para a interpretação de eventos clínicos e singulares mas também de fenômenos sociais e coletivos. Lacan seguiu por essa mesma seara,

---

1 > Graduado em Psicologia pela Universidade Federal de Minas Gerais, mestrando em Estudos Psicanalíticos pela mesma instituição e pesquisador colaborador do Núcleo Psicanálise e Laço Social no Contemporâneo (PSILACS – FAFICH/UFMG). Temas de interesse: psicanálise lacaniana, perspectivismo ameríndio, totemismo e pensamento decolonial. E-mail: gui.rodrigues@aol.com.
2 > Alain Badiou, *A aventura da filosofia francesa no século XX*, trad. bras. de Antônio Teixeira e Gilson Iannini. Belo Horizonte: Autêntica Editora, 2015, p. 32.
3 > Jacques Lacan, *A identificação: seminário 1961 – 1962*, trad. bras. de Ivan Corrêa e Marcos Bagno. Recife: Centro de Estudos Freudianos de Recife, 2003, p. 206.

buscando revitalizar e resgatar a conceitualização freudiana fundada no inconsciente, esse objeto primordial que, naquele momento, era subsumido pela psicologia do ego e pelas teorias psicológicas estadunidenses a partir de interpretações fundadas numa correspondência entre, por exemplo, pulsão e instinto de um lado e, de outro, desejo e necessidade. É sabido que esse retorno à Freud, como o próprio Lacan nomeou, teve como via régia a incorporação dos novos horizontes teóricos que animavam a França dos anos 1940-50 e acompanhavam a paulatina queda do sartrianismo decorrente de uma descrença generalizada na ideia de um intelectual engajado em virtude das violências dos anos de Guerra.[4] Havia ainda um desejo de validação científica por parte das ciências humanas que vislumbrava a possibilidade de matematização de suas teorias a partir da noção de sistema e uma atmosfera de rompimento com o funcionalismo e o essencialismo.[5] Lacan não estava isento desse espírito de época e enxergou nos escritos freudianos traços que não apenas iam ao encontro dos novos referentes teóricos de meados do século passado mas que também os antecipavam. É o que ele nos diz em uma entrevista de 1974 cedida à revista italiana Panorama, quando responde uma pergunta acerca do "lacanismo":

> Minha opinião é que Freud, enunciando em suas primeiras obras – A interpretação dos sonhos, Além do princípio do prazer, Totem e tabu – as leis do inconsciente, formulou, como precursor, as teorias com as quais alguns anos mais tarde Ferdinand de Saussure teria aberto a via à linguística moderna.[6]

Isso evidencia que as coordenadas do campo da linguística e da fonologia às quais frequentemente o estruturalismo é associado estavam presentes em Freud desde seus escritos preliminares. Deste modo, é possível ponderar que a linguística elaborada por Ferdinand de Saussure teria auxiliado no sentido de fornecer material metodológico e descritivo para a enunciação de elementos que já estavam subscritos e alimentavam o subsolo da teoria freudiana. Por esta via de recusa do psicologismo que teria como consequência a recusa à Freud e pela afirmação da predominância oferecida à palavra, Lacan põe em evidência o lugar da linguagem, já assinalado por Freud: 'é na medida em que a palavra, a que pode revelar o mais profundo segredo do ser de Freud, não é dita, que Freud não pode mais se ligar ao outro

---

[4] > François Dosse, *História do estruturalismo: o campo do signo, 1945 – 1966 – volume I*, trad. bras. de Álvaro Cabral. São Paulo: Editora Unesp, 2018.

[5] > Ibid.

[6] > Jacques Lacan, "Entrevista à revista italiana Panorama em 1974", trad. bras. de Márcia Gatto. Disponível em <http://www.allandeaguiar.com/2009/09/entrevista-jacques-lacan_07.html>.

senão pelas sombras dessa palavra".[7] Na tentativa de esclarecer os temos freudianos que conservariam a ambiguidade da língua vulgar é que Lacan[8] considera necessário recorrer às produções dos campos adjacentes, aos quais outrora teriam fornecido solo teórico fértil para que Freud avançasse em suas pesquisas, isto é, se faria necessário uma "equivalência com a linguagem atual da antropologia ou com os mais recentes problemas da filosofia, onde, muitas vezes, a psicanálise só tem a se beneficiar".[9] Desde 1949, em seu texto "O estádio do espelho como formador da função do Eu", o autor já enunciava o predomínio dado à palavra além de uma distinção entre as instâncias chamadas de simbólico e imaginário, em que a primeira exerce predomínio em função de estabelecer uma distância entre sujeito e outro.[10] Esse predomínio filia-se na descoberta de Freud de que a natureza do homem localiza-se em "suas relações com a ordem simbólica, e do remontar de seu sentido às instâncias mais radicais de simbolização do ser".[11] O autor reconhece nessa ordem da linguagem uma instância "idêntica"[12] à lei. Partindo da antropologia levistraussiana, Lacan afirma que as regras de aliança e de parentesco são estruturalmente homônimas da linguagem, "imperativa em suas formas, mas inconsciente em sua estrutura".[13] Deste modo, afirma que as harmonias e os impasses contidos nessa estrutura "regulam a troca restrita ou generalizada que nela discerne o etnólogo, o teórico, atônito, reencontra toda a lógica das combinações: assim, as leis do número, isto é, do símbolo mais purificado, revelam-se imanentes do simbolismo original".[14] Desde esse ponto, Lacan estabelece, partindo dessas riquezas das formas "em que se desenvolvem as chamadas estruturas elementares do parentesco",[15] que as estruturas complexas de aliança exercem uma lei sob a qual a liberdade não opera, isto é, há uma lógica subjetiva que inscreve determinados efeitos, à qual Freud nomeou de "complexo de Édipo" e que demarca o próprio limite que a psicanálise atribui à subjetividade, ou seja, daquilo no qual os sujeitos podem "reconhecer de sua participação inconsciente no momento das estruturas complexas de aliança, verificando os efeitos simbólicos, em sua existência particular, do movimento tangencial para o incesto",[16] que se manifestaria de modo universalista. Há,

---

7 > Jacques Lacan, *O seminário, livro 1: os escritos técnicos de Freud, 1953 – 1954*, trad. bras. de Betty Milan. Rio de Janeiro: Zahar, 2009, p. 69.
8 > Jacques Lacan, *Escritos*, trad. bras. de Vera Ribeiro. Rio de Janeiro: Zahar, 1998.
9 > Ibid., p. 241.
10 > François Dosse, op. cit.
11 > Jacques Lacan, Escritos, op. cit., p. 276.
12 > Ibid., p. 279.
13 > Ibid., p. 278.
14 > Ibid.
15 > Ibid.
16 > Ibid.

portanto, como afirma logo adiante, uma lei universal que "superpõe o reino da cultura ao reino da natureza, entregue à lei do acasalamento".[17]

Nesse ponto, como afirma Dosse, podemos localizar que, sob a filiação saussuriana, Lacan efetua uma releitura de Freud de predomínio sincrônico. Ao abandonar a diacronia ou a sucessão de fases características do Édipo freudiano, o autor teria efetuado uma vinculação destas coordenadas a uma estrutura edípica de base universalista e "autonomizada em relação às contingências temporais e espaciais, já presentes antes de toda a história".[18] Deste modo, nos interessa verificar (1) o modo como Lacan incorporou o paradigma estruturalista através da antropologia levistraussiana e da linguística saussuriana e (2) a homonomia entre simbólico, estrutura e Édipo, de modo que esses termos muitas vezes figuram como faces de um mesmo polígono.

Para delinear essas pegadas, faz-se necessário recorrer ao texto "Totem e tabu", de 1912-13, no qual é estabelecido a fundamentação antropológica derivada da investigação e dos achados clínicos da experiência analítica freudiana.

estrutura, complexo e totemismo

No célebre texto freudiano onde é abordada a origem da moral e da religião, são apresentadas diversas extrações de fenômenos clínicos ou "quadros de sintomas de uma neurose",[19] entre outros inúmeros termos recorrentes no arcabouço psicanalítico. Isso evidencia que Freud foi buscar nas produções etnográficas evolucionistas de Frazer, Tylor, Long, entre outros expoentes dessa corrente antropológica, correspondência com os elementos inconscientes. Efetua, assim, um movimento comparativo que coloca de um lado "os elementos instinuais sexuais" e, de outro, "as formações culturais",[20] configuradas pelos termos "neurose" e "tabu" a partir da vida dos neuróticos obsessivos e dos selvagens que mostram, ambos, "uma total sensibilidade de complexo",[21] que, em última instância, deriva de uma ambivalência afetiva original à qual a predisposição à neurose obsessiva e a questão do tabu encontram-se filiadas. Derivada dessa ambivalência, há uma projeção dos impulsos maus para o exterior, a projeção para demônios e espíritos, numa relação responsável por precipitar "um sistema que se tornou a 'visão de mundo' dos primitivos",[22] o que, em antropologia,

---

17   > Ibid.
18   > François Dosse, op. cit., p. 168.
19   > Sigmund Freud, *Obras completas, vol. 11: totem e tabu, contribuição à história do movimento psicanalítico e outros textos (1912-1914)*, trad. bras. de Paulo César Souza. São Paulo: Companhia das Letras, 2012.
20   > Ibid., p. 119.
21   > Ibid., p. 96.
22   > Ibid., p. 108.

seria nomeado de animismo. Essa concepção de mundo encontrada junto a esses povos informa que o mundo é povoado por "inúmeros seres espirituais que lhe são benévolos ou malévolos", aos quais associam "as causas dos processos naturais e acreditam que não apenas os animais e plantas, mas também as coisas inanimadas são animadas por eles".[23] Esse quadro descritivo é nomeado como uma "primitiva filosofia da natureza", que consiste num "sistema de pensamento" ao lado de outros dois produzidos pela humanidade: o religioso e o científico. Além de uma explícita genealogia entre os três quadros, há também uma superposição deles na medida em que, sendo o animismo o mais antigo, nem por isso deixamos de encontrar os seus traços na vida do sujeito moderno, como é o caso da superstição e do próprio "fundamento da linguagem, da crença e da filosofia".[24] Ainda que não seja uma religião, o animismo fornece diversos traços desse quadro, do qual o próprio mito é um dos pressupostos. Esse sistema cosmológico primordial advém de uma "ânsia especulativa de saber" e de uma tentativa de "sujeitar o mundo".[25] Nestes termos, o animismo nada mais seria do que um equívoco efeito da substituição das leis naturais pelas leis psicológicas. Desta aproximação entre psicanálise e etnologias, o autor constrói correspondências entre a criança e o homem primitivo, pois ambos estariam num estágio do desenvolvimento em que há uma ênfase no desejo e na plena confiança em seu poder de realização.

Se seguirmos o curso do quadro de desenvolvimento humano apresentado por Freud, as diferenças suscitadas entre a fase animista, a religiosa e a científica manifestam-se no fato de que enquanto na primeira fase a onipotência do pensamento é atribuída ao próprio primitivo pela via da magia, na segunda é cedida aos deuses, ainda que o sujeito continue tendo influência sobre esses deuses e, na terceira fase, por conseguinte, já não há a onipotência, mas o reconhecimento do alcance do homem frente à morte e aos eventos da natureza. Esses estados não são purificados, mas necessariamente carregam traços dos demais, sendo sua purificação, nos parece, o horizonte exigido pela Ciência. Neste caminho, Freud estabelece uma homologia entre "a concepção humana do universo" e "o estágio de desenvolvimento libidinal",[26] em que a fase autoerótica, a narcísica e, finalmente, a da escolha objetal operam de um lado e, do outro, na cronologia que parte do animismo, passa pelo estado religioso e finalmente alcança a fase científica com o amadurecimento do individual e o consequente abandono do princípio do prazer candente dos estados anteriores. Daí, a realidade pode se fazer presente, aquela em que o humano passa a conhecer o mundo a partir da assunção de meios – científicos – para tal e através dos quais essa realidade se faz desnuda, à mostra.

---

23 > Ibid., p. 122.
24 > Ibid., p. 124.
25 > Ibid., p. 125.
26 > Ibid., p. 142.

Portanto, do animismo como primeiro sistema de pensamento podemos derivar outro, o totemismo, um sistema completamente enigmático,[27] e seu "corolário",[28] a exogamia decorrente do horror ao incesto. O que é importante reter aqui é o estabelecimento do totemismo como "fase regular de todas as culturas"[29] e a correspondência entre organização totêmica e tabu do incesto regulado por fatores históricos e psicológicos. Essa correspondência nos é apresentada em meio a intensos debates e disputas etnológicas em relação à verdadeira origem dessas duas instituições, objetivando demonstrar a genealogia de cada uma delas e o modo como cada uma se expressa na outra. Freud parece incorporar dessas disputas em torno da exogamia e do totemismo o fato de que a precipitação de classes de parentesco (matrimoniais) afetaria a "liberdade sexual da geração mais nova", isto é, "o incesto entre irmãos e entre filhos e mães, e que somente medidas posteriores suprimiram o incesto entre pais e filhas".[30] Acrescenta ainda que a suposição de um inatismo em relação à aversão ao incesto não se sustenta, pois a experiência psicanalítica informa que a força motriz da neurose é justamente o caráter incestuoso dos primeiros investimentos libidinais, ou seja, que "os primeiros impulsos sexuais dos jovens seres humanos são de caráter incestuoso".[31] Em decorrência da obscuridade acerca da origem do horror ao incesto, Freud aposta em uma explicação histórica relacionada à hipótese darwiniana acerca do "estado social primevo do homem",[32] em que a horda de macacos superiores era controlada pelo macho mais velho. Esse ciúme impediria a promiscuidade e resguardaria o direito de um único macho sobre todas as demais esposas.

Partindo dessa premissa, portanto, a exogamia organizava-se em torno dos machos mais jovens que eram expulsos da horda primitiva. A hipótese de Freud é que esse estado primitivo em que as relações sexuais no interior de uma horda eram impedidas manteve-se, após o totemismo, no mesmo impedimento, porém passando ao interior do totem. Essa justificativa vai de encontro a zoofobia desenvolvida por algumas crianças na eleição de um animal pelo qual haviam demonstrado interesse em momentos anteriores. Tratar-se-ia, nestes casos de fobia, de um deslocamento da figura do pai para o animal, como nos é exemplificado no caso do pequeno Hans.[33] O medo de cavalo relacionava-se, neste caso, ao desejo de ausência ou morte dirigido ao pai, pois este se colocava em uma posição de concorrente frente aos

---

27 > Ibid., p. 167.
28 > Ibid., p. 163.
29 > Ibid., p. 167.
30 > Ibid., p. 188.
31 > Ibid., p. 191.
32 > Ibid., p. 193.
33 > Sigmund Freud, *Obras completas, vol. 8: O delírio e os sonhos na Gradiva, análise da fobia de um garoto de cinco anos e outros textos (1906-1909)*, trad. bras. de Paulo César Souza. São Paulo: Companhia das Letras, 2015.

primeiros investimentos libidinais da criança, de origem incestuosa. O passo decisivo de Freud é justamente equivaler, neste momento, totemismo e complexo de Édipo a partir de uma operação de deslocamento que efetua a passagem do pai para o animal e vice-versa. Esse conflito irá se dissipar na travessia do complexo de Édipo a partir dos sucessivos processos de identificação.[34] A zoofobia das crianças tratar-se-ia, em última instância, de traços do totemismo que se preservaram de forma negativa.

Este deslocamento efetuado por Freud, de pai no lugar do animal totêmico, representa uma tomada literal das afirmações nativas descritas pelos etnólogos dos quais se serviu. Somado aos preceitos de não matar o totem e não se relacionar no interior de um mesmo totem, isso vai ao encontro dos "dois crimes de Édipo, que matou o pai e tomou a mãe por esposa".[35] Há uma correlação entre sistema totêmico e complexo de Édipo em que os pressupostos de um sustentam os requisitos do outro, muito próximo ao que posteriormente Lévi-Strauss irá apresentar como a fórmula canônica dos mitos, que supõe uma estrutura permanente relacionada ao passado, presente e futuro.[36]

> Um mito sempre se refere a eventos passados, "antes da criação do mundo" ou "nos primórdios" – em todo caso, "há muito tempo". Mas o valor intrínseco a ele atribuído, provém do fato de os eventos que se supõe ocorrer num momento do tempo também formarem uma estrutura permanente, que se refere simultaneamente ao passado, ao presente e ao futuro.[37]

Isso nos parece suficiente para indagar sobre uma correspondência entre estrutura, complexo e sistema totêmico, necessária ao projeto freudiano de assentar a psicanálise sob elementos etnográficos no plano da cultura. Foram inúmeras as críticas dirigidas a essas ideias, especialmente dos etnólogos que já naquele momento elencavam diversas problemáticas em torno das produções antropológicas de cunho evolucionista. Ainda que Freud apresente as inúmeras dissidências acerca do tema do animismo e totemismo, as diferentes interpretações, origens teóricas e especulações não foram o bastante para que o autor deixasse de ser captado pelo que posteriormente Lévi-Strauss chamaria de "ilusão totêmica".[38] Supomos que a escolha pela antropologia evolucionista, em detrimento de outros ramos da época, aconteceu justamente porque esta concepção teórica efetua uma aproximação

---

34 > Sigmund Freud, *Neurose, psicose, perversão*, trad. bras. de Rita Salzano Moraes. Belo Horizonte: Autêntica Editora, 2017.
35 > Sigmund Freud, *Obras completas, volume 11...*, op. cit., p. 203.
36 > Claude Lévi-Strauss, *Antropologia estrutural*, trad. bras. de Beatriz Perrone-Moisés. São Paulo: Ubu Editora, 2017.
37 > Ibid., p. 208.
38 > Claude Lévi-Strauss, *O totemismo hoje*, trad. portuguesa de José António Braga Fernandes Dias. Lisboa: Edições 70, 2018.

muito fecunda para os fenômenos psicanalíticos investigados por Freud, isto é, permite uma aproximação entre homem e animal, como tão bem descrito em "Totem e tabu".[39] A aproximação do homem ao campo da natureza encontra sua justificativa na ignorância acerca do papel da paternidade fisiológica entre os nativos. Esta ignorância teria como efeito a substituição do genitor humano pelos espíritos e, consequentemente, pelas forças naturais, característica atribuída ao totemismo. Como nos informa Lévi-Strauss, tratar-se-ia de uma pedra de toque a tomada de partido pela natureza, uma vez que ela oferece as premissas que permitem isolar, desde o interior da cultura, o civilizado de um lado e o selvagem de outro.

> Nada podia ser mais cômodo para manter na sua integridade e, ao mesmo tempo, para fundar os modos de pensamento do homem normal, branco e adulto, do que reunir fora de si costumes e crenças [...] heterogêneos [...] em torno do qual viriam a se cristalizar, numa massa inerte, ideias que pudessem ser menos inofensivas, se viesse a ser necessário reconhecer a sua presença e a sua atividade em todas as civilizações, inclusive a nossa.[40]

Nesta seara, o totemismo tratar-se-ia de um exorcismo, de um recalcamento para o exterior do universo ocidental e científico, das "atitudes mentais incompatíveis com a exigência de uma descontinuidade entre o homem e a natureza, que o pensamento cristão considerava essencial".[41] Como Lévi-Strauss também nos mostra, haveria uma aporia fecunda de confusão entre os antropólogos, que se limitavam a apontar no sistema totêmico a identificação entre o mundo humano e animal, quando era de uma homologia de estrutura entre duas séries da diferença, a social e a natural, cuja função primordial é tornar integradas as posições binárias. Deste modo, estabelece-se uma "osmose entre método e realidade, homologia entre o pensamento humano e o objeto ao qual ele se aplica",[42] que se desdobra na prática etnográfica na medida em que ela passa a ser, a partir desse ponto, a construção de lógicas cujo objetivo último são as leis fundamentais do espírito humano. Localizando o totemismo para além das leituras funcionalistas e estabelecendo sua operacionalização num conjunto lógico cuja função é estabelecer equivalências entre séries distintas, Lévi-Strauss efetua um giro em que o revés acerca da linha que distingue natureza e cultura entra como refúgio e, assim, "é sempre nessa linha fronteiriça entre natureza e cultura que prospera o estruturalismo, que

---

39 > Sigmund Freud, *Obras completas, volume 11...*, op. cit.
40 > Claude Lévi-Strauss, *O totemismo hoje*, op. cit., p. 11.
41 > Ibid.
42 > François Dosse, op. cit., p. 330.

se edifica seu projeto".⁴³ Nós nos debruçaremos sobre essa temática mais adiante. É importante ressaltar que, no decorrer de sua obra, especialmente após os anos 1960, Lévi-Strauss toma outros caminhos teóricos com o objetivo de diluir a distinção entre natureza/cultura.

Como descrito anteriormente, o totemismo se funda a partir de premissas que visam cristalizar os modos de pensamento do homem branco, normal e ocidental.

O aporte estruturalista como apresentado por Lévi-Strauss visa justamente oferecer uma saída que tome a alteridade como inteligível na medida em que haveria como pano de fundo uma intercomunicabilidade entre os "diferentes" códigos. Segundo Dosse, para a antropologia de Lévi-Strauss, a apreensão da alteridade a partir de premissas escusas, não compreensivas, advém justamente da incapacidade de transposição do sistema do qual o interlocutor parte. Há, portanto, um "humanismo universalista" assentado no estruturalismo antropológico que visa efetuar uma "rejeição do enxerto colonial" e, neste mesmo movimento, uma reintegração dessas alteridades "no campo do saber e da problematização da sociedade ocidental".⁴⁴ Isto posto,

> o paradigma estruturalista avançado mina as bases da filosofia da totalidade ocidental de Vico, Condorcet, Hegel ou Marx. Pode-se ver aí o ressurgimento de um pensamento nascido da descoberta do Novo Mundo, no século XVI: "A razão ocidental sobre uma fissura. Montaigne percebe que algo de totalmente heterogêneo arruína seus alicerces. É uma constante do Ocidente, desde os gregos, jamais exercer o poder sem fundamentá-lo no universal".⁴⁵

Podemos reconhecer aqui o movimento que Achille Mbembe indica como a precipitação de uma nova consciência planetária decorrente do alargamento do "horizonte espacial da Europa"⁴⁶ entre os séculos XIV e XIX, a partir do comércio triangular entre o continente europeu, o africano e o americano, que tinha no Atlântico o palco central de uma economia responsável pela circulação de capitais humanos colossais. Os aspectos históricos que o autor camaronês nos informa são justamente aqueles que possibilitaram a invenção da noção de raça a partir de fabulações reiteradas⁴⁷ e que, posteriormente, teriam sofrido uma primeira fissura em decorrência do paradigma estrutural em sua faceta de "humanismo universalista", como dito anteriormente. No entanto, nos perguntamos se essa fissura, efeito do

---

43 > Ibid., p. 331.
44 > Ibid., p. 199.
45 > Ibid.
46 > Achille Mbembe, *Crítica da razão negra*, trad. bras. de Sebastião Nascimento. São Paulo: n-1 edições, 2018, p. 33.
47 > Ibid.

estruturalismo que tinha como pano de fundo uma tentativa de expurgação das questões do colonialismo, não teria fundado, por sua vez, uma nova aporia a partir da qual a antropologia contemporânea fincou seus principais alicerces. O perspectivismo ameríndio e o multinaturalismo são expoentes desse movimento, que será objeto deste estudo por efetuar uma revogação das premissas que sustentam o que em Ciências Humanas é chamado de Multiculturalismo. Este é o cenário no qual encontramo-nos atualmente e com o qual precisamos nos haver.

multinaturalismo e perspectivismo indígena

Um dos expoentes que absorveram o impacto da virada ontológica é a teoria do perspectivismo ameríndio do antropólogo brasileiro Eduardo Viveiros de Castro. Lévi-Strauss teria feito referência a esse movimento nos últimos anos de sua vida assinalando tratar-se de uma reviravolta que leva para o interior dos debates etnológicos o que poderíamos caracterizar por uma filosofia indígena:

> quer nos regozijemos, quer nos inquietemos, a filosofia está novamente no centro do palco antropológico. Não mais a nossa filosofia, aquela de que minha geração queria se livrar com a ajuda dos povos exóticos; mas, em uma notável reviravolta, a deles.[48]

Dito de outro modo, as bases filosóficas de certa concepção de humanidade têm sido questionadas contemporaneamente, seja pelo encontro com teorias que visam decolonizar o pensamento, do qual as teses de autores indígenas são fortes pilares, seja pela própria insuficiência dos avatares de humanidade em dar conta das questões que o contemporâneo nos coloca, especialmente no campo da política. A própria ideia de uma metafísica ocidental vem sendo criticada como a fonte de todo o colonialismo, pois estabelece um sujeito universal a partir do qual mundos díspares são configurados. Como nos indica Viveiros de Castro, o sujeito ocidental é um configurador de mundos, um sujeito rico em mundos.[49]

O que parece justificar a singularidade do estatuto de humanidade no contexto do Ocidente é a propriedade do espírito humano que se manifestaria por sua vertente negativa, ou seja, tratar-se-ia daquilo que o humano não carrega como próprio de sua humanidade em contraponto a tudo aquilo que resta, que sobra. O humano é a excelência inacabada

---

[48] > Eduardo Viveiros de Castro, *Metafísicas canibais: elementos para uma antropologia pós-estrutural*. São Paulo: Cosac Naify, 2015, p. 31.
[49] > Ibid.

da existência que, em seu movimento incessante de inacabamento, se apropria dos novos termos de sua relação com a alteridade: 'resposta repetida há milênios dentro de 'nossa' tradição intelectual, que justifica o antropocentrismo por tal im-propriedade humana: o inacabamento, a finitude, a falta, são o estigma que distingue nobremente a espécie, em benefício do restante do vivente".[50]

Os movimentos dialéticos que o Espírito hegeliano atualiza através da *Aufhebung* em sua jornada a caminho do "Ser Absoluto" nos parecem um exemplar dessa atividade intelectual do Ocidente, de um sujeito-em-processo consequente da supervalorização do reconhecimento de uma consciência supostamente cada vez mais esclarecida, ou pelo menos mais próxima de seu desejo, em seu processo fenomenológico. Com isso não queremos advogar que essa "tradição intelectual" é menor, mas apontar os efeitos de sua operação, tanto na esfera política quanto subjetiva. Trata-se, antes, de trabalhar esfumando as bordas entre um e outro, aqueles traços que singularizam as alteridades, os diferentes referentes epistêmicos e ontológicos, estabelecendo fronteiras que dificultam a operacionalização ou, como nos adverte Viveiros de Castro, de esvaziar os limites entre nós e os outros, entre sujeito e objeto, de modo a dobrá-los, enviesá-los de maneira que, ainda que os contornos sejam insistentes, possam ser enviesados.[51]

A partir de então alguns conceitos precisam ser apresentados com a finalidade de trazer para o debate as extrações conceituais daquilo que Lévi-Strauss chamou de "filosofia deles", dos selvagens. O perspectivismo e o seu correlato, o multinaturalismo, são a formalização dessas redes conceituais operantes no mundo indígena extraídas a partir dos pressupostos da metafísica da predação que se expressa nas alianças matrimoniais. O arcabouço dessa teorização é uma espécie de "alter-antropologia" simétrica e inversa em relação à ocidental, formada por três vértices: perspectivismo interespecífico, multinaturalismo ontológico e alteridade canibal.[52]

O perspectivismo trata do que frequentemente aparece em outras etnografias amazônicas enquanto "qualidade perspectiva" ou "relatividade perspectiva". Isso diz respeito à ideia segundo a qual o mundo é habitado por uma multiplicidade de sujeitos, humanos e não humanos, que se compreendem uns em relação aos outros a partir de pontos de vista diferentes. No entanto, a noção de ponto de vista não é redutível ao nosso relativismo ocidental, que se contrapõe a uma lógica universalista; o perspectivismo indígena coloca-se de modo ortogonal em relação a essas duas séries correspondentes entre si. Haveria um problema de

---

50 > Ibid., p. 27.
51 > Ibid.
52 > Ibid.

transponibilidade, pois o perspectivismo é resistente ao debate epistemológico ocidental que opõe, como dito antes, universalismo e relativismo alimentado pelas partições ontológicas.[53]

Viveiros de Castro defende que há uma robustez na partição ontológica que alimenta o debate epistemológico ocidental cujo efeito é a dificuldade em estabelecer discussões a respeito dos domínios internos das cosmologias não ocidentais.[54] Diante dessa dificuldade, seria necessário efetuar uma crítica que leva em conta os predicados dessas duas séries paradigmáticas, natureza e cultura. Em cada momento histórico, essas duas séries comportam-se como avatares que carregam predicados distintos, como, por exemplo, "universal e particular, objetivo e subjetivo, físico e moral, fato e valor, dado e constituído, necessidade e espontaneidade, imanência e transcendência, corpo e espírito, animalidade e humanidade".[55] Desse modo, haveria uma divergência de fundamento entre os regimes ontológicos ocidentais e os selvagens, na medida em que, no primeiro caso, o polo que recebe ênfase é o da alma (cultura) e, no segundo, o do corpo (natureza).

O encontro possibilitado pela invasão das Américas no século XV fornece uma imagem que nos possibilita visualizar o contraste entre os dois mundos, pois, se por um lado era evidente para os europeus que os indígenas tinham um corpo, os animais também o possuíam, por outro, era igualmente evidente para os selvagens que os europeus tivessem alma, na medida em que não somente os animais mas toda uma miríade de existência também a têm.[56] Com isso temos uma divergência fundamental entre o outro do Outro ocidental e o do indígena, ainda que essa diferença se manifeste de modo etnocêntrico de ambos os lados, isto é, ambos limitavam a própria humanidade a despeito das demais, salvo por uma diferença importante que residiria do lado indígena: aquela da relação entre animalidade e divindade que se coloca de modo radicalmente distinto das formas ocidentais extraídas do cristianismo e da metafísica. Portanto, há uma humanidade imanente e sociocosmicamente distribuída no mundo indígena. O processo de diferenciação e especificação opera de dois modos distintos: pela via da construção e da fabricação dos corpos no mundo indígena e, por outro lado, no mundo ocidental, pela construção e fabricação das almas e, como efeito deletério, pela distinção das culturas e das individualidades.

A partir da redistribuição e do embaralhamento desses conceitos, Viveiros de Castro propõe a noção de multinaturalismo em contraste com o modelo multiculturalista ocidental, ou seja, estes que se apoiam numa implicação mútua que tem de um lado a natureza

---

53 > Ibid.
54 > Eduardo Viveiros de Castro, *A inconstância da alma selvagem e outros ensaios de antropologia*. São Paulo: Cosac Naify, 2002.
55 > Ibid., p. 348.
56 > Eduardo Viveiros de Castro, *A inconstância da alma selvagem...*, op. cit.; Eduardo Viveiros de Castro, *Metafísicas canibais...*, op. cit.

como unidade, justamente porque os corpos são compostos de substâncias universais e objetivas, e, de outro, a cultura enquanto multiplicidade em decorrência da particularidade subjetiva do espírito e do significado. Em contraste ao mundo ocidental, há no mundo ameríndio uma miríade de agencialidades e intencionalidades que se apresentam sob o prisma da humanidade. Dito de outro modo, neste espaço o que compõe o polo da unidade é o espírito enquanto que a multiplicidade e a diversidade localizam-se no corpo. Isso quer dizer que a forma universal é a forma do sujeito, ao passo que a natureza encarna justamente o particular. Trata-se ao mesmo tempo de uma recombinação e uma dessubstancialização, pois essas categorias não carregam os mesmos conteúdos e estatutos que seus análogos ocidentais: não operam a partir da categoria do ser, mas de configurações relacionais, perspectivas que se movimentam.[57] Nesse mundo, a humanidade operaria sob uma dupla face ontológica, visível e invisível. Esse é o maior problema filosófico ameríndio, isto é, o de saber o que esse outro enxerga na medida em que a semelhança da alma não tem como efeito uma mesma percepção ou marca de identidade. Temos, a partir desse prisma, que o ser humano se vê a si mesmo como humano em seu próprio departamento. A morfologia corporal é um traço importante que informa a experimentação cultural nos diferentes departamentos humanos.[58]

O que o perspectivismo afirma, enfim, não é a ideia de que os animais são "no fundo" semelhantes aos humanos,[59] mas, por outra via, que são, do mesmo modo que os humanos, algo distinto de si mesmo: eles têm, em outras palavras, um "fundo", um "outro lado". Nem animismo – que afirmaria uma semelhança substancial ou analógica entre animais e humanos –, nem totemismo – que afirma uma "semelhança formal ou homológica entre diferenças intra-humanas e diferenças interespecíficas –, "o perspectivismo afirma uma diferença intensiva que traz a diferença humano/não humano para o interior de cada existente".[60]

> No Ocidente, nossa operacionalização epistemológica estabeleceu-se nos termos da objetivação como modo de conhecimento. Assim, para conhecer é necessário separar sujeito cognoscente e objeto, desincrustar qualquer projeção supostamente subjetiva no objeto: "a forma do Outro é a coisa. [...] Os sujeitos se reconhecem a partir dos objetos que produzem, reconhecendo-se de fora como um 'Isso".[61]

---

57 > Ibid.
58 > Ibid.
59 > Uma pressuposição de fundo animista.
60 > Eduardo Viveiros de Castro, *Metafísicas canibais...*, op. cit., p. 61.
61 > Ibid., p. 50.

Nesse contexto, o xamanismo opera pelo inverso dessa proposta, pois, para conhecer o outro, é preciso personificá-lo tendo em vista que no Outro há sempre a pressuposição de uma humanidade de fundo. Neste sentido, efetuando um contraponto com o mundo naturalista e moderno em que o sujeito passa a ser tomado como objeto, um objeto sempre em déficit analítico, no mundo ameríndio qualquer "objeto é um sujeito incompletamente interpretado. Aqui, é preciso saber personificar, porque é preciso personificar para saber".[62] Portanto, uma interpretação em relação ao outro já é desde antes uma contrainterpretação, pois leva em conta sua personitude: há um processo de expansão da intencionalidade até que aquele ente se apresente sobre sua humanidade. Viveiros de Castro nos aponta também um efeito interessante do deslocamento do conceito de cultura para limiares extra-humanos: a ontologia ambígua dos artefatos que apontam para um sujeito.[63] O que à primeira vista é tido como um fato bruto (sangue, por exemplo) pode ser visto como algo altamente civilizado em outro departamento humano (cerveja de mandioca, por exemplo): "é assim, o que uns chamam de 'natureza' pode bem ser a 'cultura' dos outros".[64] Essa distinção entre dado e construído (cultivado) tem um estatuto completamente distinto do ocidental que toma o primordial como efeito da transcendência enquanto que no mundo indígena esse primordial está inscrito sob a forma humana.

Pensando a noção de mito no mundo ameríndio, iremos de encontro com a ideia levantada por Lévi-Strauss e afirmada pelos indígenas de que o espaço do mito trata de um tempo em que ainda não houve a diferenciação entre homens e animais. Um tempo pré-histórico que não é passado, mas a condição permanente e atemporal que reatualiza os instantes do mundo atual. Como nos afirma Viveiros de Castro o mito indígena se articula no processo de especiação no qual humanos e não humanos estão emaranhados.[65] Isso produz uma "condição geral instável" dos entes que povoam esse plano. No discurso mítico a dimensão corporal e a espiritual não são ocultas, mas efetuadas por uma diferença que tende ao infinito (não identidade): de um lado as diferenças internas infinitas e, do outro, as diferenças internas e finitas das espécies e do mundo de agora. A alta transformacionalidade deste mundo não se estende numa transformação espacial em que um se transmuta do outro, trata-se de uma metamorfose (e não um processo) em que estados heterogêneos se superpõem. Invisibilidade - "as almas humanas e espíritos animais" – e opacidade – "o

---

62 > Ibid., p. 52.
63 > Eduardo Viveiros de Castro, *A inconstância da alma selvagem...*, op. cit.; Eduardo Viveiros de Castro, *Metafísicas canibais...*, op. cit.
64 > Eduardo Viveiros de Castro, *Metafísicas canibais...*, op. cit., p. 53.
65 > Eduardo Viveiros de Castro, *A inconstância da alma selvagem...*, op. cit.; Eduardo Viveiros de Castro, *Metafísicas canibais...*, op. cit.

corpo humano e as 'roupas' somáticas animais"[66] – são os dois termos que "resolvem" a indeterminação infinita da dimensão pré-cosmológica, funcionando como forma e fundo um para o outro. Podemos, à guisa do autor, definir o espírito como a capacidade interna e infinita de diferenciar-se de si mesmo. Daí decorre que todo ser mítico é um espírito, assim como qualquer existente pode se revelar como um espírito. Neste sentido, no espaço do mito há uma operação de diferenciação "onde a transformação é anterior à forma, a relação é superior aos termos, e o intervalo é anterior ao ser".[67]

Como nos aponta o autor, no mito a diferença é anulada e exacerbada, distintivamente definida e inconstantemente atualizada, ponto de fusão onde corpo, nome, eu e outro se embaralham reciprocamente, sem que, no entanto, diferenças discretas se apresentem: os seres nomeados de espírito nesses contextos "são o testemunho de que nem todas as virtualidades foram atualizadas, e que o turbulento fluxo mítico continua a rugir surdamente por debaixo das tranquilas descontinuidades aparentes entre os tipos e espécies".[68] O mito opera em uma zona de passagem a partir da qual a diferenciação humana partida do animal não opera – como é candente do modelo evolucionista ocidental em que, no final das contas, restariam sempre traços escondidos do animal por detrás da humanidade (a noção de instinto é um exemplo) –, mas sim uma diferenciação que parte da humanidade, condição comum a todos. Em última instância, significa que os humanos de hoje são aqueles que não perderam seus atributos em comparação com os demais seres. Portanto, o lugar comum entre humanos e animais seria o da humanidade e não, como é candente, o da animalidade. Assim, "a grande divisão mítica mostra menos a cultura distinguindo da natureza do que a natureza se afastando da cultura: os mitos contam como os animais perderam atributos herdados ou mantidos pelos humanos".[69]

A humanidade aqui não é distribuída, mas exacerbada em sua diferença na medida em que nenhum humano é igual a qualquer outro. Tratar-se-ia de uma humanidade "reciprocamente" reflexiva, pois todos são humanos para si mesmos mas não o podem ser mutuamente, isto é, a afirmação da humanidade de um sujeito implica na diluição da mesma posição para a alteridade: "a humanidade de 'fundo' torna problemática a humanidade de 'forma', ou de 'figura'. As súbitas inversões entre fundo e forma ameaçam constantemente o instável mundo transformacional ameríndio".[70]

---

66 > Eduardo Viveiros de Castro, *Metafísicas canibais...*, op. cit., p. 58.
67 > Ibid.
68 > Ibid. p. 59.
69 > Ibid., p. 60.
70 > Ibid., p. 62.

O autor de "A inconstância da alma selvagem" se pergunta de qual espelho se trata no mundo ameríndio, tendo em vista que, ainda que esse cosmos seja saturado de humanidade, a única imagem possível de ser refletida é a do humano sempre de um mesmo lado, como se houvesse uma verdadeira representação do mundo que só pode ser a dos humanos. Esse mundo "representado" é o mesmo para todos os seres, as "categorias" e "valores" são o que compõem a régua que opera nessa diversidade múltipla de mundos: a diversidade se manifesta no mundo que os sujeitos veem. Como nos lembra, o modo de ver é exclusivamente humano, não importando de qual departamento se trata, o olhar que olha é sempre humano. Desse modo, como nos afirma o autor, trata-se de um mundo altamente transformacional. Um mundo onde a transformação não cessa de inscrever, onde os seres que diferem entre si veem coisas diferentes da mesma maneira. O multinaturalismo se diferenciaria então do multiculturalismo e do relativismo cultural, seu correlato, porque opera a partir da diversidade de representações sob uma natureza que se porta indiferente à essa representação, na seara do que Michel Foucault estabelece no período do classicismo e da modernidade.[71] Em contrapartida, o multinaturalismo e seu correlato, o perspectivismo, advogam por uma unidade representativa apenas pronominal (se relaciona com o humano, com o sujeito que ocupa uma posição cosmológica, de um ponto de vista) e uma "radical diversidade real ou objetiva".[72] Assim, Viveiros de Castro afirma que, "onde isso existe, isso se pensa".

A operação da diferença no mundo ameríndio é marcada pela especificidade dos corpos de onde emanam os pontos de vista, que são, essencialmente, a própria diferença, como nos apresenta Viveiros de Castro. Sendo humanos e animais distintos em corpos, eles veem da mesma forma, porém enxergam coisas diferentes de modo que "os animais veem da mesma forma que nós coisas diversas do que vemos porque seus corpos são diferentes dos nossos".[73] Vale ressaltar que a noção de corpo no mundo ameríndio difere da nossa, isto é, corpo fisiológico e anatômico. Neste outro lugar, o corpo se confere a partir de um conjunto de maneiras ou modos de ser presentes na constituição de um habitus. Sendo a origem das perspectivas, o corpo carrega um maneirismo, afecções que o singularizam e que são apreendidas apenas do exterior por outrem, tendo em vista que a forma genérica de todos é a da humanidade. A diferença entre os corpos opera não na fisiologia ou anatomia, mas no campo de afetos, afecções, potências e disposições. O modo como esse corpo é construído, seus maneirismos, como falam e se movimentam, o que comem e onde vivem, são elementos que fornecem essas insígnias.[74]

---

71 > Michel Foucault, *As palavras e as coisas: uma arqueologia das ciências humanas,* trad. bras. de Salma Tannus Muchail. São Paulo: Martins Fontes, 2016.
72 > Ibid., p. 65.
73 > Eduardo Viveiros de Castro, *A inconstância da alma selvagem...*, op. cit., p. 380.
74 > Eduardo Viveiros de Castro, *Metafísicas canibais...*, op. cit.

Tomar o corpo como lócus da diferença pode ser compreendido ao aludirmos à famosa anedota levistraussiana a respeito do encontro entre nativos e espanhóis no momento de invasão da América. A partir dessa anedota é possível verificar como o conceito de humanidade no Ocidente é extremamente ambíguo, tanto no sentido moral, pela exclusão dos chamados "animais", quanto no sentido da própria humanidade, pela inclusão da animalidade nesta. Ambos os sentidos estão incluídos no conceito de "natureza humana" (espécie humana e condição humana coincidindo-se em extensão, tendo a primeira primazia ontológica).[75]

Em nossa cosmologia haveria então uma continuidade física e uma descontinuidade metafísica entre ambos (humanos e animais). Isso coloca a humanidade como objeto das ciências humanas e sociais e os animais como objeto de estudo das ciências da natureza. É o espírito o diferenciador e singularizador, tanto em relação sobreposta aos animais quanto no que tange à distinção dos períodos históricos (consciências coletivas). Já o corpo, por seu turno, é integrado num substrato universal diretamente associado a todos os corpos materiais pela via da química de carbono e do *ADN*, por exemplo. O espírito singulariza, mas quando se quer universalizá-lo é necessário recorrer à estrutura funcional do cérebro, ou seja, o espírito só se pensa universal (natural entra como sinônimo) se for corpo.[76] Já os ameríndios, "em contrapartida, imaginam uma continuidade metafísica e uma descontinuidade física entre os seres do cosmos".[77]

Na multinatureza não há um objeto "x" a partir do qual as diferentes espécies representam em sua apreensão, mas sim "multiplicidades imediatamente relacionais do tipo sangue/cerveja. Só existe o limite entre o sangue e a cerveja, a rigor; a borda por onde essas duas substâncias "afins" comunicam e divergem".[78] Viveiros de Castro afirma que o elemento "cerveja" se apresenta apenas como ponto que possibilita a diferenciação entre humanos e animais: ou se está numa língua ou em outra; não há a bebida em si mesma.

Nesse ponto, impõe-se uma querela para a própria antropologia ocidental, porque, como afirma o autor, ela assenta sobre os termos ontosemióticos, já que sua tradução não implica apenas a tradução do mundo ameríndio, mas a tradução nos termos do perspectivismo. Dito de outro modo, no mundo ameríndio há uma disjunção referencial entre os "discursos" (semiogramas) de cada espécie que tem como referência o corpo. O ponto do perspectivismo é o de dar conta do equívoco que pode ocorrer no processo de tradução

---

75 > Eduardo Viveiros de Castro, *A inconstância da alma selvagem...*, op. cit.
76 > Eduardo Viveiros de Castro, *A inconstância da alma selvagem...*, op. cit.; Eduardo Viveiros de Castro, Metafísicas canibais..., op. cit.
77 > Eduardo Viveiros de Castro, *A inconstância da alma selvagem...*, op. cit., p. 382.
78 > Eduardo Viveiros de Castro, *Metafísicas canibais...*, op. cit., p. 67.

quando se imagina que o jaguar quer dizer o mesmo que o humano quando diz "cerveja de mandioca".[79]

A partir desta breve exposição acerca do multinaturalismo, do perspectivismo ameríndio e das consequências epistemológicas decorrentes do processo de tradução de uma ontologia à outra, podemos levantar a questão sobre qual o modelo de sujeito está em jogo na psicanálise a partir do horizonte fornecido pela noção de estrutura, de Freud a Lacan.

psicanálise e a "alma inconstante ameríndia"

Levantamos a hipótese sobre a possibilidade de verificar no primeiro momento da teoria lacaniana, aquele que se serviu de muitos aspectos da antropologia de Lévi-Strauss, uma suposta predominância totêmica pela via da noção de estrutura. Cabe-nos perguntar quais teriam sido as consequências de tal predominância para o ensino de Lacan. Christian Dunker nos fornece uma interessante articulação entre a teoria perspectivista e a psicanálise em seu livro "Mal-estar, sofrimento e sintoma".[80] Também inspirados por essas elaborações, nos interessa aqui, nesse primeiro momento, fazer um estudo com um recorte mais localizado na interseção entre antropologia e psicanálise, especificamente, no sentido de nos perguntar quais as consequências para a psicanálise se ela tomasse esses novos referentes da antropologia contemporânea.

A partir dos pontos expostos anteriormente, nos perguntamos ainda se as teorias ocidentais são herdeiras de uma epistemologia multiculturalista que tem como efeito a pluralização cultural como forma de conjugar o múltiplo. Essa questão parece incidir sobre a psicanálise porque sua frequente operacionalização, partindo do estruturalismo e do sujeito do inconsciente, parece encontrar sempre o mesmo na diferença, a saber, o Édipo como assunção do sujeito, aquele efeito da inscrição paterna advinda dos meandros da exceção fundada pelo pai primevo, ao qual o tabu do incesto inaugura.

Podemos nos servir de um fragmento lacaniano para exemplificar a questão. No "Seminário, livro *XVII*", Lacan comenta sobre o atendimento de médicos chegados do Togo, país da costa oeste africana. Ele comenta que esses recém-chegados conheciam as crenças tribais de seu povo apenas por meio da etnografia, ainda que tivessem vivido lá por muito tempo e estivessem na França, a metrópole, como audaciosos emigrantes que se metiam na hierarquia médica. Em sua análise, Lacan diz ter encontrado o velho Édipo que teria sido transmitido pela via da colonização, uma manifestação regressiva do discurso do

---

79 > Ibid.
80 > Christian Ingo Lenz Dunker, *Mal-estar, sofrimento e sintoma: uma psicopatologia do Brasil entre muros*. São Paulo: Boitempo, 2015.

mestre frente ao imperialismo, sob efeito de uma forma regressiva do imperialismo: "seus inconscientes funcionavam segundo as boas regras do Édipo".[81] Se multiculturalismo e multinaturalismo são formas distintas de "conjugar o múltiplo", como nos aponta Viveiros de Castro, com esse relato clínico é possível demonstrar que Lacan parece tomar a primeira via, a multiculturalista, onde reencontra, através do totemismo paterno caro à psicanálise, a mesma organização estrutural que combina o procedimento lógico e heurístico-transcendental da fórmula canônica do mito levistraussiano, isto é, "tudo que uma análise estrutural do conteúdo do mito pode por si só obter são: regras de transformação que permitem passar de uma variante à outra".[82] Disso, depreendemos o argumento sustentado por Lévi-Strauss de que, ao contrário da história, "a antropologia estrutural utiliza um 'modelo mais de transformações que de fluxões', sugerindo com isso uma álgebra de grupos mais que uma dinâmica diferencial".[83] Ou seja, como defende o antropólogo brasileiro a respeito do método estrutural antropológico, esse teria sido apropriado de modo a dar conta "da forma antes que da força, da combinatória melhor que do diferencial, do corpuscular mais facilmente que do ondulatório, da langue em relativo detrimento da parole, da categorização de preferência à ação".[84] Seguindo esse raciocínio, os aspectos que resistem ao método estrutural, em maior ou menor medida, são tidos por Viveiros de Castro "como modos semióticos (ou mesmo ontológicos) menores, seja porque dariam testemunho dos limites do pensável, seja porque relevariam do assignificante".[85] Por conta disso então é que a lógica sacrificial foi relegada à um fenômeno de segunda categorização, enquanto o totemismo transformou-se de instituição em "um método de classificação e um sistema de significação, cuja referência à série das espécies naturais é contingente". [86]

Fenômeno similar é descrito por Achille Mbembe sobre a crise que cerca a África após o início da época moderna no que tange ao estatuto e à função do "signo e da representação", algo que teria afetado também as relações entre "ser e a aparência, a verdade e a mentira, a razão e a desrazão, em suma, entre a linguagem e a vida".[87] Isto se manifesta, segundo o autor, de uma percepção de que as funções elementares da linguagem haveriam se transformado numa proliferação errônea em que as palavras careciam de memória:

---

81 > Jacques Lacan, *O seminário, livro 17: o avesso da psicanálise, 1969-1970*, trad. bras. de Ary Roitman. Rio de Janeiro: Zahar, 1992, p. 96.
82 > Mauro William Barbosa de Almeida, "A fórmula canônica do mito" in Ruben Caixeta de Queiroz e Renarde Freire Nobre (Orgs.), *Lévi-Strauss: leituras brasileiras*. Belo Horizonte: Editora UFMG, 2008, p. 171.
83 > Eduardo Viveiros de Castro, "Xamanismo transversal: Lévi-Strauss e a cosmopolítica Amazônia" in Ruben Caixeta de Queiroz e Renarde Freire Nobre (Orgs.), *Lévi-Strauss: leituras brasileiras*. Belo Horizonte: Editora UFMG, 2008, p. 90.
84 > Ibid.
85 > Ibid.
86 > Ibid., p. 91.
87 > Achille Mbembe, op. cit., p. 32.

> Ainda hoje [...] a palavra nem sempre representa a coisa; o verdadeiro e o falso tornam-se indissociáveis e a significação do signo não é necessariamente a mais adequada à coisa significada. Não foi só o signo que substituiu a coisa. Muitas vezes, a palavra ou a imagem têm pouco a dizer sobre o mundo objetivo.[88]

As questões que o encontro entre psicanálise e antropologia contemporânea suscitam são inúmeras e ultrapassam a oportunidade do presente texto. Nesse sentido, cabe-nos aqui oferecer algumas indagações que orientam os meandros pelos quais tal convergência parece apontar. Entre elas, fazendo um esforço de aproximação entre as conceitualizações perspectivistas e as lacanianas a partir da ideia de uma natureza em variação contínua, partimos da posição de que seria difícil estabelecer que os povos de alma inconstante efetuam uma absorção do real sem sobras. Seria impossível, portanto, pensar que se trataria de um simbólico que civilizou sem restos a natureza, mesmo que numa visada rápida pareça se tratar disso. Podemos nos perguntar se é possível, portanto, nesse esforço de aproximação teórica, efetuar uma equivalência entre os termos real e natureza. No entanto, essa aproximação se torna de saída problemática na medida em que o raciocínio subjacente se inscreve sobre uma matriz multiculturalista e não perspectivista, pois a própria conceitualização da tríade lacaniana nos parece ser de extração multiculturalista, isto é, aquela dentre outras segundo a concepção de um simbólico que recorta parcialmente o real, que come o real pelas beiradas. A questão que se apresenta diz respeito ao modo como os ameríndios se servem dessa natureza como variação contínua dentro do polo cultivado da humanidade, ou, ainda, dito de modo multiculturalista, como a diferença não integrada pelo simbólico retorna, é reciclada, reabsorvida, fazendo com que o Humano sempre apareça em novas roupagens?

Essas e outras questões serão abordadas numa próxima oportunidade. No entanto, não podemos deixar de marcar que precisaríamos ir ainda mais longe e nos indagar de que forma Lacan pensa a concepção do humano. Nesse sentido, o humano parece depreender-se de uma constituição temporal da relação entre simbólico e imaginário da qual a significação do símbolo advém de forma estruturada, isto é, o autor parece associar a possibilidade do humano com o "automatismo da repetição".[89] A permanência da identidade do objeto simbólico na ausência temporal deste elemento, ao modo como a criança de Freud faz em seu movimento com o fort-da, é o que fornece "a significação do símbolo na medida em que ele se refere ao objeto, isto é, ao que denominamos conceito".[90] Portanto, a concepção lacaniana do humano parece estar fortemente marcada pela noção de símbolo como objeto ausente,

---

88 > Ibid.
89 > Jacques Lacan, *Nomes-do-Pai*, trad. bras. de André Telles. Rio de Janeiro: Jorge Zahar Ed., 2005, p. 35
90 > Ibid.

ou seja, "objeto encarnado em sua duração, separado de si próprio e que, por isso mesmo, pode estar de certa forma sempre presente para você, sempre ali, sempre à sua disposição".[91] E continua: "o homem faz subsistir em uma certa permanência tudo o que durou como humano, e, antes de tudo, ele próprio".[92] Como no exemplo da sepultura, o "home do símbolo", em seu papel de humanização e de demarcação de que "isso durou".

Finalmente, parece-nos que é redobrado pelos ameríndios o ponto da natureza pensada de modo naturalista – essa que nos fornece as bases firmes de nossa cosmologia, solo a partir do qual uma extensa tradição filosófica metafísica se estabeleceu no mundo ocidental. A proposta é radical na medida em que esse fundo natural altamente evidente da nossa cosmologia parece ser desconsiderado, ou no mínimo relegado a um papel secundário, pelos povos de alma inconstante: nada é evidente de antemão, nem mesmo determinado corpo que se pressupõe transespecífico.

considerações finais

O percurso percorrido no presente ensaio nos possibilitou verificar a complexidade epistemológica que exige a interseção entre psicanálise e antropologia contemporânea. Isto decorre não somente das problemáticas que a tradição estruturalista em suas múltiplas facetas carrega, mas também do modo como determinados conceitos se assentam efeitos de verdade precipitados com o advento da modernidade e de seus avatares de sujeito.

Assim, temos que as características do neocolonialismo e do neoliberalismo não apenas engendram novas conformatações subjetivas, mas são também transformações de eventos muito anteriores e que possuem lastros ainda hoje, como a expansão ultramarina da pequena província chamada Europa, os processos de invenção da raça e do negro e todos os epistemicídios decorrentes disso.[93] Não é possível assegurar à psicanálise, ainda que frequentemente se apresente na dianteira progressista, uma imunidade aos efeitos destes processos históricos. Ainda que localizemos na figura de Freud uma expertise intelectual que conseguiu captar no espírito de época acepções que lhe permitiram estabelecer as premissas do inconsciente analítico, isso não foi suficiente para evitar que as asserções teóricas da antropologia evolucionista viessem a fazer coro e subsidiar suas descobertas clínicas.

A apreciação do totemismo é um exemplo que nos permite localizar a fundação de modos de pensamento ocidental que cristalizam práticas que podem ser reconhecidas e

---

91 > Ibid., p. 36.
92 > Ibid.
93 > Achille Mbembe, op. cit.

universalizadas a todas as civilizações e permitem estabelecer uma linha divisória em que humanidade e animalidade se organizam. A correspondência da conceitualização edípica a esse funcionamento secundário das sociedades parece ter marcado a psicanálise destas mesmas diretrizes colonialistas que fundamentam práticas e costumes. Como nos indica Carina Basualdo, parece haver em Lévi-Strauss – ao menos no momento da escrita de sua tese de doutorado, tendo em vista que, mais adiante, em "Tristes trópicos", ele reconhece as contribuições freudianas – um recalque, uma denegação, no que tange à "grande influência de Totem e tabu no pensamento do fundador da antropologia estruturalista".[94] Essa profunda influência pode ser extraída quando comparadas as elaborações de ambos os autores a partir de suas hipóteses acerca da origem da cultura pela via do tabu do incesto e da consequente exogamia com vistas, de um lado, a evitar privilégios em relação às mulheres e, do lado psicanalítico, à intervenção coletiva do parricídio.[95] Essas elaborações parecem ter mais pontos de aproximação do que dissidências e demonstram que ao menos até a década de 1960 a psicanálise parece ter operado sob uma mesma base epistêmica, apesar dos enxertos e releituras.

O perspectivismo ameríndio como apresentado anteriormente parece revigorar esse debate, pois dissipa parcialmente as bases epistemológicas que sustentam o estruturalismo e realça os efeitos que a partição entre natureza e cultura precipitaram no sujeito da modernidade. Reavaliar essas partições fundadoras se torna importante para que o modo de pensar estruturalista, tão distribuído e arraigado, possa ser evidenciado. O uso indiscriminado dos termos *simbólico, estrutura e totemismo* parece evidenciar essa generalidade do modo de pensar estrutural. De que tipo de relação se trata? Haveria uma relação de equivalência entre os termos na medida em que cada qualificativo, em diferentes momentos, operaria em favor de uma pretensão descritiva? Dito de outro modo, tratar-se-ia de um uso multiculturalista do termo estrutura, em que metaforicamente seus termos se substituem em favor de uma analogia explicativa de um mesmo fenômeno? A imagem que nos vem à cabeça é a de um caleidoscópio como máquina teórica de produção de sentido sem a qual o Ocidente parece não poder prescindir em sua escalada universalista.

Pensando a partir do perspectivismo, se é a multiplicidade de naturezas o que permite adquirir uma agencialidade – que aqui não pode ser compreendida como a noção representacionista, isto é, a de que os sujeitos variam em suas versões subjetivas sobre as mesmas coisas do mundo –, a unidade da natureza, por seu turno, efetuaria a função inversa a partir da qual há apenas um modelo de agencialidade prescritiva, um reencontro

---

94 > Carina Basualdo, "Uma nova versão do mito da horda parricida: as estruturas elementares do parentesco" in Betty B. Fuks, Néstor A. Braunstein e Carina Basualdo (Orgs.), *100 anos de Totem e tabu*. Rio de Janeiro: Contra Capa, 2013, p. 168.
95 > Ibid.

sempre marcado no mesmo, uma história singular marcada pela estrutura universal etc. É a partir desta função da natureza como variação contínua e múltipla que pretendemos estabelecer diálogo com a psicanálise, o do corpo como ponto de vista.

seção 2 ⟨.⟩

descentramentos

\> apresentação

ribeiro, cristiane[1] • mendonça, renata[2] <.> o descentramento como imperativo a uma psicanálise brasileira <

> O corpo-morro grita em línguas incompreensíveis ao resto do mundo suas dores e suas alegrias. Faz das pernas asas que voam em passinhos e, dos pés, lápis que rabiscam no chão, raízes ancestrais. E talvez seja por essa razão que insistem em matá-lo. Só que ninguém entende, mas o corpo-morro é apaixonadamente viciado em viver.[3]

"Se considerar o processo colonizatório brasileiro, ainda em curso, e suas implicações na subjetividade de pessoas negras e não negras não for psicanálise no Brasil, nada mais é,"[4] "É psicanálise e ponto."[5] São essas duas afirmações decididas de dois psicanalistas acerca do necessário lugar da discussão das questões raciais, com as particularidades dos efeitos do processo de colonização no Brasil na práxis psicanalítica.

Essa psicanálise conta com um analista cidadão,[6] que participa do debate democrático, construindo sua posição em interface com outros saberes, notadamente considerando o real da experiência do inconsciente como elemento ao mesmo tempo disjunto e conjunto com a realidade material. Há uma comunidade de interesses entre a psicanálise e a democracia,

---

1 > Psicóloga, psicanalista, integrante do Nzinga – Coletivo de Mulheres Negras, mestre em Promoção da Saúde e Prevenção da Violência – UFMG e Integrante do Ocupação Psicanalítica PSILACS-MG.
2 > Psicóloga, psicanalista, mestre pela PUC-Minas, coordenadora do CIEN-Minas e integrante do Ocupação Psicanalítica PSILACS-MG.
3 > Fragmento do texto da performance 'Becos de veias", criada e produzida por Camila Rocha e Stéphane Marçal. Disponível em: https://www.youtube.com/channel/UC7MLw9Dt31qd_AhC_kE5QiQ/about.
4 > Andréa Máris Campos Guerra. Fala da referida psicanalista e professora pós-doutora no curso de extensão on-line Ocupar a Psicanálise: reflexões para uma prática antirracista, durante a aula 'Clínica: questões preliminares", ministrada por Cristiane da Silva Ribeiro e Sonia Rodrigues da Penha em 29/07/2021.
5 > Alessandro Pereira dos Santos. Fala do referido psicanalista e professor doutor em Psicologia no curso de extensão on-line Ocupar a Psicanálise: reflexões para uma prática antirracista, na aula 'Identitarismo: eu ideal e ideal de eu", ministrada pelo próprio e pela psicanalista Beatriz Dagma Gonçalves Silva em 08/07/2021.
6 > Éric Laurent, 'O analista cidadão". *Curinga 13*, n. 31, 2010, pp. 07-13.

dado que a psicanálise se ocupa das distintas formas de segregação. Assim, tanto no debate político quanto na clínica, a prática do psicanalista é atualmente pensada em uma linha de continuidade que toma o inconsciente como elemento para refletir sobre a transformação das condições sociais de desigualdade. Essa perspectiva engendra novos questionamentos dirigidos à análise do fenômeno do racismo e implica politicamente a psicanálise a partir do aforismo "o inconsciente é a política".[7]

Valermo-nos da afirmação de que o racismo é efeito discursivo do laço social não isenta a psicanálise de um posicionamento com relação à construção social desse discurso. Pelo contrário, pois, para além do efeito discursivo do laço social, sabemos das marcas dos significantes sobre os sujeitos, nascidos em um país que se originou submetido a um discurso racista que, imaginária e simbolicamente, marca os corpos dos sujeitos. É preciso sustentar a interrogação à psicanálise e aos psicanalistas, assim como aos vários campos de produção do saber – todos, sem exceção –, como potenciais agentes de manutenção da lógica racista e segregatória. Nesse sentido, como ponto ético e político de engajamento com as questões contemporâneas às quais seus operadores estão submetidos, como preconizado por Lacan, uma psicanálise brasileira precisa ser pensada como importante parte na solução, porque sustentar essa "interrogação à psicanálise" é manter a psicanálise viva e atenta, ajustada ao contemporâneo, pois o analista que "não conseguir alcançar em seu horizonte a subjetividade de sua época"[8] deverá renunciar à prática da psicanálise para não engessá-la ou matá-la. É uma posição ética possível para pensar de forma implicada na questão dos efeitos do racismo no Brasil, em seus modos de operar e de ser estruturado como discurso, ou seja, uma posição que assume sua dimensão sintomática diante de uma ficção capaz de reduzir o outro à condição de coisa para justificar sua escravização, segregação e extermínio. Tal ficção funciona universalizando os sujeitos, dando a uns o lugar de coisas e a outros o lugar de humanos, como referência à existência do sujeito – o que não é pouco, uma vez que se trata da própria construção do seu Eu.

Como poderia, então, um analista de nossa época, que, de "verdade", como avisa Laurent, sabe que há "uma comunidade de interesses entre o discurso analítico e a democracia", não questionar o racismo brasileiro dando-lhe uma condição verdadeiramente estrutural? Como um analista ciente dessa condição e dos modos de gozo aceitos pode fazer de seu ser o eixo de tantas vidas sem nada saber da dialética que o compromete com essas vidas num movimento simbólico?[9]

---

7 > Jacques Lacan, *O seminário, livro 14: a lógica do fantasma (1966-1967)*. Recife: Centro de estudos freudianos do Recife, 1966/1967-2008.

8 > Id., "Função e campo da fala e da linguagem na psicanálise". In *Escritos*. Rio de Janeiro: Jorge Zahar Editor, 1953-1998, p. 322.

9 > Ibid., p. 321.

Sabemos que cada suposição do RSI (Real, Simbólico e Imaginário) que constitui o sujeito tem a mesma importância, e que uma não se sobrepõe à outra. A suposição Imaginária, o I, indica que "há semelhante", e daí se institui "tudo o que constitui laço".[10] Podemos dizer que, no Brasil, essa constituição do sujeito e dos laços é marcada pelo racismo estrutural que constitui a própria Nação. Aos nascidos no Brasil fica antecipadamente estabelecido um lugar de humano e outro de coisa, pois o que funda o país é a colonização. A invasão europeia decidiu o que era civilizado e o que era humano, utilizando-se para isso da religião e da ciência a favor do poder de uma raça sobre as outras.

A psicanálise sabe dos significantes mestres, do Outro e sua função. Em seu texto "As identidades, uma política, a identificação, um processo, e a identidade, um sintoma", Brousse diz, recorrendo a Miller, que o ensino de Lacan possui uma "continuidade crucial". Em seu ensino, Lacan faz um esforço para colocar tudo o que é "constituinte para o sujeito" do lado do Outro: "a identidade está do lado do Outro, tanto das imagens rainhas como dos significantes mestres, e não do lado do sujeito, efeito da linguagem".[11] No Brasil, esse Outro, suas imagens e significantes mestres são racistas e segregatórios. É necessário questionar esse discurso hegemônico ligado às sociedades tradicionais, subordinadas ao Nome do Pai, "semblante que tinha uma função de poder", o patriarcado, em que há hegemonia de uma raça sobre as outras, com seu Deus unificador a submeter os corpos e o gozo.

A discussão sobre a questão étnico-racial e as violências que o racismo à brasileira produz nas vivências da população negra e periférica, caracterizando o conceito de genocídio, têm ocupado as construções de narrativas na atualidade. Formulado por Abdias Nascimento,[12] o genocídio, desde a Convenção sobre a Prevenção e Repressão do Genocídio, promovida pela ONU em 1948 e inspirada nas reflexões de Raphael Lemkin, passa a ser entendido como um ato cometido com a intenção de destruir de maneira total ou parcial grupos nacionais, étnicos, raciais ou religiosos, por meio do assassinato de membros do grupo; geração de danos à integridade física ou mental de membros do grupo; imposição de condições de vida ao grupo que possam causar sua destruição física total ou parcial; imposição de medidas que impeçam a reprodução física dos membros; e a transferência forçada de crianças de um grupo para outro. Seja por meio dos discursos de movimentos sociais ou de elaborações acadêmicas, a falência do mito da democracia racial brasileira traz consigo a necessidade de elaborações que tenham como efeito a construção de novas formas de organização social.

---

10 > Jean-Claude Milner, *Os nomes indistintos*. Rio de Janeiro: Companhia de Freud, 2006, p. 7.
11 > Marie-Hélène Brousse, As identidades, uma política, a identificação, um processo, e a identidade, um sintoma. *In Opção lacaniana on-line*, n. 25/26, ano IX, 2018, p. 6.
12 > Abdias do Nascimento, *O genocídio do negro brasileiro: processo de um racismo mascarado*. 1. ed. São Paulo: Perspectivas, 2016.

Figurando como uma das formas de genocídio da população negra, o epistemicídio[13] é configurado pela negação aos negros da condição de sujeitos de conhecimento, por meio da desvalorização, negação ou ocultamento das contribuições do continente africano e da diáspora africana ao patrimônio cultural da humanidade. Desconsiderar toda forma de conhecimento produzida por essa parcela da população tem garantido que uma história anterior ao processo de escravização não seja geracionalmente transmitida. Não raro, crianças negras brasileiras têm, como memória escolar de suas origens nos livros didáticos de História, imagens de homens e mulheres, negros e negras, usando grilhões em senzalas ou no interior de navios. Uma origem fundada na escravização. É muito recente o levantamento – e sua consequente transmissão – de quais tribos e povos dos diversos países do continente africano se originaram as pessoas escravizadas e trazidas para o Brasil.

É importante analisar as consequências do conhecimento tido como legítimo, considerando que está fundamentado centralmente no eixo eurocêntrico, restando ao mundo se adequar a esse contexto. Esse conhecimento funda uma noção de mundo e de humano que exclui e segrega todos os outros.

O Brasil tem a marca deletéria da escravização. De acordo com o estudo clássico de Phillip Curtin,[14] estima-se que cerca de 15 milhões de pessoas foram transferidas da África para as Américas entre os séculos *XV* e *XIX*, das quais 4 milhões vieram para o Brasil. Ao pensarmos na dinâmica social em que os sujeitos se constituem psiquicamente no Brasil, ser o país do Novo Mundo que mais recebeu pessoas escravizadas a partir do tráfico pelo Atlântico e que, após a abolição, relegou essa mesma população à miséria extrema não são fatos que podem ser desconsiderados.

Se em determinado âmbito vemos operar até hoje as estratégias apontadas na página anterior por Abdias Nascimento, há também especificidades nos modos de dominação contemporâneos. Achille Mbembe[15] apresenta os conceitos de necropolítica e necropoder para referir-se às formas contemporâneas de subjugar a vida ao poder da morte, que estariam além do conceito de biopoder proposto por Foucault.[16] Mais do que ditar quem pode viver e quem deve morrer, trata-se de construir novas existências sociais, provocando a destruição máxima de pessoas, criando-se "mundos de morte" nos quais vastas populações estariam submetidas ao estatuto de "mortas-vivas".

---

13 > Pedro Borges, "Epistemicídio, a morte começa antes do tiro". In *Alma Preta – Jornalismo Livre*. [s/l], 2017. Disponível em: <https://www.almapreta.com/editorias/realidade/ epistemicidio-a-morte-comeca-antes-do-tiro>. Acesso em: 23 ago. 2019.

14 > Philip Curtin, *The Atlantic Slave Trade: a Census*. Madison e Londres: University of Wisconsin Press, 1969.

15 > Achille Mbembe, *Necropolítica: biopoder, soberania, estado de exceção, política da morte*. 2, ed. São Paulo: n-1 edições, 2013.

16 > Michel Foucault, "O sujeito e o poder". In Rubert Dreyfus & Paul Rabinow (Orgs.), *Michel Foucault: uma trajetória filosófica. Para além do estruturalismo e da hermenêutica*. Rio de Janeiro: Forense Universitária, 2009, pp. 231-250.

A psicanálise no Brasil precisa assumir esse saber que nos é mostrado e ensinado nos consultórios de psicanalistas e nas instituições de Saúde Mental. Saber ler os sujeitos é também querer lê-los, não banalizando os discursos mestres que sustentam os laços e os modos de vida dos sujeitos, pois, como nos afirma Laurent em "Racismo 2.0":

> Lacan denuncia o duplo movimento do colonialismo e da vontade de normalizar o gozo daquele que é deslocado, emigrado em nome de um dito "bem dele". "Deixar esse Outro entregue a seu modo de gozo, eis o que só seria possível não lhe impondo o nosso, não o tomando por subdesenvolvido. (...) como esperar que se leve adiante a humanitarice de encomenda de que se revestiam nossas exações?" Não é o choque das civilizações, mas é o choque dos gozos.[17]

É com esse espírito subversivo que nasce a seção Descentramentos. São autores que apostam na locução e na escrita como atos capazes de inscrever no Real essa coletividade de singularidades. Vozes que ecoam e se transmutam em textos insurgentes que questionam as elaborações teóricas de seus campos de saber, descentrando-os e costurando-os em diálogos encruzilhados com outros. Encruzilhada como descentramento, na perspectiva "não toda" e que não há só um caminho, ou seja, na contramão da construção binarista, polarizada e dicotômica do saber cartesiano ocidental. Os entrecruzamentos entre saberes figuram como um projeto epistemológico, de conhecimento e ética que têm como possibilidade a produção de "Invenções paridas nas fronteiras e nos vazios".[18]

Esse acontecimento é composto por cinco textos.

Das muitas questões importantes com que Deivison Faustino nos brinda em seu texto "Por uma crítica ao identitarismo (branco)", uma que consideramos central e merecedora de destaque é a reflexão sobre a posição de representantes da branquitude intelectual brasileira, do campo da psicanálise, mas não só, sobre o ataque ao chamado identitarismo, atribuído aos intelectuais e ativistas do Movimento Negro. Como um raio laser, ele vai ao ponto quando diz sobre: "... aqueles que se beneficiam consciente ou inconscientemente de uma ordem social violenta são os primeiros a rotular as vítimas como 'violentas', transferindo simbolicamente para elas contradições e demônios que também são seus, mas não combinariam com a imagem divinizada e pseudocrítica (ou acima de qualquer crítica) que o racismo lhe conferiu".

---

17 > Éric Laurent, "Racismo 2.0". Lacan Quotidien, 372. 2014. Recuperado de: http://ampblog2006.blogspot.com.br/2014/02/lacan-cotidiano-n-371-portugues.html, s.p.

18 > Luiz Rufino. *Exu e a pedagogia das encruzilhadas*. Rio de Janeiro: Educação (UERJ), 2017, tese de doutorado, p. 71.

Os psicanalistas têm se mostrado resistentes e críticos aos movimentos identitários, sem ao menos fazer uma análise crítica de como historicamente a psicanálise e, portanto, os psicanalistas, estão constituídos e fechados em suas instituições atravessadas, política e ideologicamente, pela branquitude. O que nos alenta são as possibilidades de mudança apontadas pelas discussões que vêm permeando esse campo.

Dando-nos uma bela explanação da vida e ideias de Fanon, Mônica Lima inicia seu texto, "A construção da noção de Negro e a problematização da identidade em Frantz Fanon" com a pergunta "Como reconhecemos o Negro?". Como identificá-lo, como inseri-lo nas sociedades brancas e quais as estratégias de luta pós-coloniais? Essas perguntas orientam o trabalho que se utiliza do livro "Pele negra, máscaras brancas", de Fanon, para respondê-las, além de fazer um percurso pela história do pensador tratando do seu reconhecimento sobre si mesmo como negro, o que evidencia o quanto a construção do negro para Fanon está diretamente ligada a sua biografia, aos efeitos da colonização da ficção da raça sobre os sujeitos negros e sobre o próprio Fanon, à necessidade de o negro se reconhecer como branco para ser humano e à violência subjetiva vivida pelos sujeitos de pele negra. Mônica Lima afirma: "a ficção racial introduz uma violência da linguagem, na medida em que o Outro retorna ao negro uma confirmação hesitante de que a imagem ideal imposta e mirada no espelho seja de fato a sua e a do semelhante". De forma muito precisa, a autora relaciona a posição de Fanon à perspectiva do paquistanês Asad Haider, que vivia nos Estados Unidos, onde escreveu *A armadilha da identidade*, livro no qual discute a sua posição subjetiva como imigrante indesejado no país, a marca de sua pele e de seu corpo dando-lhe um nome da pior fantasia americana após o Onze de Setembro. Podemos dizer que há nesses autores e outros citados por Mônica Lima a luta pelo direito de existir como sujeitos que gozam a seu modo. A autora distingue a alienação do negro ao branco da alienação e separação da constituição do sujeito do ensino de Lacan, explicitando o motivo dessa diferenciação e as questões imaginárias aí implicadas. Aponta também a importância de questionar o identitarismo branco e seus efeitos em vez de criticar as questões identitárias apresentadas por grupos colonizados e subjugados.

Em "Nossa língua pretuguesa", Paulina Rosa garante que os termos raça, racismo, colonização e decolonialidade estão vivos em nossa sociedade, e que as declarações de independência feitas pelas colônias ainda não correspondem a uma independência de fato, pois os mecanismos jurídicos, sociais e capitalistas se reinventam, transformando sociedades e cidadãos em escravos. Essas estratégias cotidianas marcam e remarcam com violência os modos dos sujeitos estarem no mundo. A autora demonstra nesse texto que, por estarmos mergulhados há mais de quinhentos anos em um discurso específico, no qual as estratégias para manter a submissão se renovam, temos uma sociedade marcada pelo racismo e pela violência. De modo rigoroso, Paulina Rosa faz uma explanação de um país que nasce colonizado e vive os efeitos dessa invasão e do racismo na contemporaneidade, demonstrando a exploração predatória de um território e a categorização dos seus habitantes como inferiores. Essa categoria foi estabelecida pelos colonizadores por meio de três poderes: Estado, Ciência e Igreja. Ocorreu e ocorre uma desqualificação dos indígenas e negros, e a raça branca afirma que esses povos não conseguem se organizar em torno da família, da propriedade privada e nem sequer lidar com o capital financeiro, sendo tratados, então, como infantis e ignorantes. A autora consegue descrever um país que se estrutura sob um regime autoritário e violento, escolhendo quem vive e quem morre, como nos ensina Mbembe em seu livro *"A necropolítica"*. Paulina Rosa apresenta também as fantasias criadas sobre a raça negra, o mito da democracia racial no Brasil, citando Lélia Gonzalez, que, brilhantemente, nos questiona sobre o modo de fala dos negros e a resistência, talvez inconsciente, das línguas africanas, pois ao trocar a letra L pela letra R, ao dizer framengo, por exemplo, estariam mais próximos de sua origem, uma vez que inexiste o L em alguns idiomas falados na África: isso constituiria um pretuguês. Ela afirma que os modos de contar uma história são vários e que é importante a apropriação de um modo de contá-la, fazendo um rearranjo de gozo nesse procedimento.

Em "Epistemicídio feminino e consolidação capitalista: para além da caça às bruxas", Juliana Hissa, Jovana Gomes da Silva e Aline de Souza Martins se valem do registro de seus saberes e de suas afetividades para iniciarem um se fazer existir na História, no qual mulheres se autorizam a falar de mulheres e do que mais quiserem. Tomando as elaborações de Ramón Grosfoguel em "A estrutura do conhecimento nas universidades ocidentalizadas: racismo/sexismo epistêmico e os quatro genocídios/epistemicídios do longo século XVI" e de Silvia Federic em "O calibã e a bruxa: mulheres, corpos e acumulação primitiva", as autoras conduzem o leitor a conhecer um epistemicídio em relação às mulheres, marcado pelo sistema capitalista, deixando explícito como ele se estendeu muito além da caça às bruxas. As autoras tecem considerações acerca da construção ideológica da divisão sexual do trabalho desde o modelo de mulher demoníaca e bruxa, insubordinada, até a sua substituição pelo modelo da mulher como esposa ideal, domesticada em suas funções e ideais de conduta. Sendo as mulheres expropriadas de qualquer domínio sobre seus corpos e suas vidas, as autoras se utilizam da nomeação elaborada por Federici, "escravização das mulheres à procriação", para demonstrar o processo que marca o corpo feminino como instrumento para reprodução do trabalho e para ampliação da força de trabalho, como "uma máquina natural de criação". Mais do que constatar a histórica forma violenta de repressão que subjugou o saber e as formas de organização das mulheres – organização que antes excluía os homens de qualquer poder ou domínio sobre seus corpos e sexualidade –, Hissa, Silva e Martins denunciam o epistemicídio das mulheres localizando efeitos materiais e simbólicos presentes na contemporaneidade.

Em "Violência masculina: uma leitura clínica da constituição histórica e subjetiva da masculinidade", Fábio Santos Bispo, Herlam Wagner Peixoto e Melissa Festa Scaramussa partem de algumas confluências para localizar contribuições psicanalíticas a uma crítica e uma clínica das violências vinculadas à masculinidade. A partir da interlocução com os estudos sobre o colonialismo, localizam a violência masculina como uma herança colonial funesta, que, para além da relação de poder, marca as formações subjetivas, fantasmáticas e o modo de gozo dos sujeitos, interrogando a psicanálise como teoria e dispositivo clínico. Não desconsiderando que as mulheres são vítimas da violência como traço identitário da masculinidade, os autores apontam os próprios homens também como vítimas: se os homens, estatisticamente, são os que mais matam, também são os que mais morrem. Utilizando referências sociológicas e psicanalíticas, os autores localizam a violência masculina como "um gozo sempre mal contido pela civilização, muitas vezes tolerado, outras valorizado, mas que sempre pode incidir sobre um sujeito como um jugo insuportável que atinge o outro e destrói o próprio sujeito". Essa constatação, no entanto, não se dá sem diferenciar socialmente a violência entre os homens brancos e os negros, sendo estes últimos "levados a identificar-se com a dimensão puramente animal e violenta de uma masculinidade primitiva que deve, ela mesma, ser objeto de uma contenção violenta por parte do laço social". O trabalho propõe então que a contribuição da clínica psicanalítica e sua interface com as políticas públicas têm como ponto fundamental ir além da tomada de consciência da violência masculina, chegando ao reconhecimento dos limites dos semblantes do ser masculino, do "parecer homem", que se estenda numa transformação do laço social.

A partir das elaborações dos autores que colaboram com este livro, chegamos a um questionamento: descentralizar os saberes sobre psicanálise e raça é algo que possamos tomar como opcional ou como imperativo?

Mbembe nomeou como "universalização da condição negra"[19] o efeito da fusão entre capitalismo e animismo presente no neoliberalismo. Não se trata mais de uma condição dos povos de origem africana, conforme o primeiro capitalismo, mas de sua "institucionalização como padrão de vida e sua generalização pelo mundo inteiro".[20] Nesse momento, inaugura-se a produção de um excedente de indivíduos supérfluos, desnecessários ao capital, que devem ser segregados e podem ser exterminados.

A partir dessa construção, Achille Mbembe[21] levanta duas questões fundamentais para pensarmos o significado da destituição europeia do centro do mundo: Estaríamos presenciando a era da extinção da ficção da raça e do racismo e a dissolução de seu significante

---

19 > Achille Mbembe, *Crítica da razão negra*. São Paulo: n-1 edições, 2018, p. 17.
20 > Ibid., p. 20.
21 > Ibid.

primordial, o negro? Ou, pelo contrário, estamos testemunhando, a partir da lógica neoliberal e suas conexões, um novo racismo fabricado em escala global, garantindo a universalização da condição negra?

Partindo desse conceito, amparados pela concepção de universalização da condição negra, que institucionaliza a segregação e o extermínio antes direcionado à população negra de forma generalizada pelo mundo, chegamos ao desafio contemporâneo ao qual estamos todos submetidos. A ficção do negro a serviço da sustentação da autoficção, autocontemplação e enclausuramento do Europeu no lugar do universal parece a operação moebiana que incide no lugar vazio diante do deslocamento da Europa do centro do mundo. O devir negro no mundo seria, então, a proposta de uma nova forma de universalidade, como um risco, mas também como uma possibilidade crítica de inaugurar "uma política do humano que seja, fundamentalmente, uma política do semelhante, mas num contexto em que, cabe admitir, o que partilhamos logo de início são as diferenças".[22]

Com autores-sujeitos aplicados e implicados na crítica e na construção de saberes que reconhecem outros saberes, cada um a sua maneira, este seção enfrenta coletivamente os desafios de descentralizar as elaborações sobre psicanálise e raça. Com reflexões intensas e profundas, eles e elas nos oferecem não respostas mas chaves de leitura, que podem ser utilizadas como o substrato necessário para fazer a palavra circular. Discursos emergentes e urgentes nos desfiladeiros da linguagem que nos constitui sem nos completar.

Novas leituras e novos leitores para novas existências!

---

22 > Ibid., p. 307.

> faustino, deivison[1] <.> por uma crítica ao identitarismo (branco) <

"Essa porra é um campo minado / quantas vezes eu pensei em me jogar daqui / mas aí, minha área é tudo que eu tenho / minha vida é aqui / eu não consigo sair / é muito fácil fugir / mas eu não vou / não vou trair quem eu fui e quem eu sou."[2]

Em 2020, assisti com certa angústia ao debate infinito em torno da "fala", da "cala" e dos lugares sociais e políticos sob os quais se dão esses dois atos discursivos.[3] A angústia mencionada não se deve tanto à emoção que o tema suscita quanto ao modo pelo qual ele vem sendo tratado, inclusive por uma tentativa de mobilizar o pensamento de Sigmund Freud ou Frantz Fanon para uma crítica da identidade. Do "lugar" teórico que leio tudo isso – "talvez até confuso mas real e intenso"[4] – acredito faltar aí um elemento importante: a dialética.

Frantz Fanon foi crítico de uma identidade pensada como entidade a-histórica e fechada às diferenças internas e externas.[5] Sob uma perspectiva fanoniana, seria um equívoco afirmar que as lutas negras não poderiam ser criticadas ou que, sobretudo, um branco não poderia ser protagonista dessa crítica. Toda posição política é passível de críticas e contradições, e, convenhamos, as formas pelo qual a identidade tem sido debatida (não apenas por pensadoras/es antirracistas, mas em geral) merece muitas críticas. Esquece-se frequentemente, no entanto, que, apesar de sua crítica radical ao nacionalismo anticolonial e ao movimento de negritude, Fanon apostou todas as fichas nesses movimentos, porque

---

1 > Possui doutorado em Sociologia e Pós-doutorado em Psicologia Clínica. É professor do Programa de Pós-Graduação em Serviço Social e Políticas Sociais da Universidade Federal de São Paulo e integrante do Instituto Amma Psique e Negritude.
2 > Racionais Mc's. *Sobrevivendo no inferno*. São Paulo: Cosa Nostra 1997. Disponível em: <https://youtu.be/ue1k4FHgwDU>.
3 > Maria Rita Kehl, "Lugar de 'cale-se'", 11 ago. 2020. Disponível em: <https://racismoambiental.net.br/2020/08/11/lugar-de-cale-se-por-maria-rita-kehl/>; e Contardo Calligaris, "Sou alérgico ao argumento 'você não pode falar dos negros porque você não é negro'", Folha de S. Paulo, 19 ago. 2020. Disponível em: <https://folha.com/1peg8mt6>.
4 > Racionais Mc's. *Nada como um dia após o outro dia*. São Paulo: Cosa Nostra, 2002. Disponível em: <https://youtu.be/Wb3rvC6z5ao>.
5 > Deivison Faustino, "A emoção é negra, a razão é helênica? Considerações fanonianas sobre a (des)universalização do 'ser' negro", *Revista Tecnologia e Sociedade*, v. 9, n. 18, 2013, pp. 1-16.

entendia que a negação colonial – alienação estranhada e desumanizadora dos colonizados – era, na verdade, um projeto identitário que colocava falsamente o branco, a Europa ou o Ocidente (burguês) na condição de humano-genérico-universal.[6] Como observou Mark Twain a respeito da violência:

> Havia dois Reinos de Terror, se quisermos lembrar e levar em conta: um forjado na paixão quente; o outro, no insensível sangue frio... Nossos arrepios são todos em função dos horrores do Terror menor, o Terror momentâneo, por assim dizer, ao passo que podemos nos perguntar: o que é o horror da morte rápida por um machado em comparação à morte contínua, que nos acompanha durante toda uma vida de fome, frio, ofensas, crueldades e corações partidos? Um cemitério poderia conter os caixões preenchidos pelo breve Terror diante do qual todos fomos tão diligentemente ensinados a tremer e lamentar, mas a França inteira dificilmente poderia conter os caixões preenchidos pelo Terror real e mais antigo, indizivelmente terrível e amargo, que nenhum de nós foi ensinado a reconhecer em sua vastidão e lamentar da forma que merece.[7]

Esse identitarismo universalista branco – que não se resume ao campo das representações, mas se materializa na morte física e simbólica dos não brancos – não poderia ser derrotado por simples frases de efeito ("somos todos iguais", "não é possível saber quem é negro no Brasil" ou "eu também tenho sangue negro"), mas por um confronto ético, político e estético que desestruturasse radical e objetivamente as relações sociais racializadas na direção da edificação de outra sociedade.

Para Fanon, esse confronto, em primeiro lugar, poderia ser travado apenas se aqueles que foram negados e objetificados (bestializados) rejeitassem o lugar de objeto e assumissem a condição de Sujeitos históricos não apenas da própria autodefinição, mas da definição do mundo como um todo, impondo-se no jogo social como parte ativa da humanidade-genérica-universal, disputando seus termos. Mas essa revolução não é – pelo menos em Fanon – uma simples virada linguística ou epistêmica, ao contrário, ela se efetivaria se fosse "violenta" o suficiente para "sacudir as raízes carcomidas do edifício" colonial-capitalista em direção a outra sociabilidade e, sobretudo, outra subjetividade.

Esse movimento violento de "transformação do mundo" pode gerar incômodos, generalizações indevidas ou mágoas interpessoais mesmo naquelas pessoas parceiras que se identificam politicamente com os grupos sociais vulnerabilizados, uma vez que a política pressupõe certa generalização de acontecimentos cotidianos de forma a explicitar contradições e

---

6 > Id., "Notas introdutórias sobre 'filosofia africana' e o humanismo pós-colonial de Lewis Gordon", *EntreLetras*, v. 9, n. 1, 2018, pp. 46-65.
7 > Mark Twain, *A Connecticut Yankee in King Arthur's Court*. Oxford Text Archive, [1889] 1993, pp. 109-110. Disponível em: <http://hdl.handle.net/20.500.12024/1877>.

demandas estruturais. Por isso o incômodo implícito a qualquer demanda política, apesar de incontornável, é libertador não apenas desse "outro" outrora objetificado, mas, sobretudo, para o frágil "Eu" que até então falava para si mesmo e que, por isso, não havia sido confrontado pelos objetos que afetivamente estima ou detesta. Por essa razão Fanon nos convoca, "brancos" e "negros", a descermos aos nossos "verdadeiros infernos".[8]

Bastante influenciado pela psicanálise, Frantz Fanon criticou radicalmente não apenas a violência colonial, materializada pelo identitarismo branco – ao preço de ser rotulado pelos liberais como violento –, mas também os limites da violência anticolonial e as armadilhas da identidade, nomeada por ele como a "miragem da negritude".[9] Para ele, se a violência anticolonial não fosse devidamente canalizada para a estrutura social que a sustenta, em vez de aos indivíduos, as possibilidades de emancipação seriam abortadas. Por outro lado, Fanon não ignorou que, em geral, aqueles que se beneficiam consciente ou inconscientemente de uma ordem social violenta são os primeiros a rotular as vítimas como "violentas", transferindo simbolicamente para elas contradições e demônios que também são seus, mas que não combinariam com a imagem divinizada e pseudocrítica (ou acima de qualquer crítica) que o racismo lhe conferiu. Por isso Fanon não poupou críticas ao identitarismo branco presente nos falsos discursos de universalidade que compõem a psicanálise, a filosofia e as ciências sociais em geral, mas não estabeleceu falsas simetrias esse identitarismo e o identitarismo negro, que é de outra natureza. A esse respeito, aliás, Sartre já nos alertava, ao falar do movimento de negritude francesa:

> O que é que vocês esperavam quando tiraram a mordaça que fechava essas bocas negras? Que elas entoassem hinos de louvor? Que a cabeça que os nossos pais curvaram até o chão, quando se erguessem, revelassem adoração nos olhos?[10]

O que Fanon quis dizer com "a violência desintoxica"[11] ao lado da afirmação de que "o branco está encerrado em sua brancura. O negro em sua negrura. Tentaremos delimitar as tendências desse duplo narcisismo..."[12] é que a luta contra o identitarismo branco, se for levada até as últimas consequências, será acompanhada de incômodos incontornáveis que, pelo menos no calor da batalha, terão o efeito colateral de devolver temporariamente para

---

8 > Frantz Fanon, *Pele negra, máscaras brancas*. Trad: Sebastião Nascimento. São Paulo: Ubu, 2021.
9 > Id., *Por uma revolução africana: textos políticos*. Trad. Carlos Alberto Medeiros. Rio de Janeiro: Zahar, 2021.
10 > Jean-Paul Sartre, *Reflexões sobre o racismo. Reflexões sobre a questão judaica. Orfeu Negro*. São Paulo: Difusão Europeia, [1951] 1960, s/p.
11 > Frantz Fanon, *Os condenados da terra*. Trad. Elenice Albergária Rocha e Lucy Magalhães. Juiz de Fora: UFJF, 2010.
12 > Frantz Fanon, *Pele negra, máscaras brancas*, op. cit., p. 23.

o colonizador o mal-estar que a sua simples presença, na condição de colonizador, impôs durante séculos. Mas o resultado é um reconhecimento recíproco. Isso não significa – pelo menos não para Fanon – que apenas a vítima possa falar (em um movimento de cala), que a sua fala seja mais legítima que outras falas ou mesmo que ela esteja acima de qualquer crítica; significa apenas que a verdadeira luta contraidentitária não é aquela que desarma as possibilidades de reação ou ação programática da vítima em busca da emancipação – em nome de um pseudouniversalismo ou da pseudoidentificação antiessencialista –, mas aquela que permite a circulação recíproca da fala e, portanto, do mal-estar que ela pode causar em suas generalizações e silenciamentos. Isso serve para o objetificado, que almeja se constituir como sujeito da autoinscrição (que não pode esquecer que sua identidade também é produzida na alteridade com o algoz que precisará confrontar), mas também para aquele que sempre foi visto como sujeito e que agora se incomoda ao se perceber objetificado por aquele que acreditava estar salvando.

Ao criticar uma noção essencialista da identidade, Fanon condena qualquer mistificação de si, mesmo que levada a cabo pelas vítimas históricas em seu intento de emancipação. Ele chamava de "duplo narcisismo"[13] essa mistificação invertida que acredita que a vítima tem sempre razão ou que apenas a sua fala seja válida. Para ele, esse narcisismo invertido deveria ser superado pela inserção real dos colonizados no processo de transformação radical da sociedade que permitiria reconhecer inclusive que nem todo branco é inimigo, assim como nem todo negro está do lado da luta negra. Nesse sentido, mobilizar partes soltas da produção de Fanon para criticar apenas os colonizados em busca de justiça e autoinscrição sem antes desmantelar de cima a baixo o identitarismo branco (ocidental, burguês, acadêmico etc.) que estrutura a ordem social (mas também as instituições críticas à ordem) é fazer coro com a sua perpetuação. É esquecer que toda fala traz uma cala! É ignorar que o narcisismo, quando confunde identidade com identificação, identifica a "cala", o "ressentimento" e a "resistência" apenas no outro objetificado ou, pior, confirmando abstratamente a própria experiência singular ou coletiva com a universalidade concreta. Diante dessa apropriação racializada da universalidade, acaba-se defendendo o próprio ponto de vista e os próprios interesses como se fossem universais e acusando de identitário apenas o outro, que questiona essa (falsa) universalidade, sem perceber-se a si próprio como parte de uma identidade hegemônica particular abstratamente universalizada.

Não estou dizendo que o colonizado/oprimido/explorado em luta pela autoinscrição não possa ser questionado em seus limites e contradições ou que a crítica seja prerrogativa exclusiva das "vítimas". Não se pode ignorar também o fato de que existem muitos "brancos"

---

13 > Ibid.

que se identificam com as pautas negras, antirracistas ou com pautas históricas relacionadas às diversas expressões de desigualdade social no País. Seria um equívoco catastrófico confundi-los ou igualá-los aos verdadeiros inimigos que se posicionam a partir das velhas ou novas direitas ou aqueles que se vestem de esquerda para manter tudo como sempre foi.

O problema, penso, quando não se interroga a respeito da própria branquitude – e também da negritude, acrescentaria Fanon –, é transferir para "eles" contradições que também são "nossas", alimentando uma visão mistificada de "nós", seja lá de que lado da trincheira estejamos. Mas a trincheira não destina o mesmo lugar para todos. Por essa razão, a depender de onde venha essa mistificação, mesmo quando originada de parceiros históricos e inquestionáveis, ela pode resultar em uma militância não assumida em defesa de uma ordem violenta na qual apenas as vítimas são acusadas de violentas e não a própria ordem que se diz questionar. É exatamente esse o fenômeno nomeado pela psicanalista Cida Bento como pacto narcísico da branquitude[14]. "Quando a esquerda não rasga horizontes, nem infunde esperanças, a direita ocupa o espaço e draga as perspectivas: é então que a barbárie se transforma em tragédia cotidiana."[15]

---

14 > Maria Aparecida Silva Bento e Iray Carone. *Pactos narcísicos no racismo: branquitude e poder nas organizações empresariais e no poder público*. São Paulo: Universidade de São Paulo, 2002.
15 > J. Chasin, "A sucessão na crise e a crise na esquerda", Revista Ensaio, n. 17/18, 1989, s/p.

> lima, mônica[1] <.> a construção da noção de negro e a problematização da identidade em frantz fanon <

O nome Negro não possui significações fixas ou definitivas. Ao contrário, muitos têm perguntado com insistência: Como reconhecemos o Negro? Como o identificamos? Como pensar sua inserção em sociedades brancas? Quais as estratégias de luta para a transformação das estruturas pós-coloniais em que se encontram? As respostas, evidentemente, variam em função dos pontos de vista de diferentes autores.

O presente texto parte das perguntas acima e tem como objetivo a localização de elementos do livro Pele negra, máscaras brancas, de Frantz Fanon, que permitam esboçar respostas ainda que parciais para as mesmas. Tais elementos, como veremos, dialogam com a perspectiva da(s) identidade(s), encontrada frequentemente no centro dos embates políticos que envolvem a questão da raça. Nossa ideia é problematizar a existência de uma essência ou substância do Negro, que autorizaria a reunião de todos eles sob certas características, categorias e anseios. Pretendemos seguir a indicação de Bhabha, que aponta para o fato de que Fanon dispersa sempre as bases da identidade racial ao nos fazer reconhecer que estas se fundam sobre mitos narcisistas da negritude e da supremacia cultural branca.[2]

No entanto, antes de adentrarmos a discussão, ressaltaremos os pontos que se seguem: falamos do lugar do branco e estamos, portanto, incorrigivelmente alienados da experiência do que é ser negro; não desconhecemos nem minimizamos a violência do sistema escravocrata quando enfatizamos, em nossas elaborações, as relações da negritude com a teoria das identificações; e estamos advertidos de que nossa linha de raciocínio não é hegemônica, nem tampouco recobre este vasto campo de discussão complexo e marcado por diferenças e matizes.

Neste campo, encontramos escritores e militantes políticos que se posicionam em diversas cartografias, temporalidades, e correntes de pensamento. Para citarmos alguns

---

1 > Hospital das Clínicas/UFMG – doutora em Teoria Psicanalítica pela UFRJ, pesquisadora do Psilacs, membro da equipe de Assistência às Mulheres Vítimas de Violência no HC/UFMG.

2 > Homi Bhabha, *O local da cultura*, trad. bras. Myriam Avila, Eliane Livia Reis e Glauce Gonçalves. Belo Horizonte: Ed. UFMG, 1998, pp. 70-104.

exemplos lembramos que a negritude esteve em questão na Revolução Haitiana, que pretendeu levar até as últimas consequências os princípios da Revolução Francesa (liberdade, igualdade e fraternidade), ao reivindicar a extensão desses direitos, pretensamente universais, à população negra da colônia. A negritude foi também uma corrente literária que reuniu escritores pretos de países colonizados pela França, que recuperaram o termo pejorativo *nègre* para exaltar a cultura negra e a dos afrodescendentes. Entre esses autores encontram-se René Maran, Léopold Senghor e Aimé Césaire, com o qual Fanon manteve uma relação ambivalente, marcada ao mesmo tempo pela admiração e pela crítica de certos aspectos de seu pensamento.

O tema da negritude encontra-se também no cerne de importantes movimentos negros americanos que lutaram contra a segregação racial imposta pelos Estados Unidos. Entre os líderes desses movimentos estão o pastor Martin Luther King Jr., cuja marca foi agregar milhões de americanos em uma luta pacífica pela igualdade racial; Malcom X, que se converteu ao islamismo e atuou como uma das maiores lideranças na reivindicação dos direitos da população negra americana; e Os Panteras Negras, que se reuniram em uma organização socialista e revolucionária fundada por Bobby Seale e Huey Newton, envolvendo-se abertamente em confrontos com a polícia. Na África do Sul, Nelson Mandela conduziu a luta pela extinção do apartheid, um sistema legal segregacionista instituído pelos brancos. E, por fim, tivemos vários Movimentos Negros no Brasil – originados no emblemático Quilombo dos Palmares, alcançaram conquistas importantes como o Dia Nacional da Consciência Negra, a política de cotas para ingresso nas universidades, a representação crescente na cultura, em fóruns políticos, produções acadêmicas e nas práticas clínicas da psicologia e da psicanálise pensadas e conduzidas por Lélia Gonzalez, Virgínia Bicudo e Isildinha Baptista Nogueira, entre outras.

Tendo sido esboçada a variedade de perspectivas a partir das quais a questão negra foi pensada, nos voltaremos agora para o esforço empreendido por Fanon, em Pele negra, máscaras brancas, para traçar uma definição do Negro sem qualquer recurso a elementos genéticos ou à perspectiva identitária da raça, ao associá-la à teoria do narcisismo em psicanálise.

Em Fanon, a construção da noção de Negro está enlaçada a sua própria biografia. Até certo ponto de sua história, por meio da identificação, o autor martiniquense se confundiu com o francês, chegando mesmo a se engajar como soldado na Segunda Grande Guerra Mundial em defesa da pátria.

Fanon esteve alienado em máscaras brancas, em um espelho narcísico, no qual traços do branco se apresentaram como idealizados, transmitidos tanto pela via da linguagem quanto pela via de uma imagem totalizante, enganosamente perfeita, antecipada ao negro como uma miragem.

Seu lugar em relação ao Outro só foi apreendido de forma retrospectiva, a posteriori, quando, ao estudar medicina na França, fez o encontro com o olhar do branco francês que, em sua opinião, o fixou em determinado lugar do qual teve dificuldade de se extrair.

Na França, Fanon vê a si mesmo sendo visto pelo colonizador e experimenta a sensação da dissolução de suas certezas identificatórias, em função de uma brancura que o queima. Ele escreve: "Tivemos de enfrentar o olhar do branco. Um peso inusitado nos oprimiu".[3]

Vê-se que Fanon vive a sensação de desmonte do próprio Eu, com o qual momentaneamente deixa de contar para se situar em relação ao mundo. O Eu para a psicanálise, como se sabe, é fundamentalmente corporal e construído em uma relação especular com a imagem ideal. É este aspecto que Fanon ressalta quando diz que ao descobrir sua negridão, devolvida pelo olhar de ódio do branco, sentiu seu corpo ser desancado, desconjuntado e demolido.[4]

Ao que parece, este é um instante em que a identificação à imagem organizadora do eu como uma totalidade se dissolve e o Negro é remetido à condição de fragmentação autoerótica.

É ao encontro desconcertante e radical com a alteridade que o autor se refere ao dizer que o verdadeiro Outro do branco é o preto. Fanon sentiu-se exposto a algo irracional e afirma que não há nada mais traumatizante do que um contato dessa espécie.[5]

Pode-se dizer que o irracional é um dos nomes do estranho e também um dos nomes do real, que se desvela quando a tessitura do imaginário se esgarça. Mais tarde, nos diz Fanon, teve que recompô-los: Eu e corpo.

Nota-se que o racismo para Fanon, nessa passagem, aparece não no campo da visão (função orgânica dos olhos) mas sim do olhar (seu objeto imanente), tal como nos ensina Lacan.[6]

Algumas vezes, assinala Fanon, o olhar é de natureza sexual. Invade e vê fora, dentro, através, e além do corpo negro. O racismo se apresentando como a evitação e\ou a denegação do gozo, associado ao olhar que pousa sobre o corpo negro.[7]

Fanon quer se livrar desse corpo, quer se livrar disso que se olha. Quer ser apenas homem.[8] Deseja encontrar uma liberdade absoluta que não alcança, preso ao lugar que lhe é designado pelo olhar racializado do branco, enquadrado por um discurso que circunscreve tanto seu próprio lugar quanto o do preto.

---

3 > Frantz Fanon, *Pele negra, máscaras brancas*, trad. bras. Renato da Silveira. Salvador: EDUFBA, 2008, p. 107.
4 > Ibid., p. 106.
5 > Ibid., p.110.
6 > Jacques Lacan, *Le Séminaire, Livre XI, Les quatre concepts fondamentaux de la psychanalyse*. Paris: Éditions du Seuil, 1964/1973, p. 70. [Ed. bras.: *O seminário, livro 11, os quatro conceitos fundamentais da psicanálise*, trad. de M. D. Magno. Rio de Janeiro: Zahar, 2008].
7 > Frantz Fanon, , op. cit., pp. 146-147.
8 > Ibid., p. 106.

Entende-se que, para Fanon, ocorre uma sorte de fixão do lugar do negro e do branco, determinada pela relação narcísica entre ambos, uma relação alienante e de natureza psicopatológica, da qual é preciso curar-se. Fixão que pode ser entendida como a construção fictícia de que a raça produz seres humanos não identificados como homens, e como a fixação pouco flexível de lugares para o branco e o Negro, dos quais é difícil escapar.

Após a experiência do encontro com o olhar do branco na França, na qual interroga quem é e o que deseja, Fanon decide exercer sua prática em um país que vive a experiência da colonização. Depois de terminada sua formação em psiquiatria, foi nomeado chefe de ala em Blida-Joinville, na Argélia, e, influenciado por Tosquelles, com quem estagiou em Saint-Alban, libera seus pacientes das correntes, como Pinel o fez em Salpêtrière, mas de maneira inteiramente diferente.[9]

As ações objetivas implementadas como psiquiatra-chefe nas alas que dirige buscam "desacorrentar" seus pacientes e correspondem a uma liberação de outra ordem. Trata-se da busca por uma liberação subjetiva e pela emancipação, correlata à restituição do lugar de sujeito aos que sofrem de sintomas psíquicos.

Oriundo de um país colonizado, a Martinica, reconhece naquele hospital psiquiátrico psicopatologias que não pôde compreender completamente em seu país. Observa que pacientes argelinos e franceses vivendo a violência do processo colonial e, em seguida, o da guerra de liberação, sofrem os efeitos subjetivos dessa violência e da alienação inerente ao processo colonizatório.

Como psiquiatra, Fanon ouviu argelinos e franceses envolvidos em um confronto brutal, gerado pela insuficiência da palavra para instaurar qualquer tipo de mediação, imersos em uma rivalidade especular, que impossibilitava o reconhecimento mútuo do estatuto de homem. Ele considerou que a violência poderia ser um meio para se restabelecer a negociação política e a emancipação do sujeito de fato e de direito.

De um modo que merece ser mais bem explicitado, Fanon considerou que a violência da guerra apresentava alguma equivalência com a psiquiatria, como técnica, que visava à transformação da experiência de estranheza e despersonalização que viviam seus pacientes, em seu próprio lugar. O primeiro capítulo do livro *Os condenados da terra* trata, especificamente, da potência liberadora da violência.

Como dizíamos acima, de uma maneira distinta de Pinel, que pretendeu desalienar os doentes mentais por meio do tratamento moral, Fanon almeja liberar seu paciente do olhar da psiquiatria etnocêntrica. Faz uma crítica contundente à teoria do primitivismo e deseja promover um processo de desalienação psíquica por meio da restituição de sua língua,

---

9 > Alice Cherki, "Préface" in: *Les damnés de la terre*. Paris: La Découverte, 2002, p. 17.

cultura, tradições e de seu lugar de sujeito. Para tanto, incentiva seu paciente a assumir a organização da vida coletiva no hospital psiquiátrico e a retomar, ali, atividades significativas de sua vida cotidiana, pregressas à internação.[10] Isto é, busca reconstituir as coordenadas simbólicas de um Outro, que lhe assegure um lugar.

Não devemos, no entanto, incorrer no equívoco de afirmar a crença absoluta de Fanon (quando atuou como psiquiatra e guerrilheiro na Argélia) em uma superação da relação dialética entre colonizador e colonizado.

Como escreve Bhabha, Blida-Joinville é um dos lugares em que Fanon descobre a impossibilidade da resolução do antagonismo experimentado na relação colonial e o caráter extremo da alienação nesse contexto, marcado pela ambivalência do inconsciente e das identificações psíquicas.[11]

Quanto a este ponto, Fanon está alinhado a Walter Benjamim[12] e recusa a ambição de qualquer teoria total da opressão colonial. Reconhece que aquele estado de emergência não é a exceção, mas a regra. Renuncia à ideia historicista do tempo como um todo progressivo e ordenado. Observa que, no pós-colonialismo, o problema da identidade retorna como um questionamento persistente, e que no processo das identificações apreendemos sempre um sujeito cindido em sua enunciação.[13]

Assim, é interessante observar que a trajetória clínica e teórica de Fanon mistura-se a seus impasses vividos com a França, a terra mãe, com os Nomes do pai, sob a forma da língua pátria, com seus compatriotas e com os argelinos, nos quais se reconhece e onde, ao mesmo tempo, se depara com o estranho.

Tão afetado pela cultura ocidental por sua formação acadêmica e pelo idioma materno, o francês, Fanon volta-se decididamente contra seus lugares de identificação. Encontra sua rebelião de colonizado iniciada na Martinica. Rejeita a nacionalidade francesa, adota a nacionalidade argelina e se envolve com a luta da Frente de Libertação Nacional. Ao fazê-lo, é declarado traidor pelo Exército francês e quebra, do ponto de vista subjetivo, por um movimento radical de separação, a ligação colonial entre o Fanon martiniquense e a França.

A posição de Fanon, em nossa opinião, lembra muito a perspectiva introduzida por Asad Haider em "A armadilha da identidade", onde o autor discute a própria posição subjetiva como paquistanês vivendo nos Estados Unidos. O título do livro, *Mistaken identities*,

---

10 > Ibid., pp. 17, 44.
11 > Homi Bhabha, *O local da cultura*, op.cit., pp. 70-104.
12 > Walter Benjamin, *Sobre o conceito de história*, trad. bras. Adalberto Müller e Márcio Seligmann-Silva. São Paulo: Alameda Editorial, 2020.
13 > Homi Bhabha, *O local da cultura*, op.cit., pp. 70-104.

produz ressonâncias na língua inglesa que se perdem na língua portuguesa. Podemos lê-lo como "Identidades equivocadas", enganosas, falaciosas.[14]

Haider inicia o livro afirmando que sua identidade é composta por fragmentos oriundos de várias partes do mundo. Diz que a expressão "política identitária", em sua forma contemporânea, foi introduzida no discurso político pelo Coletivo americano Combahee River, grupo de militantes negras e lésbicas, cuja posição específica era negligenciada tanto pelo movimento feminista quanto pelo movimento negro. Uma vez reduzidas à classe do vazio, essas mulheres desafiaram o reducionismo desses movimentos ao afirmar sua política autônoma, fundada em suas próprias experiências.

Asad Haider questiona, com muita propriedade, se a política mais profunda e potencialmente mais radical não viria exatamente daí: de nossa posição singular. Coloca em relevo, com a proposição do Combahee River, o fato de que os direitos não são apenas de mulheres, que não são unicamente negras, que não são apenas lésbicas, nem apenas trabalhadoras, pois as identidades das pessoas são compostas por vários elementos, teorias e práticas políticas, podendo se basear em pontos singulares dos sujeitos que escapam a categorias amplas. [15]

Haider fala também de seu lugar de exclusão nos Estados Unidos, visto sempre como paquistanês e não americano, e da impossibilidade de ver a si mesmo através da identidade de paquistanês nos Estados Unidos ou nas férias anuais passadas junto à família no Paquistão.

Seu relato lembra as passagens escritas em "Pele negra, máscaras brancas", em que Fanon diz:

> Queria ser tipicamente negro, mas isso não era mais possível. Queria ser branco. Era melhor rir. Quando tentava, no plano das ideias e da atividade intelectual, reivindicar minha negritude, arrancavam-na de mim. Demonstravam-me que minha iniciativa era apenas um polo da dialética. Sem passado negro, sem futuro negro, era impossível viver minha negridão. Ainda sem ser branco, já não era mais negro. Era um condenado e o que me restava era o sentimento de inexistência.[16]

Como Fanon, Haider parece também experimentar o sentimento de inexistência ao vacilar entre identidades oferecidas por seu meio social que não o representam completamente. Assemelhando-se a Fanon, Haider refere-se à identidade da raça como algo do qual sempre quis se desvencilhar, para ser visto apenas como um homem qualquer. Ele não pode se identificar com o islamismo, assim como não pode se destacar da história do Paquistão

---

14 > Asad Haider, *Armadilha da identidade: raça e classe nos dias de hoje*, trad. bras. Leo Vinicius Liberato. São Paulo: Veneta, 2019. pp 20-24.

15 > Ibid. pp. 29-30.

16 > Frantz Fanon, *Pele negra, máscaras brancas*, op. cit., p. 125.

islâmico que o constitui. Não aprova os ataques aos Estados Unidos, realizados em 11 de setembro de 2001, e não compreende os olhares hostis de americanos brancos que buscam culpá-lo pelo ocorrido.[17]

Haider, então, interessa-se por Judith Butler que questiona o quadro fundacionalista, no qual a política identitária tem se articulado. Recupera a contribuição de Huey Newton, fundador dos Panteras Negras, que do fundo de sua solitária na prisão, devorando livros, decide se destacar de uma comunidade racial unitária com um interesse unificado, ao se aproximar de todos aqueles no mundo que experimentam experiências de opressão.[18]

Relembra Malcom X, que ao se tornar mulçumano e ao adotar o sobrenome X, caminha em duas direções que lhe parecem correlatas: aproximar-se de uma perspectiva universal do homem, extraindo, daí, ao mesmo tempo, um traço absolutamente singular: "meu nome é X".[19]

Se decidimos trazer as contribuições de Asad Haider, é porque parecem dialogar com a recusa obstinada de Fanon de ser visto como negro, e com sua exigência absoluta de ser visto como homem: "Queria ser homem, nada mais do que um homem".[20]

Haider, como Fanon, discute sua negritude sempre em referência às determinações atuais de seu tempo e toma sua identidade em sua relatividade como algo que varia segundo o contexto, dependendo do ponto de vista do qual é olhada.

Fanon diz que, ao falar do Negro, refere-se ao martiniquense, e não aos "selvagens do mato", para os quais alguns elementos não são significativos. Ao propor um processo de desalienação, considera estritamente seu tempo, seu futuro e sua existência.[21]

Ao situar a questão do Negro no âmbito psíquico, em "Pele Negra, máscaras brancas", e discuti-lo como um sintoma na relação entre o preto e o branco, Fanon sustenta que a raça é uma questão subjetiva (com consequências concretas nas vidas dos racializados) e que deve ser situada na relação do sujeito com o Outro. É o resultado de um duplo narcisismo em jogo nos laços do colonizado com o colonizador, constituído por determinações imaginárias, pela linguagem e pela cultura.

O papel do narcisismo, no processo de racialização, é amplamente explorado por Fanon. Ele afirma que o complexo de inferioridade do negro fixa-se após um duplo complexo, inicialmente econômico, seguido pela epidermização dessa inferioridade.[22]

---

17 > Asad Haider, *Armadilha da identidade: raça e classe nos dias de hoje*, op. cit.
18 > Ibid.
19 > Ibid.
20 > Frantz Fanon, *Pele negra, máscaras brancas*, op. cit. p. 106.
21 > Ibid., p. 28.
22 > Ibid., p. 28.

Isto é, a princípio o Negro encontra-se em uma situação econômica precária em relação ao branco e, portanto, com menos possibilidades de existências. Em seguida, a inferioridade material é localizada na imagem, na qual o Negro é aprisionado.

É curioso que Fanon tenha escolhido o termo epidermização para falar da inferioridade do negro. Ressaltamos que uma das maneiras de ler essa proposição é reconhecer que a inferioridade relativa à raça é algo que se dá a ver, que está na cara, detectada imediatamente pelo olhar.

Ao discutir as experiências vividas do negro, o autor traz ao primeiro plano experiências de encontro com o olhar e a voz do branco, marcadas por frases escutadas na França: "preto sujo", "olha um preto", "mamãe, olha o preto, estou com medo".[23]

Fanon afirma que os olhares do branco fixam o negro em determinado lugar, no momento mesmo em que ele busca confirmar seu ser diante do Outro. Na França o negro não tem mais de ser negro, tem de sê-lo diante do branco. E o que se mostra é que o negro não tem resistência ontológica aos olhos do branco,[24] isto é, o olhar racializado do branco reduz o Negro a uma zona de não ser, ao lugar de um nada, do qual o sujeito tem dificuldade de se extrair.

O negro experimenta a dissolução de seu ser quando invadido pelo olhar e pela voz do Outro. O que ele é, o que pensa ser, como se define seu desejo, nada disso tem importância, pela força esmagadora da imagem tomada em um discurso colonizador. O ser do negro não dá provas de resistência, dissolve-se no momento em que ele se identifica ao objeto desse olhar.

Para sermos mais precisos, nessas experiências Fanon reconhece a existência do duplo narcisismo que compreende as relações entre negro e branco e que fixa o branco no lugar de ideal para o preto e fixa o preto no lugar de objeto para o branco. Ambos seguem: o preto fechado em sua negrura – mistificado –, o branco fechado em sua brancura – mistificador e igualmente mistificado.[25]

Mbembe recolhe as afirmações de Fanon para dizer que a raça mobiliza afetos e processos inconscientes a partir de um efeito ótico. A raça é, sobretudo, realidade especular e força pulsional, devendo-se fazer imagem, forma, superfície, figura imaginária, manifestando-se imediatamente no sensível, enquanto a estrutura do *je* desfalece.[26]

O próprio da raça é sempre engendrar um simulacro. O próprio do racismo é recobrir o sujeito com um véu. A raça em um aquém e um para além do ser é uma operação imaginária

---

23 > Ibid., p. 103.
24 > Ibid., p. 103.
25 > Ibid., p. 104.
26 > Achille Mbembe, *Crítica da razão negra*, trad. Sebastião Nascimento. São Paulo: n-1 edições, 2018.

e, ao mesmo tempo, o lugar de encontro com a sombra.[27] Parafraseando Mbembe, diríamos que o próprio da raça é recobrir os elementos discursivos e reais em jogo nas relações racializadas.

Na outra face da mesma superfície está outra dimensão da alienação, que diz respeito à linguagem. A interrogação sobre seu desejo torna-se, para o Negro, a interrogação sobre o desejo do Outro branco, que faz surgir algo para além da apreensão de seu lugar na linguagem. O Outro branco se impõe como testemunha da verdade do negro objetificado e de sua fala, dando sentido à sua mensagem.

Este aspecto pode ser compreendido quando entendemos que a construção da imagem de si passa sempre pelo olhar e pelo crivo do Outro. Como assinala Lacan, a criança que experimenta júbilo ao se reconhecer na imagem ideal que vê no espelho volta-se para o adulto que a sustenta em seus braços a fim de obter a confirmação de que o que vislumbra no espelho como "eu ideal" é de fato a imagem de si mesmo.[28]

A alienação do Negro no branco discutida por Fanon, no entanto, deve ser distinguida da alienação constituinte do sujeito no Outro de que fala Lacan. Este ponto é importante, porque alguns poderiam criticar Fanon ao dizer que o destino de todo homem é o de alienar-se na língua do Outro, não sendo este um privilégio de Negros.

A diferença é que a cultura e a língua apresentadas como ideais e aprendidas pelo negro não serão jamais vistas como algo que lhes pertence legitimamente. A ficção racial introduz uma violência da linguagem, na medida em que o Outro retorna ao negro uma confirmação hesitante de que a imagem ideal imposta e mirada no espelho seja de fato a sua e a do semelhante. Isto quando não recusa, por meio de chicotes e fuzis, a identificação do Negro ao ideal.

Advir como sujeito, a partir do desejo do colonizador prenhe de poder, detentor das instituições, do conjunto da cultura, da língua e dos sentidos das relações sociais e econômicas é ter de se autoproduzir não como efeito do significante, e, sim, como efeito de uma holófrase, que condena o sujeito a uma posição subjetiva débil.[29]

Lacan chama de holófrase a ausência de intervalo entre S1 e S2, que produz uma série de posições subjetivas, entre elas a debilidade, que não deve aqui ser compreendida como "inibição intelectual", mas, sobretudo, como a petrificação do sujeito sob um significado decidido e cravado.[30]

---

27 > Ibid. pp. 57-58.
28 > Jacques Lacan, "Le stade du miroir comme formateur de la fonction du je". *Écrits*. Paris: Éditions du Seuil, 1966, pp. 93-100. [Ed. bras.: Escritos, trad. de V. Ribeiro. Rio de Janeiro: Zahar, 1998].
29 > Jacques Lacan, *Le Séminaire, Livre XI, Les quatre concepts fondamentaux de la psychanalyse*, op. cit., p. 215.
30 > Ibid., p. 215.

Os argumentos precedentes nos parecem fundamentais para compreender que para Fanon "a essência da raça não existe". Negro designa todo aquele cuja vida foi "coisificada". Quando o autor diz que "o negro não é um homem", refere-se a todo homem que teve sua humanidade negada ao ter sido tratado como vida e corpo vendidos, explorados e dispensados.[31]

Fanon diz que a situação colonial faz *aparecer* um conjunto de ilusões e mal-entendidos que somente a análise psicológica pode situar e definir. A palavra aparecer, escrita em itálico, evidencia a diferença entre aquilo que se manifesta, que se revela, e aquilo que se é, a identidade situando-se de preferência no campo do parêtre (neologismo de Lacan, que joga com o verbo *parecer, paraître e ser, être*).

Mbembe corrobora a posição de Fanon ao afirmar que a raça não existe enquanto fato natural, físico ou genético. Analisada no registro do imaginário, é construída nas relações especulares sempre como uma figura do estranho e da diferença, que permitem ao colono tratar outro homem como coisa e moeda.[32]

Esse efeito imaginário produz, é certo, consequências materiais e psíquicas devastadoras. Não se pode tomar Fanon como um autor que tenha privilegiado o aspecto psíquico e negligenciado os aspectos materiais e políticos. Sua originalidade foi a de tensionar esses aspectos até seus limites.

A riqueza e complexidade do pensamento de Fanon não permite nenhuma espécie de reducionismo. Não temos a pretensão de concluir o debate sobre questões tão complexas quanto a identidade, os processos de identificação e o uso político que deles se faz para a transformação subjetiva e social. Concordamos com Vladimir Safatle quando ele diz que antes de criticarmos as pautas identitárias veiculadas por certos coletivos, na atualidade, deveríamos fazer a crítica de nosso próprio identitarismo "naturalizado pela hegemonia de uma história violenta de conquistas e sujeição operada, majoritariamente, por brancos europeus".[33]

Nossa crítica à identidade como pauta em alguns grupos de emancipação e resistência não visa, absolutamente, à invalidação dessas atuações. Consideramos legítimo o uso da identidade como estratégias de luta, desde que não se confunda o que se é, pela determinação do significante – pura diferença –, com a identidade, conjunto de traços sob os quais todo um grupo de pessoas se reúne.

---

31 > Frantz Fanon, *Pele negra, máscaras brancas*, op. cit., p.148.
32 > Achille Mbembe. *Critique de la raison nègre*, op. cit. pp.57-58.
33 > Vladimir Safatle, "Identitarismo branco". *El País*, 2020. Disponível em: https://brasil.elpais.com/opiniao/2020-09-04/identitarismo-branco.html.

Gostaríamos, por fim, de dizer que a originalidade de Fanon reside em estabelecer um duplo movimento crítico. Por um lado, busca mostrar como as produções de identidades no mundo pós-colonial são resultado de determinações imaginárias e discursivas que aprisionam sujeitos a determinados lugares e, por essa razão, não devem ser essencializadas. Por outro, ressalta que a modificação das estruturas e posições mencionadas exige a potência de transformações subjetivas singulares, e, ao mesmo tempo, de algo que é da ordem da materialidade. Ressaltamos, mais uma vez, a descrença de Fanon quanto à conclusão destes processos. Escapar das armadilhas das identidades enganosas, falaciosas e aprisionadoras, de todo modo, exigiria um esforço em ambas as direções. Permanece em aberto a questão de saber como elevar o acontecimento subjetivo singular à fala política plena.

\> rosa, paulina[1] <.> nossa língua pretuguesa <

Raça, racismo, colonização, decolonialidade.

Estes são termos que nos últimos anos passaram a fulgurar em textos e eventos acadêmicos no Brasil. Não se desconhece que intelectuais – sobretudo negros e indígenas como Abdias do Nascimento e Ailton Krenak – já nos conclamavam à urgência desse debate. Ao longo de décadas, os movimentos sociais têm provido o fôlego para que esses temas pudessem emergir e nos apresentar o nó entre raça, colonialismo e capital, enlaçamento que é objeto desta breve análise.

Partimos da premissa de que a condição de colônia da grande maioria dos territórios dominados pelas nações europeias não termina com os processos de declaração de independência, mas perdura até os dias atuais, o que o sociólogo peruano Aníbal Quijano[2] denomina "colonialidade de poder", que compreende o controle da economia, dos recursos naturais, da subjetividade e do conhecimento.

Os eventos de declaração das colônias trouxeram a emancipação apenas na forma, mas no âmbito material os mecanismos políticos, jurídicos, econômicos e sociais de dominação são periodicamente readaptados para adquirir os matizes da legalidade liberal encenada no estado de direito.

Por estarmos há mais de quinhentos anos imersos nesse modelo de compreender a nós mesmos, aos outros, ao mundo e às nossas relações, somos atravessados por duros impasses que se nos impõem quando tentamos sair da moldura existencial que a Europa nos deu. Foi nesse enquadre que nos concebemos enquanto sujeitos e enquanto povo, e é nele que ainda nos reconhecemos.

---

1 > Psicanalista, mestranda do Programa de Pós-graduação em Teoria Psicanalítica da Universidade Federal do Rio de Janeiro – UFRJ (CAPES 5) e advogada. Atuou de 2009 a 2019 em conflitos agrários nas regiões Norte e Nordeste do Brasil. Pesquisadora do programa INTERFACES, do núcleo PSILACS – Psicanálise e Laço Social no Contemporâneo, do Departamento de Psicologia da Universidade Federal de Minas Gerais, membro do "Ocupação Psicanalítica", coletivo de psicanalistas da UFMG, UFES e UFRJ, que visa colaborar com a reversão dos quadros de desigualdade racial.

2 > Aníbal Quijano, "Colonialidad del Poder, Eurocentrismo y América Latina" in E. Lander (Org.). *Colonialidad del Saber, Eurocentrismo y Ciencias Sociales*. Consejo Latinoamericano de Ciencias Sociales (CLACSO). Buenos Aires: 2000, pp. 201-246.

No caso do Brasil, especificamente, os mecanismos de dominação são literais, e, à guisa de exemplo, temos um dispositivo jurídico que desde 1964 regula nossa relação com o território, o chamado "Estatuto da Terra", que se trata de uma lei federal que define expressamente a colonização como "toda a atividade oficial ou particular que se destine a promover o aproveitamento econômico da terra".

Uma consulta à página oficial do Instituto Nacional de Colonização e Reforma Agrária (*INCRA*) nos mostra seu slogan: "Integrar, semear a terra e gerar riqueza". Para analisarmos essa forma de relação com a terra, tomaremos o elemento "raça" como chave de compreensão.

Segundo Aníbal Quijano[3], a raça é a categoria mental da Modernidade, entendida aqui como o período instaurado pela invasão das Américas em 1492,[4] momento em que a exploração colonial passa a fornecer as condições materiais e epistemológicas que alçaram a Europa à categoria de centro de poder mundial.

Essa exploração predatória do território se fundamenta e se justifica na recusa sistemática da alteridade: se os habitantes desta parte do mundo eram tidos como seres inferiores, intelectualmente decrépitos, incapazes de se organizar em torno da propriedade privada, de acumular patrimônio e não professavam a fé cristã, era perfeitamente lícito – segundo a lei da metrópole e da Igreja – que fossem exterminados e escravizados, já que o trabalho não só os redimia de seus pecados, como era fundamental para o "aproveitamento econômico" e a "geração de riqueza".

A negação da alteridade é instrumentalizada pela ficção da raça. É em torno do princípio racial que a subjetividade europeia se organiza. Podemos com isso observar que a proposição filosófica de Descartes, que no século *XVII* inaugura a razão moderna com seu ego cogito, foi precedida pelo que o filósofo argentino Enrique Dussel chama de ego conquiro:

> O que era ouro e prata na Europa, dinheiro do capital nascente, era morte e desolação na América. [...] O "eu colonizo" o Outro, a mulher, o homem vencido, numa erótica alienante, numa economia capitalista mercantil continua a caminhada do "eu conquisto" para o "ego cogito" moderno. [...] A expressão de Descartes do "ego cogito" em 1636 será o resultado ontológico do processo que estamos descrevendo: o ego como origem absoluta de um discurso solipsista.[5]

---

3 > Ibid.
4 > Enrique Dussel, *1492. O encobrimento do outro: a origem do mito da Modernidade*. Conferências de Frankfurt. Tradução Jaime A. Classen. Petrópolis: Vozes, 1993.
5 > Ibid, p. 37.

Se o "eu penso" afirma sua racionalidade através da dúvida, o "eu conquisto" parte da certeza da sua missão civilizatória. No ego conquiro a dúvida cartesiana é deslocada para a humanidade do conquistado, como nos expõe o filósofo porto-riquenho Nelson Maldonado Torres, no texto "On the Coloniality of Being":

> Afirmações como "você é humano" assumem a forma de indagações retóricas como "você é realmente humano?" "Você tem direitos" se transforma em "por que você acha que tem direitos?", da mesma forma: "você é um ser dotado de razão" é transformado em "você é realmente dotado de razão?". [6]

Por não serem reconhecidos em sua humanidade e plenitude de razão, e sim como bestas – no caso dos africanos traficados – ou primitivos infantilizados destituídos de autodeterminação – no caso das populações ameríndias – é que se nega a esta categoria de seres a autonomia sobre seus próprios corpos e territórios. Essa é a simbiose entre a espoliação e a ficção racial. Raça é o significante a partir do qual se desenrola o curso da história na América. E, ainda que não tenha embasamento biológico e não exista enquanto fato científico como hoje sabemos, o êxito da ficção racial se deve ao fato de que ela é capaz de atender, a um só tempo, exigências narcísicas e socioeconômicas.

Narcísicas por fazerem do outro o depositário do horror constitutivo, transferindo-lhe o que não pode ser reconhecido em si: "A rejeição a uma cara que não agrada, na qual não me reconheço, é uma estratégia de autopreservação ou do narcisismo, através do deslocamento na cena social do que não é elaborado entre o si e o si mesmo".[7] Como resultado do que não pôde ser significado na operação da constituição subjetiva, o racismo emerge no campo de um ódio primário.

Já as exigências socioeconômicas dizem respeito à necessidade de um contingente sub-humano, responsável pelo trabalho não remunerado que é a condição sine qua non do capitalismo. É o colonialismo que vai fornecer as bases para que o capitalismo advenha, como discursa Aimé Cesaire: "Eu disse – e é muito diferente – que a Europa colonizadora enxertou o abuso moderno na antiga injustiça, o odioso racismo na velha desigualdade".[8]

Presenciamos esse abuso pela lente de aumento da pandemia, sobretudo em países de regimes autoritários como o Brasil, em que, de um lado, as elites saíram às ruas em seus

---

6 > Nelson Maldonado-Torres, "On the Coloniality of Being: Contributions to the Development of a Concept", *Cultural Studies*, v. 21, n. 2-3, 2007, p. 15
7 > Maria Beatriz Costa, *O racismo e o negro no Brasil: questões para a psicanálise*. Perspectiva, 2017, p. 63
8 > Aimé Césaire, *Discurso sobre o colonialismo*. Letras Contemporâneas, 2010, p. 33.

carros de luxo pedindo pela volta da normalidade, clamando pela proteção de seus lucros e amparadas na negação da realidade ou na certeza de contar com recursos suficientes para garantir bom atendimento médico; e, de outro, a massa, que se expõe ao risco do contágio, pois a prioridade é garantir o pão diário: "é melhor morrer de vírus do que de fome" é frase corrente na fala de moradores de vilas e comunidades de que são suficientemente fortes para resistir à doença. A crença de que o negro é, afinal, uma "raça mais resistente", que tudo suporta, é alimentada pelo próprio presidente ao dizer que "o brasileiro precisa ser estudado, cai no esgoto e não pega nada".

Fantasias de onipotência para as elites, escolha forçada entre a bolsa e a vida para os que enfrentaram quilométricas filas em frente às agências da Caixa Econômica para receber o auxílio temporário concedido pelos governantes. Cada operação policial nas periferias brasileiras revigora a barbárie colonial, e os sucessivos casos de violência brutal do Estado contra a população negra parecem fazer fervilhar o caldo da indignação. A reação ao assassinato cruel de George Floyd, nos Estados Unidos, culmina em atos que clamam pela importância das vidas negras ao redor do mundo.

Ao colocar abaixo e lançar ao rio a estátua do escravocrata britânico Edward Colston, um desses atos se torna emblemático. Trata-se de uma tentativa de derrocar as representações imaginárias da dominação colonial que congelam o sujeito – tal qual a própria estátua – em um eterno instante de ver. Mas as coordenadas para o passo decisivo rumo ao tempo de compreender nos foram dadas há muito por Frantz Fanon:

> A inferiorização é o correlato nativo da superiorização europeia. [...] Defendemos, de uma vez por todas, o seguinte princípio: uma sociedade é racista ou não o é. Enquanto não compreendermos essa evidência, deixaremos de lado muitos problemas. [...] Precisamos ter a coragem de dizer: é o racista que cria o inferiorizado.[9]

O pensamento anticolonial do qual Fanon é tributário nos convoca a sair do lugar ficcional e fixo que foi atribuído ao colonizado pelo colonizador, a deixar a condição de objeto de estudos e reflexões da Europa para sermos os sujeitos enunciadores de nossa própria história. Nessa esteira, a crítica chamada de decolonial nos parece especialmente relevante, na medida em que introduz a América Latina no debate sobre a dominação colonial e rompe com a centralidade da epistemologia eurocêntrica, privilegiando os pensadores do sul global como seus principais referenciais teóricos.

---

9 > Frantz Fanon, *Pele Negra, Máscaras Brancas*, trad. bras. de Renato da Silveira. Salvador: EDUFBA, 2008, p. 90.

A crítica decolonial propõe a produção de um saber sobre o particular e o universal da América Latina elaborado pelo próprio sujeito latinoamericano: um saber do sul para analisar os problemas do sul. Um dos grandes desafios deste exercício crítico e investigativo são os embaraços encontrados ao se recontar uma história que foi apagada pela barbárie colonizadora. Sobre esse apagamento, Achille Mbembe nos indaga:

> Com efeito, tudo o que os negros viveram como história necessariamente deixou vestígios e, nos lugares onde foram produzidos, nem todos estes vestígios foram preservados. Assim, como é que na ausência de vestígios, de fontes, se escreve a História?[10]

Nós nos propomos a usar o motor conceitual da psicanálise para avançar na crítica decolonial e, nesse ponto, nos valeremos da estrutura do mito para (r)enunciar a versão eurocêntrica da história e compreender a organização simbólica das relações estabelecidas na sociedade colonial.

Tomamos, então, o "Mito da Modernidade" proposto por Enrique Dussel[11] como o mito fundador da era Moderna: "Às Américas chegou o herói civilizador – homem heterossexual branco, patriarcal, militar, capitalista, europeu" que tem o dever moral de desenvolver os povos "primitivos", resgatando-os de sua condição original degenerada. É em torno desse mito e da violência pedagógica usada pelo europeu exemplar que as relações na colônia são instituídas.

No Brasil, outro mito fundador tão potente quanto insidioso organizou a sociedade pós-escravagista: o mito da democracia racial, expresso em fenômenos como a empregada doméstica negra que é "praticamente da família", no posicionamento contra as cotas raciais que se escora, por exemplo, na lógica falaciosa de que a presença – embora raríssima – de negros em restritos círculos sociais e cargos de liderança comprova que a ascensão social está a disposição de todos, basta que se esforcem o suficiente.

Na medida em que o reconhecimento da diferença é negado, este mito permite que o racismo saia do campo da palavra e seja atuado numa dissimulação perversa: "somos todos iguais", mas sabemos quem será alvo da operação policial. Nesse sentido, Lélia Gonzalez nos lança o seguinte questionamento:

---

10 > Achille Mbembe, *Crítica da razão negra*, trad. Marta Lança. Lisboa: Antígona, 2014, p. 134.
11 > Enrique Dussel, op. cit.

> Por que será que o racismo brasileiro tem vergonha de si mesmo? Por que será que se tem "o preconceito de não ter preconceito" e ao mesmo tempo se acha natural que o lugar do negro seja nas favelas, cortiços e alagados? É engraçado como eles gozam a gente quando a gente diz que é Framengo. Chamam a gente de ignorante dizendo que a gente fala errado. E de repente ignoram que a presença desse r no lugar do l nada mais é que a marca linguística de um idioma africano, no qual o l inexiste. Afinal, quem que é o ignorante? Ao mesmo tempo, acham o maior barato a fala dita brasileira, que corta os erres dos infinitivos verbais, que condensa você em cê, o está em tá e por aí afora. Não sacam que tão falando pretuguês.[12]

Recontar nossa versão da história compreende contestar as relações estruturadas em torno destes mitos. Requer o exercício de reconhecer que os sujeitos racializados são o objeto de extração, resultante da invasão de um território, da dizimação da cultura, da língua, da violação de corpos. Requer o reconhecimento de que essas práticas são a condição fundamental do capitalismo que modela o gozo do sujeito contemporâneo, e, segundo Mbembe:

> É o sujeito do mercado e da dívida. [...] Distingue-se em vários aspectos do sujeito trágico e alienado da primeira industrialização. O seu gozo depende quase que inteiramente da capacidade de reconstruir publicamente sua vida e oferecê-la ao mercado como uma mercadoria possível de troca. Sujeito neuroeconômico [...] procura antes de mais nada regular sua conduta em função do mercado, sem nem sequer hesitar em seu autoinstrumentalizar e instrumentalizar os outros.[13]

Por exigir que os corpos racializados sejam o contingente sub-humano que fez e faz girar a engrenagem do capital em suas diversas fases – mercantil, industrial, financeiro – através dos mecanismos de controle dos corpos, da escravização e da precarização do trabalho, o racismo enquanto sintoma social pode ser entendido como uma solução de compromisso com o gozo imperial/capitalista.

Questionamos, assim, quão comprometidos estamos com a eliminação desse sofrimento, na medida em que é a custa dele, à custa trabalho não remunerado e da humanidade negada ao outro que o sujeito contemporâneo mantém seu gozo. Respondemos a essa questão lançando mão de outra:

Como nós, povos colonizados, podemos então nos rearranjar com essa modalidade de gozo? Em outras linhas, haveria alguma homologia possível entre discurso da psicanálise e a decolonialidade, já que esta última parece propor um giro discursivo que poderia permitir

---

12 > Lélia Gonzales, "Racismo e Sexismo na Cultura Brasileira", *Revista Ciências Sociais Hoje*, Anpocs, 1984, pp. 237-238.
13 > Achille Mbembe, op. cit., p. 8.

ao sujeito produzir um saber sobre si se desalienando enfim dos significantes que sobredeterminam e marcam esse corpo coletivo numa posição subjugada frente ao ideal imperialista/colonizador? O giro discursivo proposto pela decolonialidade seria capaz de nos levar a novos arranjos com esse gozo?

Não temos a intenção de responder às perguntas expostas, é importante que elas permaneçam com o estatuto de questão. Mas pensamos que o esforço elaborativo do momento de compreender pode ser iluminado pela assunção de uma linguagem própria, uma linguagem estranha-familiar que nos permita, com Lélia Gonzalez, sacar que estamos falando pretuguês.

> hissa, juliana[1] • silva, jovana[2] • martins, aline[3] <.> epistemicídio feminino e consolidação capitalista: para além da caça às bruxas <

> [...] Escrevo porque a vida não aplaca meus apetites e minha fome. Escrevo para registrar o que os outros apagam quando falo, para reescrever as histórias mal escritas sobre mim, sobre você. Para me tornar mais íntima comigo mesma e consigo. Para me descobrir, preservar-me, construir-me, alcançar autonomia. Para desfazer os mitos de que sou uma profetisa louca ou uma pobre alma sofredora. Para me convencer de que tenho valor e que o que tenho para dizer não é um monte de merda. Para mostrar que eu posso e que eu escreverei, sem me importar com as advertências contrárias. Escreverei sobre o não dito, sem me importar com o suspiro de ultraje do censor e da audiência. Finalmente, escrevo porque tenho medo de escrever, mas tenho um medo maior de não escrever.[4]

Diante do tema do epistemicídio propõe-se uma resenha dupla, na qual uma hipótese do trabalho de Ramón Grosfoguel[5] é respondida por Silvia Federici.[6] Para o autor, um dos quatro epistemicídios, acompanhado por genocídios ocorridos na história recente, teria como objeto de apagamento o saber das mulheres na Idade Média que foram consideradas bruxas e, por isso, mortas. Tomamos essa tese em diálogo com o extenso trabalho de

---

1 > Bacharel em Direito pela Pontifícia Universidade Católica de Minas Gerais, pesquisadora do Núcleo PSILACS – UFMG, advogada inscrita na OAB/MG sob o n.:157.829.

2 > Graduanda em Licenciatura em Ciências Sociais pela Pontifícia Universidade Católica de Minas Gerais, pesquisadora do Núcleo PSILACS – UFMG.

3 > Doutora em Psicologia Clínica pela USP, professora de Psicologia do Mackenzie, pesquisadora do Laboratório Psopol e Redippol.

4 > Glória Evangelina Anzaldúa. "Falando em línguas: uma carta para as mulheres escritoras do terceiro mundo." *In Estudos feministas*, ano 8, 1o semestre, 2000.

5 > Boaventura Santos, Ramón Grosfoguel, "A estrutura do conhecimento nas universidades ocidentalizadas: racismo/sexismo epistêmico e os quatro genocídios/epistemicídios do longo século XVI", *Revista Sociedade e Estado*, v. 31, n 1, 2016.

6 > Silvia Federici, *Calibã e a bruxa: mulheres, corpo e acumulação primitiva*. São Paulo: Elefante, 2017.

Federici,[7] que retoma a história dos grupos de mulheres não católicas que criaram formas de organizações coletivas nas quais os homens não dispunham do privilégio de domínio sobre os corpos e a sexualidade femininas. Essas mulheres foram reprimidas com violência, tiveram seu saber sobre as ervas medicinais usurpado e sua forma de organização apagada através da construção da representação de que eram bruxas e ameaçavam a comunidade. Com a exposição dessas duas resenhas propomos a tese de que, sim, houve um epistemicídio das mulheres, e suas consequências ainda se dão a ver contemporaneamente.

Nascido em Porto Rico em 1956, pós-doutor em Sociologia, atualmente professor titular de estudos Latinos/Chicanos no departamento de Estudos Étnicos da Universidade da Califórnia, Berkeley, Ramón Grosfoguel[8] é figura carimbada no grupo de pensadores latinos sobre Modernidade Colonialidade (M/C),[9] e autor de um dos textos a serem explorados por esta resenha, qual seja, "A estrutura do conhecimento nas universidades ocidentalizadas: racismo/sexismo epistêmico e os quatro genocídios/epistemicídios do longo século XVI".

Destaca-se pela produção de obras de caráter decolonial,[10] nas quais sustenta a teoria de que os efeitos do colonialismo europeu – principalmente no que se refere a cultura e epistemologia – estendem-se sobre os países da América, sobretudo Latina, para além do momento em que cessou a colonização e deram-se início os movimentos por independência nacional, e perduram até os dias atuais.

Silvia Federici,[11] nascida na Itália no ano de 1972, filósofa, pensadora crítica, ativista feminista e atualmente professora emérita da Universidade de Hofstra, em Nova York, é conhecida por estudar os mecanismos de apropriação do trabalho reprodutivo dentro do sistema capitalista através de uma vasta pesquisa a partir de um olhar feminino, e é também autora da segunda obra a ser analisada por esta resenha, qual seja *O Calibã e a bruxa: mulheres, corpo e acumulação primitiva*.

Em sua análise acerca do advento do capitalismo, Federici extrapola Marx e Foucault, por incluir a divisão sexual do trabalho e a importância da apropriação do trabalho feminino para sustentar o sistema capitalista. Seu trabalho ganha notoriedade ao mostrar, a partir de uma perspectiva de gênero, como as práticas capitalistas atuam de múltiplas formas para contribuir para a misoginia e a solidificação do patriarcado, com o intuito de oprimir,

---

7 > Ibid.
8 > Boaventura Santos, R Grosfoguel, op. cit.
9 > Trata-se de um coletivo de pensadores críticos, instituído na América Latina durante a primeira década do séc. XXI. Com efeito, suas obras pautaram-se em refletir sobre os efeitos da colonização da América e suas respectivas relações de poder, estabelecidas em 1492, e de que forma seus reflexos atuaram e atuam na forma como vivemos hoje.
10 > A teoria decolonial propõe epistemologias que valorizem os saberes dos grupos locais, originários, com ênfase na realidade e complexidade latino-americana. Os saberes decoloniais buscam produzir formas de conhecimento que não sigam a lógica da colonialidade.
11 > Silvia Federici, op. cit.

silenciar, objetificar e por fim desumanizar as mulheres, reduzindo-as a uma função reprodutora não paga e desvalorizada.

O que esses dois pensadores guardam em comum é principalmente a crença de que a violência em face de alguns povos e gêneros e o consequente genocídio e epistemicídio[12] dos mesmos e seus saberes tenha tido início nos primeiros contatos dos povos originários com os colonizadores europeus, perdurando até os dias atuais.

A partir da leitura do artigo "A estrutura do conhecimento nas universidades ocidentalizadas: racismo/sexismo epistêmico e os quatro genocídios/epistemicídios do longo século XVI" podemos concluir que Ramón Grosfoguel tem como objetivo principal a crítica ao pensamento hegemônico dos homens ocidentais, os quais, por meio de imposições, na maioria das vezes violentas, sobrepõem a sua verdade a qualquer outra, de forma a promover o extermínio de diversos povos e gêneros que se mostrem resistentes aos seus moldes de adequação.

Desta forma, o texto discute sobre como o sexismo e o racismo epistêmico são uma problemática contemporânea e como esse discurso é sustentado por um pensamento hegemônico de homens ocidentais e brancos, em uma lógica ocidental capitalista. Nesse intuito, expõe a ocorrência de quatro epistemicídios, acometidos ao longo da história contra os povos muçulmanos e judeus, indígenas, negros e as mulheres. Estes epistemicídios, conforme conceitua Boaventura de Sousa Santos,[13] são caracterizados como os genocídios para além dos corpos físicos, são o extermínio de maneiras brutais e violentas dos saberes e culturas.

Ademais, Grosfoguel, considera importante trazer para o debate a crítica de Dussel[14] à filosofia cartesiana, segundo a qual foi possível embasar a tentativa de universalização dos povos e dos saberes.

Ainda nesse sentido, a filosofia cartesiana tem como característica estrutural a universalidade, a construção da verdade e a "neutralidade", baseando-se no que acreditou ser o mais próximo à visão de Deus. Desta forma, a diretriz do conhecimento carrega duas concepções primordiais, sendo a primeira o dualismo ontológico em que se discute sobre diferença inerente ao corpo e a substância da mente, em que é possível assimilar a mente como uma substância próxima ao Deus cristão e, assim, produzir o conhecimento equivalente ao do "Olho de Deus". Por outro lado, a segunda concepção é epistemológica, na qual o celibato é o método a se obter o monólogo entre o sujeito e ele próprio, e é a partir desse monólogo

---

12 > Conceito formulado por Boaventura de Sousa Santos (2010) preleciona que, para além do Genocídio, o epistemicídio seria o extermínio de todos os saberes e formas de conhecimento de um povo ou raça.
13 > Boaventura Santos, Ramón Grosfoguel, op. cit.
14 > Enrique Dussel. *Filosofia da libertação: crítica à ideologia da exclusão*. São Paulo: Paulus, 2005.

que se produziria o saber, questionado a si mesmo até que houvesse respostas e construção do conhecimento.

Como consequência, a filosofia cartesiana ganhou corpo mundialmente, produzindo uma linha de pensamento em que se concentrava a ideia do "sujeito universal" e de uma ciência neutra, que contribuiu para que o único conhecimento válido e prestigiado fosse aquele produzido pelo sujeito colonizador.

Noutro giro, Dussel coloca a célebre frase "penso, logo existo" como equivalente a "conquisto, logo existo", em que o Ser Imperial se coloca como centro do mundo, por acreditar já tê-lo conquistado.

Por conseguinte, com a conquista dos territórios por todo o mundo, a Europa compreende ter alcançado às propriedades "divinas", o que propiciou a elaboração da conquista do privilégio epistemológico sobre todos os outros. Há ainda uma conexão entre o "penso, logo existo" com o que Dussel caracterizou como sendo o "extermino, logo existo", ligado ao sexismo/racismo epistêmico.

Cabe ainda ressaltar quais foram os quatro genocídios epistemológicos que ocorreram ao longo do século XVI:

1. contra os muçulmanos e judeus na conquista de Al-Andalus em nome da "pureza do sangue";

2. contra os povos indígenas do continente americano, primeiro, e, depois, contra os aborígenes na Ásia;

3. contra os africanos aprisionados em seu território e, posteriormente, escravizados no continente americano; e

4. contra as mulheres que praticavam e transmitiam o conhecimento indo-europeu na Europa, que foram queimadas vivas sob a acusação de serem bruxas.[15]

No que se refere ao primeiro epistemicídio – cometido contra os muçulmanos e judeus –, a conquista de Al-Andalus teve como pano de fundo a narrativa de purificação do sangue. Nesse contexto, a monarquia espanhola se dispôs ao extermínio dos povos muçulmanos e judeus que ali habitavam, restando-lhes a opção de conversão ao cristianismo ou morte.

---

15 > Boaventura Santos, R. Grosfoguel, op. cit, p. 31.

É importante pontuar que a ideia de purificação do sangue trazia consigo uma reprovação aos saberes epistemológicos daqueles povos, considerando-os com seguidores de uma religião equivocada, um Deus equivocado.

Nas palavras de Grosfoguel: "O 'racismo religioso' ('povos com religião' versus 'povos sem religião' ou 'povos com alma' versus 'povos sem alma') foi o primeiro elemento racista do sistema-mundo patriarcal, eurocêntrico, cristão, moderno e colonialista".[16]

Ademais, há que se ressaltar que o discurso de pureza do sangue tomou novo rumo de atuação, agora não mais para garantir a perda da ancestralidade muçulmana e judia, mas também a desumanização desses povos que, por serem julgados sem religião, se traduziam como povos sem alma – logo, não humanos, e que portanto poderiam ser escravizados e exterminados.

No que tange ao segundo epistemicídio, ocorrido em face dos povos indígenas, podemos constatar sua evidência nas Américas ao verificar que tiveram seus conhecimentos em registros queimados como forma de conquista e foram forçados ao abandono de suas crenças religiosas em face de uma evangelização forçada. Com a conquista das terras americanas, foi posta em discussão uma nova perspectiva para a visão do mundo colonial, em que, para além do religioso, destaca-se a questão da raça.

Nesse viés, sob a falsa afirmativa de serem os povos indígenas povos sem religião, validou-se a ideia de que eram povos sem humanidade, já que para a visão cristã à época a religião seria característica inerente aos seres humanos. Desta forma, o projeto de colonização passa a ser, além de territorial, também cultural e racializado. Observa-se, nesse ínterim, o primeiro debate racista biológico e cultural e a primeira identidade indígena criada na Modernidade.

Com toda a discussão sobre se os povos indígenas possuíam ou não alma, se era pecado ou não os escravizar, a conclusão a que se chegou foi a de que eram povos bárbaros e que deveriam ser cristianizados e não escravizados.

O terceiro epistemicídio ocorreu com os negros. Compreendidos pelos colonizadores do século XVI como muçulmanos, tiveram a racialização contra os muçulmanos estendida a eles, o que justificou seu sequestro massivo e sua escravização.

Como nos dois primeiros relatos, o epistemicídio dos povos negros é nítido ao passo em que ao chegarem às colônias foram proibidos de expressar ou manifestar qualquer pensamento ou religiosidade pertencente a sua etnia, tendo sob justificativa a inferioridade epistêmica que seria consequente de uma inferioridade biológica.

Ao final, no que se refere ao quarto epistemicídio, em face das mulheres, também emergiu no século XVI, época em que os saberes femininos eram transmitidos para os

---

16 > Boaventura Santos, R Grosfoguel, op. cit, p. 36.

descendentes pela via da oralidade, se fez necessário o extermínio desses corpos, para que todo o conhecimento ali existente fosse exterminado. Essas mulheres eram detentoras de diversos saberes ancestrais, e se valiam de sua utilização em diversas áreas, como astrologia, medicina, biologia, ética, entre outras, desempenhando assim papéis fundamentais nas comunidades em que viviam, assim como o estabelecimento de organizações coletivas, políticas e econômicas.

Cabe ressaltar que a repressão dessas mulheres teve início na baixa Idade Média e consolidou-se nos séculos *XVI* e *XVII* com o advento das estruturas modernas, coloniais, capitalistas e patriarcais de poder. Por conseguinte, o extermínio dos saberes dessas mulheres tinha como principal objetivo proteger e promover os ideários aristocratas emergentes, compostos pela nova classe capitalista nas colônias e nos países europeus.

Nesse mesmo sentido, Federici[17] demonstra em seu livro *Calibã e a bruxa: mulheres, corpo e acumulação primitiva* que a autonomia das mulheres foi reprimida na sociedade à medida que o sistema capitalista avançou como sistema econômico na Europa. A justificativa para essa repressão foi a perseguição aos hereges, grupo em que se encaixavam as mulheres com mais autonomia sobre seus corpos e sua sexualidade, que eram usuárias da medicina alternativa e tinham opções de trabalho fora das casas, contando com uma rede de apoio comunitária. A autora afirma que ainda nessa época é possível que tenha existido também uma tentativa de controle medieval da natalidade.

Dessa forma, a partir de uma função política muito forte, o Clero se incumbiu de monitorar a sexualidade feminina através da imposição de regras de condutas rígidas que prescreviam as roupas, os "modos", os comportamentos públicos e até mesmo as práticas sexuais permitidas, como as posições e a frequência, perseguindo aquelas que se atreviam a sair da norma.

Nesse viés, com a proximidade entre o Clero e o Estado, rapidamente essas normas passaram a ser códigos e, em seguida, leis, com a sexualidade feminina passando a ser completamente politizada na época feudal.

Ressalta-se ainda que, posteriormente, outras ações que ampliavam a hostilidade em face das mulheres foram incentivadas, como a descriminalização do estupro de mulheres de classes baixas na França no século *XV*, a difusão do estupro coletivo de mulheres proletárias e sua posterior culpabilização, gerando como consequência o aumento da prostituição como forma de sobrevivência e resistência ao ostracismo e à misoginia que chegou a todas as classes e preparou o terreno para a caça às bruxas.

---

17 > Silvia Federici, op. cit.

Para Federici, a exploração das mulheres preparou o sistema para o avanço do capitalismo, substituindo a relação explícita de servidão pela expropriação do trabalho proletário e do trabalho feminino, seja em relação aos postos de trabalho ou à não remuneração do trabalho doméstico ou reprodutivo. Assim, a importância econômica da reprodução da força de trabalho realizada no âmbito doméstico e sua função na acumulação do capital se tornaram invisíveis, sendo mistificadas como uma vocação natural e designadas como "trabalho de mulheres". Além disso, as mulheres foram excluídas de muitas ocupações assalariadas e, quando trabalhavam em troca de pagamento, ganhavam valor consideravelmente inferior se comparado ao salário masculino médio.

> Essas mudanças históricas – que tiveram um auge no século *XIX* com a criação da figura da dona de casa em tempo integral – redefiniram a posição das mulheres na sociedade e com relação aos homens. A divisão sexual do trabalho que emergiu daí não apenas sujeitou as mulheres ao trabalho reprodutivo, mas também aumentou sua dependência, permitindo que o Estado e os empregadores usassem o salário masculino como instrumento para comandar o trabalho das mulheres. Dessa forma, a separação efetuada entre produção de mercadorias e a reprodução da força de trabalho também tornou possível o desenvolvimento de um uso especificamente capitalista do salário e dos mercados como meios para a acumulação de trabalho não remunerado.[18]

Assim, um dos grandes motivos para o controle do trabalho e da sexualidade feminina se tornar uma necessidade foi o controle da reprodução por parte do Estado, que, segundo a historiadora, começou a ocorrer depois de uma crise populacional na Europa entre os séculos *XVI* e *XVII*. Foi então que o corpo passou a ser matéria de Estado, bem como o sexo, a natalidade e a medicina. Para Foucault,[19] o poder disciplinar exerce sua prática de controle da vida justamente através da disciplina dos corpos e controle da vida:

> A velha potência da morte em que se simbolizava o poder soberano é agora, cuidadosamente, recoberta pela administração dos corpos e pela gestão calculista da vida. Desenvolvimento rápido, no decorrer da época clássica, das disciplinas diversas – escolas, colégios, casernas, ateliês; aparecimento, também, no terreno das práticas políticas e observações econômicas, dos problemas de natalidade, longevidade, saúde pública, habitação e migração; explosão, portanto, de técnicas diversas e numerosas

---

18 > Silvia Federici, op. cit, pp. 145-146.
19 > Michel Foucault, *História da sexualidade I: a vontade de saber*, trad. bras de M. T. C. Albuquerque & J. A. G. Albuquerque. Rio de Janeiro: Edições Graal, 2007.

para obterem a sujeição dos corpos e o controle das populações. Abre-se, assim, a era de um "biopoder".[20]

Nessa época foi incentivada uma política reprodutiva capitalista, em que a família ganhou uma importância central para assegurar a transmissão da propriedade privada entre os seus, com o objetivo de aumentar a força de trabalho. Esse processo gerou uma "guerra contra as mulheres" para tomar o controle de seus corpos e de sua capacidade reprodutiva, proibindo o aborto e o controle da natalidade, incentivando que as mulheres se dedicassem exclusivamente ao cuidado dos filhos, garantindo, ainda, que não ocupassem postos de trabalho fora de casa, sendo guardadas no âmbito doméstico para garantirem a legitimidade da paternidade para transmissão da propriedade privada.

É também nesse cenário que começa a "criminalização do controle das mulheres sobre a procriação" através da intensificação das formas de vigilância das grávidas para que não interrompessem a gravidez, priorizando a vida da criança em detrimento da vida da mãe em casos de complicações no parto, assim como punindo mães que perdessem os filhos, ainda que de forma não intencional. Foi também nesse momento histórico que houve massiva retirada das parteiras das salas de parto, sendo substituídas por um médico, com o objetivo de garantir ainda mais controle. Federici nomeou esse processo de "escravização das mulheres à procriação", afirmando que "o corpo feminino foi transformado em instrumento para a reprodução do trabalho e para a expansão da força de trabalho, tratado como uma máquina natural de criação, funcionando de acordo com ritmos que estavam fora do controle das mulheres".[21]

Nessa mesma época, intensifica-se a desvalorização do trabalho feminino e o trabalho doméstico passa a não ter reconhecimento e a ser considerado "não trabalho", mesmo quando voltado ao mercado. Elas passam a receber remunerações muito mais baixas pelo mesmo serviço e o casamento passa a ser visto como uma carreira, considerando que o sistema econômico as pressionava à completa dependência.

Dessa forma, a divisão sexual do trabalho tem origem, portanto, não em uma separação por conveniência das mulheres que naturalmente são responsáveis pela maternidade, mas sim pelo sistema de poder que relega a elas o trabalho escravo de cuidado do lar e da reprodução. Segundo Carole Pateman, uma das origens dessa ideia da função da mulher vem da criação do que denominou como "contrato sexual", assim, "a gênese da família

---

20 > Ibid., p. 153.
21 > Silvia Federici, op. cit, p. 178.

(patriarcal) é frequentemente entendida como sinônimo da origem da vida social propriamente dita, e tanto a origem do patriarcado quanto a da sociedade é tratada como sendo o mesmo processo".²²

De acordo com a autora, a origem das histórias hipotéticas do surgimento do patriarcado se confunde comumente com as histórias de origem da sociedade humana ou da civilização, estas últimas compartilhadas tanto por teóricos clássicos do contrato quanto por psicanalistas como Freud em Totem e tabu.²³

O patriarcado moderno e a dominação dos homens sobre as mulheres são estabelecidos pelo contrato sexual, sistematicamente recalcado no contrato político original. A suposta liberdade individual seria, na verdade, uma ficção política da origem dos direitos que, no fim, garantem a perpetuação das relações de dominação e subordinação.

Nesse sentido, [a] dominação dos homens sobre as mulheres e o direito de acesso sexual regular a elas estão em questão na formulação do pacto original. O contrato social é uma história de liberdade, o contrato sexual é uma história de sujeição. O contrato original cria ambas, a liberdade e a dominação. A liberdade do homem e a sujeição da mulher derivam do contrato original, e o sentido de liberdade civil não pode ser compreendido sem a metade perdida da história, que revela como o direito patriarcal dos homens sobre as mulheres é criado pelo contrato.²⁴

Mesmo não entrando no mérito de defender ou não o contratualismo, é interessante trazer Pateman para o debate, pois a teoria freudiana sobre a origem da sociedade expressa em Totem e tabu parece partir dos mesmos pressupostos do contrato originário, como veremos adiante. Para justificar o uso desse conceito criticado por muitos autores, Pateman afirma que o 'patriarcado refere-se a uma forma de poder político, mas, apesar de os teóricos políticos terem gastado muito tempo discutindo a respeito da legitimidade e dos fundamentos de formas de poder político, o modelo patriarcal foi quase que totalmente ignorado no século XX".²⁵

A partir desse momento, então, o modelo de mulher demoníaca e bruxa é substituído pelo da 'mulher esposa ideal – passiva, obediente, parcimoniosa, casta, de poucas palavras e sempre ocupada com suas tarefas".²⁶ A imagem de mulheres 'domesticadas", em oposição às 'insubordinadas", de 'língua afiada" e 'resmungonas",²⁷ foi retratada na arte moral da

---

22 > Carole Pateman, *O contrato sexual*, trad. bras de M. Avancini. Rio de Janeiro: Paz e Terra, 1993, p. 43.
23 > Sigmund Freud, Totem e tabu. In *Obras completas*, v. 11: Contribuição à história do movimento psicanalítico e outros textos, trad. bras. P. C. Souza. São Paulo: Companhia das Letras, 2013.
24 > Carole Pateman, op. cit. pp. 16-17.
25 > Carole Pateman, op. cit. p. 38.
26 > Silvia Federici, op. cit. p. 205.
27 > Silvia Federici, op. cit, pp. 199-201.

época, estando as protagonistas representadas como aquelas que deveriam ser motivo de chacota e punidas. Assim se construiu e incentivou a ideologia da divisão sexual do trabalho, delimitando a imagem das boas mulheres e boas mães, suas funções e ideais de conduta.

Todos esses novos dados são extremamente alarmantes, assim como a similaridade desses comportamentos com os que se reproduzem contemporaneamente, em especial no que tange ao controle da sexualidade feminina, ao mito do amor materno e à ideologia que sustenta a figura da "dona de casa" como aquela destinada à reprodução e ao cuidado doméstico não remunerado. Portanto, não podemos evitar concordar com as teses de Federici quando não estamos totalmente imersos no sistema e continuamos acreditando em ideais de neutralidade, universalidade e amor romântico.

O processo descrito pela autora gerou uma mudança de legislação que infantiliza as mulheres. Em alguns locais elas passam a ser excluídas dos negócios familiares, seus salários, se ganham, precisam ser entregues aos maridos, além de haver outras questões, como os castigos voltados à prostituição, mas somente para as mulheres envolvidas, tornando-as vulneráveis à delação dos homens, assim como as viúvas que passam a necessitar de um tutor para gerenciar seus bens, sendo desaconselhadas a se encontrarem com grupos de mulheres e até proibidas de morarem com outras mulheres.

Todas essas iniciativas que contribuíram para a degradação das mulheres no âmbito social e econômico foram incentivadas e justificadas pela "caça às bruxas", que "destruiu todo um universo de práticas femininas, relações coletivas e sistemas de conhecimento que haviam sido a base do poder das mulheres na Europa pré-capitalista".[28]

Tudo isso, além de produzir marcas irrevogáveis em seu senso de possibilidades e mecanismos psíquicos, foi uma derrota histórica para as mulheres, e teve consequências que perduram até os dias atuais no que tange à representação social da mulher e da mãe e ao seu papel na economia e na esfera social.

Por conseguinte, o uso de justificativas para a degradação da imagem das mulheres que ousam não se deixar "domar"/ "dominar", acusando-as de serem "putas", "vagabundas", "feiticeiras" ou "bruxas" ainda acontece tanto nos meios acadêmicos e empresariais – com as velhas acusações do uso do erótico para conseguir favores – quanto nos meios religiosos, através das inacreditáveis acusações de uso de feitiços para obrigar homens a saírem dos seus caminhos.

Além disso, há a constante pressão sobre as mulheres para que se casem e se tornem boas mães, perpetuando a tradicional função reprodutiva e do trabalho doméstico não pago,

---

28 > Silvia Federici, op. cit, p. 205.

mas extremamente necessário para o sistema, que se esconde e se perpetua no mito do amor materno incondicional.

A partir dessa crítica mais ampla realizada pelas autoras Federici e Pateman, é possível compreender a relação de poder motivada pela economia, a política relacionada à maternidade e o abismo de deslocamento entre o ideal de mãe e o que as mulheres sentem, vivem e são submetidas nesta função social histórica da reprodução.

Essa complexa e antiga relação de poder não só é transmitida para os filhos na forma de expectativas ideais narcísicas, mas também é constituída com o lugar da mulher sendo instaurado como aquele que não se deve desejar, fazendo marca na constituição psíquica da criança por meio do processo de reconhecimento, com diferentes consequências para meninos e meninas.

Para além desse momento, podemos dizer que o processo é reforçado e reeditado ao longo do crescimento dessas crianças, que se tornaram adolescentes e adultos vivendo dia após dia as consequências das pressões sociais para se encaixarem em padrões e se submeterem ao que o sistema espera delas como boas mulheres, bons homens, bons trabalhadores e – se não estivermos bem advertidos das relações de poder que influenciam a construção de tudo, inclusive das nossas teorias – bons analisandos.

Noutro giro, o que nos leva a refletir sobre a existência de uma relação entre o texto de Grosfoguel e Federici é principalmente a consolidação da ideia de que existiu, sim, um epistemicídio em face das mulheres – apesar de sua ocorrência não ser um consenso entre os doutrinadores –, conforme retratado por Grosfoguel, que se traduziu inicialmente na forma de "caça às bruxas".

Assim, o que se pretende com esta resenha é que o leitor consiga associar a ideia da existência de um epistemicídio em face das mulheres, a partir da leitura do texto de Grosfoguel, com a forma com que ele ocorreu e que se estende para muito além da caça às bruxas, de acordo com ideias extraídas da leitura da obra de Federici, *O calibã e a bruxa: mulheres, corpo e acumulação primitiva*,[29] sendo também marcado pelo advento do sistema capitalista.

Por outro lado, é importante pontuar a reverberação ainda atual das mais variadas formas de epistemicídio. Acreditamos que grande parte das mulheres tem ao menos um relato de que se sentiu impotente e desvalorizada por estar diante de homens, principalmente brancos, e de terem sido silenciadas, com suas capacidades cognitivas questionadas e suas histórias e afetividades postas em xeque pelo simples fato de serem mulheres.

Após a leitura da carta de Gloria Anzaldúa,[30] deparamo-nos com toda a dificuldade de nos permitir gastar a tinta de nossas canetas. Mesmo ainda estando em lugar de privilégio

---

29 > Silvia Federici, op. cit.
30 > Glória E. Anzaldúa, op. cit. pp. 229-236.

enquanto mulheres brancas latino-americanas, compreendemos a importância de não fazer história apenas com nossos corpos, mas também com nossas letras, considerando que ainda hoje vemos nossos corpos serem queimados de diversas formas. O registro de nossos saberes e afetividades são mecanismos de um início de se fazer existir na história, em que mulheres falam sobre mulheres e sobre o que mais quiserem falar.

Ademais, recomendamos a leitura das obras citadas a todos que se sintam abertos a enxergar a sociedade e a história de maneira diferente da que nos foi ensinada, sendo então contada por seus verdadeiros donos, que ao longo do tempo viram terceiros contarem a si próprios como tudo aconteceu. Recomendamos ainda a todos os estudiosos do período colonial, interessados em estudos feministas, pós-modernos e estudiosos e críticos da teoria capitalista.

> bispo, fábio[1] • peixoto, herlam[2] • scaramussa, melissa[3] <.> violência masculina – uma leitura clínica da constituição histórica e subjetiva da masculinidade <

> É divertido que, depois de setenta anos de psicanálise, ainda não se tenha formulado nada sobre o que é o homem. Refiro-me ao vir, ao sexo masculino.[4]

Este artigo é resultado de um trabalho de estudos proposto como um dos eixos da pesquisa "Narrativas sobre a morte violenta: análises teóricas e clínicas de orientação psicanalítica",[5] em diálogo com os estudos sobre decolonização, organizados pelo Núcleo de Psicanálise e Laço Social no Contemporâneo (PSILACS) – UFMG. Podemos citar algumas confluências que nos levaram a estabelecer esse recorte, no sentido de buscar as contribuições psicanalíticas para uma crítica e uma clínica das violências vinculadas à masculinidade.

a) Um primeiro ponto é a própria constatação de que as principais vítimas de mortes violentas, no contexto brasileiro, são homens jovens e negros moradores de periferia. Em outros trabalhos, temos nos debruçado sobre o determinante racial, através da noção de genocídio articulada às necropolíticas contemporâneas.[6] Aqui sugerimos que os ideais de

---

1 > Professor do Departamento de Psicologia e do Programa de Pós-Graduação em Psicologia Institucional da Universidade Federal do Espírito Santo, integrante dos grupos de pesquisa Psicanálise: clínica e laço social (UFES), PSILACS (UFMG) e do coletivo Ocupação Psicanalítica.
2 > Psicólogo pela UFMG, Especialização em Gestão em Saúde ENSP/Fiocruz e Mestrado em Saúde Coletiva, UFES.
3 > Psicóloga, mestranda do Programa de Pós-Graduação em Psicologia Institucional da Universidade Federal do Espírito Santo.
4 > Jacques Lacan. *O seminário, livro 16: De um Outro ao outro* (1968-1969). Rio de Janeiro: Jorge Zahar Editor, 2008, p. 382.
5 > Financiada por meio do EDITAL CNPq/FAPES N. 22/2018 – PROGRAMA PRIMEIROS PROJETOS – PPP.
6 > Fábio Bispo, Nayara Francisco e Beatriz da Silva, "Genocídio de jovens negros no Brasil: há saídas de um beco sem saída?" In Fábio Bispo, Andréa Guerra, Jaqueline Moreira e Fídias Siqueira (Orgs.), *Cicatrizes da escravização: psicanálise em diálogo*, no prelo.

virilidade e masculinidade impactam na constituição de subjetividades violentas sustentando, por exemplo, a perpetuação das guerras relacionadas ao tráfico,[7] que se constituem num verdadeiro "sistema de vida",[8] de modo que principalmente jovens negros acabam se lançando na linha de frente de uma batalha funesta.

b) Um segundo ponto diz respeito à nossa colaboração com um serviço de atenção a pessoas em situação de violência (SASVV) do município de Vitória, no Espírito Santo, por meio de um projeto de extensão. Como o foco principal é a violência sexual, constatamos que a maior parte dos violadores são homens, muitas vezes pertencentes ao próprio núcleo familiar da vítima.

c) Também em um projeto de estágio em clínica psicanalítica, realizado na clínica-escola do Curso de Psicologia da UFES, atendemos em 2019 uma série de casos nos quais a relação das pacientes com uma figura masculina mais ou menos violenta e ameaçadora tomava a cena. Embora nem sempre as queixas iniciais estivessem relacionadas ao sofrimento advindo da violência, o desdobramento da análise acabava por trazê-lo à tona. Como a trajetória de uma das autoras deste artigo, que também participava do estágio, já trazia consigo um interesse por essa temática, a experiência acabou impulsionando uma pesquisa de mestrado que indaga acerca dos aspectos clínicos e políticos da relação entre violência e masculinidade.

d) Um dos autores, vinculado ao Judiciário capixaba, desenvolve atividades de atenção ao público em situação de violência doméstica e familiar, sustentando também um trabalho de escuta e intervenção com homens violadores, autores de violência doméstica, deparando-se constantemente com certa aderência rígida a uma hetenormatividade como determinante para trajetórias de violências contra mulheres. Neste contexto, violência compreendida na perspectiva jurídica da Lei Maria da Penha, que ocorre nas relações íntimas de afeto motivadas por iniquidades de gênero, remetendo ao aspecto estritamente relacional da violência, "violência por parceiros íntimos", conforme conceituado pela Organização Mundial de Saúde,[9] perfazendo modalidades, arranjos de relações sintomáticas, doentias e/ou mortíferas (feminicídio, enquanto topo de consequência). Trata-se de uma prática jurídica que busca uma atuação para além dos aspectos punitivos penalistas da Lei, das dicotomias agressor/vítima, requerente/requerido, culpado/inocente. A ideia é construir estratégias de cuidado, individual e coletivas, para as pessoas nesse cenário de violência, em especial dispositivos de escuta para homens que possibilitem manifestações discursivas reflexivas que

---

[7] > Rafael Lacerda Silveira Rocha. *Vinganças, guerras e retaliações: um estudo sobre o conteúdo moral dos homicídios de caráter retaliatório nas periferias de Belo Horizonte*. Belo Horizonte: Fafich-UFMG, 2017. Tese de doutorado.

[8] > Aline S. Martins, Andréa M. C. Guerra e Luiz G. G. Canuto, "A guerra do tráfico como sistema de vida para adolescentes autores de ato infracional", *Cultures-Kairós* [En ligne], paru dans *Les numéros*, 2015.

[9] > Organização Mundial de Saúde, *Relatório Mundial sobre a Prevenção da Violência 2014*, São Paulo: Núcleo de Estudos da Violência da USP, 2015.

favoreçam a desconstrução dos padrões rígidos de masculinidade e de gênero associados à violência, produções possíveis de subjetividade nos relacionamentos, que superem a violência como resposta para a resolução de conflitos, outras formas de "parecer-homem"[10] que façam vacilar os semblantes.

Esse conjunto de experiências encontra, nos estudos sobre o colonialismo, uma importante interlocução, na medida em que a violência é uma de suas heranças mais funestas. Castañola destaca que a sujeição subjetiva e enunciativa colonial apresenta-se sob diferentes formas, como colonialidade do poder, do saber, do ser e do gênero.[11] Todas essas formas estão implicadas no modo como concebemos a violência masculina, não apenas como uma relação de poder, mas também como formações subjetivas e fantasmáticas que marcam um modo de gozo e interrogam a psicanálise como teoria e dispositivo clínico.

Ao escrever "Pele negra, máscaras brancas", Frantz Fanon – um dos autores que funda a crítica ao colonialismo como uma violência subjetiva – faz questão de situar seu trabalho como um estudo clínico. Apesar de evocar a noção de sociogenia, vale-se da psicanálise justamente para insistir em situar as formas históricas de dominação no laço social como constitutivas da subjetividade. Almeja, segundo suas palavras, levar negros e brancos "à sacudir energicamente o lamentável uniforme tecido durante séculos de incompreensão".[12] Dá-nos, pois, uma pista de como a clínica estará sempre atravessada pela dimensão social, e, mais ainda, como a crítica social também pode se constituir como um trabalho clínico que se debruça sobre aquilo que, por séculos, não cessa de não se escrever.

Lélia Gonzalez aponta, ao lado do racismo, também o sexismo como uma forma de colonização do outro que se naturaliza na cultura brasileira. Assim como Fanon, busca demarcar os efeitos do racismo e do sexismo não apenas naquelas que sofrem a dupla violência, as mulheres negras, mas também na subjetividade violentadora que é assim constituída. Ao evocar uma crítica ou "reinterpretação da teoria do 'lugar natural' de Aristóteles",[13] ela busca colocar em questão justamente a posição dominante, que se pretende a-histórica e universal.

É nesse sentido que, para abordarmos a questão inspirados por essa lógica decolonial, será preciso primeiramente situar histórica e estruturalmente a perspectiva com a qual a psicanálise dialoga. Ao circunscrever o complexo de Édipo como uma estrutura universal

---

10 > Maíra Moreira, "Fazer-se o homem por entrar-se entre seus semelhantes". In Hugo Bento (Org.), *Parecer-homem: semblantes, juventude e criminalidade*. Rio de Janeiro: Gramma, 2018. pp. 3-33.

11 > María Amélia Castañola, "Psicoanálisis y decolonialidad. Un paso más". In María Amélia Castañola y Maurício G. González (Orgs.), *Decolonialidad y psicoanálisis*. Ciudad de México: Ediciones Navarra, 2017, pp. 77-84.

12 > Frantz Fanon, *Pele negra, máscaras brancas*, trad. bras. de Renato da Silveira. Salvador: EDUFBA, 2008, p. 29.

13 > Lélia Gonzalez, "Racismo e sexismo na cultura brasileira". In Flávia Rios e Márcia Lima (Orgs.), *Por um feminismo afro-latino-americano*. Rio de Janeiro: Zahar, 2020, p. 84.

que determina a sexuação, a psicanálise é muitas vezes acusada de trabalhar em prol do encobrimento do caráter violento e arbitrário das relações de dominação. Não podemos negar que essa tentação do "lugar natural" ou da reificação das posições masculinas e femininas sempre seduziu os psicanalistas. Veremos, contudo, que Freud dá bastante ênfase ao caráter violento e traumático da incidência da norma edípica na subjetividade, situando a clínica mais como um espaço de superação de seus efeitos do que de encobrimento de suas origens.

Ao abordar a relação entre violência e masculinidade, também nos vemos diante do paradoxo entre o caráter ubíquo e quase atemporal da violência masculina e sua contextualização histórico-social. Bourdieu evoca a noção de "eternização do arbitrário" para referir-se aos "mecanismos históricos que são responsáveis pela des-historicização e pela eternização das estruturas da divisão sexual", pois se constata que "as relações entre os sexos se transformaram menos do que uma observação superficial poderia fazer crer".[14] Podemos supor que, em psicanálise, muitas vezes corremos o risco de confundir o caráter necessário e coercitivo das estruturas subjetivas com algo que transcende a história. É por isso que a clínica se ocupa de uma espécie de historicização,[15] que visa confrontar o sujeito com a contingência do seu desejo.

breve historicização do masculino

Mais de quarenta anos se passaram e a frase apresentada na epígrafe deste artigo é citada em muitos escritos psicanalíticos atuais acerca da masculinidade. O que fica passível de entender é que, ainda hoje, essa temática mostra-se, apesar de pertinente, extremamente densa e complexa, desbravada com todas as suas contradições e polêmicas. Em tempos de declínio da função paterna e explosão feminista, novas formas de masculinidade podem ser vivenciadas,[16] o que causa confusão, desconforto e medo. Essas novas masculinidades têm posto em xeque o que é ser homem, questionado o ideal de masculinidade conservador, pedido explicações acerca dessa categoria e apresentado novas possibilidades de ser e existir enquanto tal.

---

14 > Pierre Bourdieu, *A dominação masculina*, trad. bras. de Maria Helena Kühner, 11. ed. Rio de Janeiro: Bertrand Brasil, 2012, p. 5.

15 > Ver Jacques Lacan, "Prefácio à edição inglesa do Seminário 11". In J. Lacan, *Outros escritos*. Rio de Janeiro, JZE, 2003, pp. 567-569. Nesse texto, Lacan funde as palavras histeria e história para falar do inconsciente como uma estrutura histórica que deve se destacar no final de análise. Desde 1953, Lacan já acentuava que as operações da psicanálise "são as da história, no que ela constitui como a emergência da verdade no real" e que o seu campo "é o do discurso concreto, como campo da realidade transindividual do sujeito". Jacques Lacan, "Função e campo da fala e da linguagem em psicanálise, In J. Lacan, Escritos. Rio de Janeiro: JZE, 1998, p. 259. Será que não é essa também uma maneira de destacar, mais ou menos na mesma época que Fanon, em 1952, o que este chama de sociogenia, ou seja, a recuperação de uma história que não é apenas filo ou ontogenética, mas que introduz o Outro social como discurso que estrutura a subjetividade? F. Fanon, op. cit., p. 28.

16 > Ver Mariana Pombo, "Crise do patriarcado e função paterna: um debate atual na psicanálise", *Psicologia Clínica*, v. 30, n. 3, 2018, pp. 447-470.

É comum observarmos uma grande quantidade de trabalhos psicanalíticos que buscam compreender o feminino, mas o mesmo não é observado em relação ao masculino – um fato curioso, na medida em que a psicanálise é um campo de saber já consolidado, com vasta e válida produção teórica para abarcar a experiência subjetiva. Ainda assim, por algum motivo, o masculino não é tomado como questão tão relevante quanto o feminino. Seriam os homens menos complexos? Seriam as mulheres mais enigmáticas? De fato, por possuir uma gênese patriarcal e ser atravessado pelo colonialismo do saber, o campo da psicanálise pode ter seguido o fluxo do mundo e considerado as mulheres "o outro sexo", passível muitas vezes de ser patologizado, tomado como objeto de estudo, sem a necessidade de pôr o homem em xeque, como categoria a ser analisada e desnaturalizada. De qualquer forma, atualmente podemos encontrar maior interesse em estudar e discorrer sobre os homens, visto que os estudos de gênero nos convocaram a repensar essas categorias identitárias.

Quando pensamos em homem e masculinidade é comum logo associarmos com virilidade, coragem, agressividade, brutalidade, violência. Quando falamos sobre violência e masculinidade, esbarramos em diversas questões culturais, sociais, políticas, econômicas e psíquicas. É essencial pontuar que, ao destacarmos a recorrência da associação entre as duas categorias, não se trata de recorrer a uma tendência natural e biológica do homem de ser violento. Pelo contrário, a violência surge para a masculinidade como um traço de identificação arbitrário, que não é instituído sem violência. Nessa temática, caímos quase que inevitavelmente na problemática da violência contra a mulher, apesar de o caráter violento da masculinidade não atingir apenas as mulheres – ou as crianças, no caso da violência sexual –, mas também os próprios homens. Embora possa, à primeira vista, parecer injusto dar atenção e espaço para os agressores, é importante destacar que a desconstrução do discurso que os aliena demanda esse trabalho. Se os homens têm sempre o privilégio de tomar a palavra, esse exercício raramente é feito sob a condição em que eles mesmos podem se colocar como objeto. Não deixa de ser, aliás, um traço da própria masculinidade a prerrogativa de não se deixar questionar. O medo desse lugar de interrogação não deixa de se relacionar com o temor da castração, entendida como uma recusa de tudo o que pode denunciar o caráter fictício de um suposto poder fálico. As consequências dessa recusa podem ser mortíferas, resultando não apenas em agressões a esse outro que faz vacilar sua posição masculina, mas também no engajamento em atividades violentas, homicídios e até suicídios.

Há um vasto repertório de comportamentos violentos que inicialmente não são tidos como graves e acabam acarretando tragédias conforme evoluem. Entre eles, podemos citar o fato de homens evitarem falar sobre seus sentimentos ou não conseguirem expressar minimamente suas emoções, o que resulta em comportamento possessivo e controlador com a parceira, abuso psicológico, humilhação, culpabilização, chantagem emocional etc. Não são poucos os casos de feminicídio seguidos por tentativas, mais ou menos efetivas, de suicídio, de modo que é urgente romper com o silenciamento e, como propõe Beatriz da Silva, "Investigar melhor como essas determinações inconscientes da linguagem se articulam com o impacto subjetivo provocado pelos discursos machistas produtores da violência".[17] As representações sobre a masculinidade repercutem ainda em diversas áreas, como na vulnerabilidade às situações de risco para o autocuidado em saúde, ou seja, grande parte do público masculino acredita que doença e cuidar da saúde são sinais de fragilidade, logo os homens não reconhecem o cuidado necessário para sua condição biológica e, portanto, não buscam, como as mulheres, os serviços de saúde.[18]

Tudo nos indica que a masculinidade foi forjada em torno de um ideal viril que se sustenta pela violência, mas historicamente nem sempre foi assim. Ambra aborda a construção do ideal de masculinidade passando por três eixos: a virilidade dos gregos aos francos, o distanciamento da virilidade na era Clássica e a consolidação do mito viril.[19] A masculinidade assumiu diversas formas ao longo dos séculos, todas com características diferentes do que seria considerado "ser viril". Para os gregos, a virilidade era permanecer mestre de seus prazeres, uma condição e um conjunto de comportamentos helênicos de excelência guerreira ou sofística, quase sempre lidos negativamente a partir da desvalorização das mulheres. Já os romanos, que valorizavam a erudição, veem sua virilidade ameaçada pelos bárbaros, pois estes seriam viris por sua íntima relação com a guerra, por suas barbas e também por prezarem a castidade. Para os francos, por muitos séculos, ligava-se à monogamia e ao refreamento sexual. Nesses contextos, às mulheres, era possível transcender o sexo para tornarem-se viris como os homens.

Na era clássica, nos deparamos com um discurso cultural nostálgico que fixava a virilidade no passado. A localização de um ideal viril no passado representa a ideia de que a virilidade teria existido, mas fora perdida. Era agora localizada na simplicidade dos povos primitivos, na valentia e violência dos homens e de uma forma muito precisa em relação ao feminino: por meio da poligamia. Havia o modelo do sexo único, portanto os renascentistas concebiam que a passagem de um sexo para o outro era possível, mas sempre do feminino para o masculino. Temos, neste ponto, que, durante um longo período do pensamento ocidental, ser homem ou mulher era manter uma posição social, um lugar na sociedade, assumir um papel cultural.

Por fim, na consolidação do mito viril há a nítida desvalorização de povos estrangeiros, considerados selvagens, e a superioridade dos europeus baseada em ideias eugenistas

---

17 > Beatriz Oliveira da Silva, "Um estudo psicanalítico sobre o feminicídio", *Anais da Jornada de Iniciação Científica da UFES*, v. 10, 2019, p. 05.
18 > Ministério da Saúde, *Política nacional de atenção integral à saúde do homem: princípios e diretrizes*. Brasília, DF: Editora do Ministério da Saúde, 2009.
19 > Pedro Ambra, *O que é um homem? Psicanálise e história da masculinidade no Ocidente*. São Paulo: Annablume, 2015.

que justificassem a colonização dos ditos povos primitivos. O curioso é que, idealmente, a virilidade seria então vinculada ao desenvolvimento e progresso racionais jamais imaginados e, ao mesmo tempo, construída recordando-se do passado mítico e dos homens que lá prosperaram, os primitivos que teriam vivenciado a verdadeira virilidade por meio de uma violência heroica. O que se produz, nesse sentido, são homens obrigados a reafirmar uma representação de masculinidade idealizada, remetida a um futuro desconhecido, mas também limitada e completamente perdida no passado, fracassando repetidamente.

É importante frisar que essas concepções de virilidade são passíveis de identificação no espaço-tempo a partir de acontecimentos históricos e contingentes, que deram outros rumos ao masculino. São recortes que buscam reconstruir uma época histórica, mas que sempre acabam desfocando aquilo que escapa ao hegemônico e que é, portanto, marginal. O que todas têm em comum, segundo Ambra, é sua constituição a partir da inferioridade da mulher como premissa para a superioridade do homem. É o que o autor chamou de masculinidade pautada pela negatividade do outro sexo. A desvalorização das mulheres se revela mais fácil de sustentar e desenvolver do que a construção de um modelo de virilidade fundado sobre os valores masculinos positivos.

A correlação homem-virilidade-violência é sintoma de um problema geral das sociedades, desde a Pré-história. Segundo Carneiro, a masculinidade, como outras identidades, é historicamente constituída em cada sociedade, mas "em quase todas", acrescenta, "há uma especialização masculina da violência". Em um artigo em que destaca a violência como marca do poder masculino, o historiador ressalta que, apesar da ideia de um matriarcado anterior ao advento das civilizações patriarcais, das referências às antigas deusas mães e da existência de culturas com descendências predominantemente matrilineares, "o domínio patriarcal sobre a narrativa da história foi universal".[20] Ele retoma diversos momentos da história em que os homens sempre foram protagonistas das violências. De toda forma, é possível demarcar matizes que evocam outros predicativos como virtudes associadas ao poder. Se na Ilíada, epopeia que ilustra um tempo de guerra, é a invencibilidade da força bruta de Aquiles que é louvada como principal virtude, na Odisseia, é o caráter ardiloso de Ulisses – uma virtude intelectiva – que o conduz na travessia das intempéries próprias aos tempos de paz. Podemos supor que, com o advento da razão demonstrativa (logos apodeiktikos), no nascimento grego da filosofia ocidental, as virtudes do pensamento, denominadas por Aristóteles de dianoéticas, ganham centralidade para a vida na pólis.[21] É na Modernidade, porém, que a razão passa a constituir-se como principal método de domínio sobre a natureza e, ao mesmo tempo, como projeto político imperialista, que deverá funcionar como justificativa para a

---

20 > Henrique Carneiro, "Violência, a marca do poder masculino", *Outras palavras*, 2013.
21 > Aristóteles, *Ética a Nicômaco*, trad. bras. de Mário Kury, 4. ed. Brasília, DF: Universidade de Brasília, 2001.

colonização de outros povos. Nesse sentido, os traços destacados por Ambra em sua recomposição histórica, a violência e a racionalidade, embora pareçam a princípio se opor, ambos se constituem como estratégia de manutenção não apenas do domínio em relação ao outro sexo, mas também do domínio do outro como estrangeiro. A masculinidade se constitui, pois, como um mito paradoxal que exalta a racionalidade em oposição à violência ao mesmo tempo em que exalta a violência como forma de racionalidade. Essa exaltação pode aparecer de forma implícita, na própria estrutura de competitividade agressiva do capitalismo, ou de forma explícita, como nos discursos de apologia às armas e à violência policial.

Sugerimos que é esse ponto que Freud acaba por encontrar ao circunscrever a constituição edípica do masculino: por um lado, a sujeição das pulsões agressivas implicadas no ódio ao pai e aos ditames dos ideais de racionalidade por ele transmitidos; por outro, uma renúncia sempre malograda à fantasia de herdar desse pai o poder fálico e o direito à violência. Em síntese, a identificação ao pai comporta, simultaneamente, uma identificação com sua imagem idealizada, que transmite uma lei que interdita o gozo (o pai morto), e uma identificação com o lugar de exceção a ele suposto, como alguém cujo gozo não é limitado pela lei. Ser homem é, portanto, ser racional e ardiloso como Ulisses, não cedendo aos impulsos primitivos da violência. Por outro lado, ser homem é permitir-se a violência e não se submeter a nada que limite o gozo. É ser, ao mesmo tempo, a regra e a exceção.

Quando pensamos no contexto brasileiro, é necessário entender também que a constituição da masculinidade ultrapassa as fronteiras do subjetivismo e é fortemente influenciada por determinantes socioeconômicos, culturais e raciais que, de alguma forma, potencializam a associação entre o masculino e a violência. Souza afirma que isso, aliado a uma cultura latina historicamente machista, pode influenciar na maior predisposição do gênero masculino a aderir a laços socialmente produtores de violências, dos quais se coloca como autor e como vítima.[22] Além disso, essa correlação é potencializada por uma socialização ainda bastante conservadora que continua a construir identidades masculinas calcadas em símbolos fálicos e relações de força e de agressividade.

Nesse ponto, podemos evocar uma importante contribuição de Siqueira, que busca resgatar as consequências subjetivas do longo processo de escravização no Brasil.[23] O autor recorre a uma constatação de Angela Davis no sentido de que "o sistema escravista desencorajava a supremacia masculina dos homens negros".[24] Dessa forma, o caráter predominantemente matrilinear e igualitário das condições de vida de homens e mulheres se constituía

---

22 > Edinilsa Ramos de Souza, "Masculinidade e violência no Brasil: contribuições para a reflexão no campo da saúde", *Ciência & Saúde Coletiva*, v. 10, n. 1, 2005, pp. 59-70.

23 > Fídias Gomes Siqueira, *O genocídio da juventude negra brasileira e as trilhas do gozo racista*. Belo Horizonte: Fafich-UFMG, 2021. Tese de doutorado.

24 > Angela Davis, *Mulheres, raça e classe*, trad. bras. de Heci Regina Candiani. São Paulo: Boitempo, 2016, p. 20.

como uma imposição do senhor sobre o escravo, impedindo-o de assumir a paternidade ou um lugar de chefia na família. Se, por um lado, a população negra, segundo Davis, acabou transformando uma opressão sofrida pelo sistema em uma qualidade positiva que mitigava a desigualdade de gênero, por outro lado, isso também parece representar até hoje um bloqueio de acesso a referências fálicas menos violentas para os jovens negros. É o que constata Faustino ao afirmar que "o racismo cria no homem negro um sentimento de emasculação que só seria superado (ou pelo menos amenizado) pelo enfrentamento violento à sociedade hostil".[25] Nesse sentido, adverte que a virilidade do homem negro não pode ser pensada como um valor masculino em si, mas como "um efeito reativo a uma condição de subalternização racial inerentes a sociedades ex-escravistas".[26] É o que também destaca Neuza Souza, propondo que o "mito negro" induz à identificação com estereótipos aparentemente positivos, como uma maior resistência física e potência e desempenho sexuais extraordinários. Segundo a autora "todos esses 'dons' estão associados à 'irracionalidade' e 'primitivismo' do negro em oposição 'à racionalidade' e 'refinamento' do branco".[27] Dessa forma, ao assumir o semblante de racionalidade, a violência masculina se institui como poder ou direito de dominar, mas, quando associada ao negro, não se descola dos traços de animalidade e periculosidade que a relacionarão com o universo da criminalidade.

Nascimento, Gomes e Rebello indicam que, para Bourdieu:

> As relações entre os gêneros são constituídas a partir de uma ordem social em que simbolicamente a dominação masculina pode ser ratificada como um habitus masculino. A legitimação do domínio do masculino sobre o feminino dentro da ideologia de supremacia pode ocorrer por meio do uso da violência, outorgando aos homens, que partilham da visão hegemônica de que a dominação é uma pertença da masculinidade, o direito de usá-la.[28]

Nesse sentido, pode-se dizer que uma masculinidade hegemônica vem sendo construída e moldada ao longo dos tempos, permitindo que ideias predominantes sejam legitimadas e que performances subjetivas sejam fomentadas. É importante apontar, além disso, que o sistema capitalista engendra diversos dispositivos e meios para a sublimação dessa

---

25 > Deivison Faustino (Nkosi), "O pênis sem o falo: algumas reflexões sobre homens negros, masculinidades e racismo" In Eva A. Blay (Org.), *Feminismos e masculinidades: novos caminhos para enfrentar a violência contra a mulher*. São Paulo: Cultura Acadêmica, 2014, p. 97.

26 > Ibid., p. 97.

27 > Neusa Santos Souza, *Tornar-se negro: as vicissitudes da identidade do negro brasileiro em ascensão social*. Rio de Janeiro: Edições Graal, 1983, p. 30.

28 > Elaine Ferreira do Nascimento, Romeu Gomes e Lúcia Emília F. S. Rebello, "Violência é coisa de homem? A 'naturalização' da violência nas falas de homens jovens", *Ciência & Saúde Coletiva*, v. 14, n. 4, 2009, p. 1155.

violência, canalizando-a para o trabalho e para a competição inerente ao sistema produtivo. Constituem-se assim inúmeras formas simbólicas de dominação que se multiplicam e atenuam a demonstração explícita de força. Parece, contudo, que nem as formas alternativas de dominação simbólica, nem os ideais de racionalidade são suficientes para substituir por completo a ancoragem da masculinidade no exercício da força e da violência. É nesse sentido que a violência masculina se constitui como um gozo sempre mal contido pela civilização, muitas vezes tolerado, outras valorizado, mas que sempre pode incidir sobre um sujeito como um jugo insuportável que atinge o outro – os laços amorosos, familiares e comunitários – e destrói o próprio sujeito.

Numa relação entre homens, a dominação pode ceder lugar à rivalidade e à competição. Cecchetto relaciona a masculinidade e a competitividade observando que em vários estudos etnográficos realizados em diversas sociedades é possível observarmos que a dita identidade masculina só é conquistada a partir de rituais, competições e provas.[29] É imposto que a virilidade seja provada a todo custo com demonstrações brutas e violentas (um exemplo brasileiro é o incentivo ao uso de armas de fogo). A constante ameaça a essa identidade e sua necessidade de fazer o resgate da virilidade perdida culminam nesses comportamentos reafirmadores, de forma que o praticante do ato é também, de certo modo, compelido e atingido por essa agressividade. A exorbitante diferença, porém, no destino funesto reservado aos homens negros em relação aos jovens brancos de classe média merece ser pontuada mais uma vez. É essa preocupação que leva Faustino a propor a formulação do "pênis sem o falo"[30] como reflexo da racialização do jovem negro. Enquanto a violência masculina dos homens brancos ancora-se em dispositivos que os protegem, os jovens negros são muitas vezes levados a identificar-se com a dimensão puramente animal e violenta de uma masculinidade primitiva que deve, ela mesma, ser objeto de uma contenção violenta por parte do laço social.

Um exemplo concreto deste fato é a questão do uso de armas de fogo no Brasil. O armamento é utilizado ostensivamente como símbolo de poder para os homens, brancos e negros, sendo atualmente incentivado e vendido como projeto político. A diferença é que, do ponto de vista jurídico-legal e também das representações sociais, um homem negro que porta uma arma é automaticamente tomado como um "criminoso", "bandido, "traficante", cabendo apenas a tratativa violenta, truculenta e mortal da polícia. A mesma tratativa não é aplicada aos homens brancos, visto que o manto da branquitude guarda o privilégio de não ser questionado e confrontado com uma violência ostensiva. Esse descompasso não deixa de estar relacionado a questões territoriais e de classe social, na medida em que, nas regiões de periferia, os direitos mais básicos são desrespeitados. É inegável, contudo, que o homem

---

29 > Fátima Regina Cecchetto, *Violência e estilos de masculinidade*. Rio de Janeiro: Ed. FGV, 2004.
30 > Deivison Faustino (Nkosi), op. cit., p. 75.

negro carregará sempre o rótulo da suspeição por onde quer que transite, como demonstram os relatos de jovens que se sentem vigiados ou são abordados de forma violenta nos shoppings e lojas das grandes cidades. Também é importante salientar que, apesar de todos os dispositivos que tornam o porte de arma legal para uma parcela da população, quando focamos a violência contra a mulher observamos o quanto essa ostentação fálica é irracional e mortífera independente da raça ou classe social. Em um estudo sobre o uso de arma de fogo nos Estados Unidos, o psicólogo clínico e forense Aaron J. Kivisto é taxativo ao dizer que "quanto mais armas, mais feminicídios", conforme relata reportagem da Universa.[31]

pontuações psicanalíticas sobre violência masculina

Como é formada a masculinidade para a psicanálise? Quais são os processos que agem psiquicamente? Freud em seus textos "A dissolução do complexo de Édipo"[32] e Algumas consequências psíquicas da distinção anatômica entre os sexos[33] deixa clara, de fato, a importância do complexo de Édipo no processo de identificação da masculinidade. O autor ainda comenta que o complexo de Édipo oferece à criança duas possibilidades de saída: a ativa (colocando-se no lugar do pai, tendo relações com a mãe) e a passiva (colocando-se no lugar da mãe, sendo amada pelo pai). Os efeitos dessa identificação seriam estruturantes para o psiquismo na construção subjetiva. É importante destacar, porém, que ambas as possibilidades de satisfação culminam na castração; a ativa como punição e a passiva como precondição.

É imprescindível, pois, falarmos da ameaça da castração quando falamos de masculinidade. Podemos dizer que, como contraponto à transmissão edípica, Freud propõe, com um peso quase similar, a noção de complexo de castração, que consiste no medo e constante ameaça que os meninos sentem de serem castrados após se depararem com a falta do pênis no outro sexo. Para Freud, é nos momentos marcados pelos complexos de Édipo e de castração que as angústias experimentadas anteriormente pelo menino se organizam, a castração revelando seu papel estruturante. Ocorre que os medos provenientes dessa fase não se limitam à infância. Na forma como é apresentada por Freud, a angústia de castração, mesmo após a puberdade, seguiria perpetuando seus efeitos nas relações entre os homens. Se abordamos a masculinidade pela via edípica, entendemos que se constitui antes de uma distinção clara entre sexo e gênero. Podemos propor que a angústia de castração, como elemento constitutivo da masculinidade, só faz sentido se a identificação fálica for pensada, por um lado,

---

31 > Camila Brandalise. "Aumento na posse de armas eleva feminicídios em casa, diz pesquisador", *Site Universa*, 2019.
32 > Sigmund Freud, "A dissolução do complexo de Édipo" in: S. Freud, *O ego e o ID e outros trabalhos*, v. XIX. Edição Standard Brasileira das Obras Psicológicas Completas de Sigmund Freud, Rio de Janeiro: Imago, 1996, pp. 189-199.
33 > Id., "Algumas consequências psíquicas da diferença anatômica entre os sexos" In *O eu e o id, "autobiografia" e outros textos* (1923-1925). São Paulo: Companhia das Letras, 2011.

como uma condição de poder e de privilégio, de modo que essa angústia se relaciona com o medo da perda de um lugar privilegiado no desejo do Outro e no laço social; e, por outro, como uma ficção arbitrária, que pode ser desconstruída pelo confronto com outras formas legítimas de ancoragem sexual. Essa ameaça leva os homens a adotar comportamentos que a neguem, como as provações e rituais acima debatidos. Tanto Freud quanto Lacan acentuam devidamente que uma análise deve, por outro lado, confrontar o sujeito com a castração e levá-lo a confrontar-se com a verdade mentirosa[34] que sustenta sua história.

Uma das respostas subjetivas à castração pode justamente ser a violência contra a mulher, o ódio ao feminino. Nossa hipótese é que essa questão está intimamente vinculada com o declínio do ideal viril[35] e a tentativa de resgate dessa virilidade desde sempre perdida. Não é preciso situar esse declínio apenas na Modernidade, embora sejam notáveis suas repercussões na contemporaneidade. Podemos pensar que, no decorrer da história, diferentes abalos normativos e transformações sociais atualizam a ameaça de perda do ideal, engendrando reações mais ou menos violentas. Essa violência seria então uma resposta consequente das repercussões do feminino, uma resposta masculina frente à castração, que reafirma a ficção da potência fálica e acaba, por si só, denunciando exatamente aquilo que se tenta esconder.

A produção de respostas masculinas ao declínio do ideal viril da masculinidade não repercute apenas no exercício da sexualidade, mas também mata. Os homens são os que mais morrem, mas também os que mais matam, se sublinhamos o contexto da guerra às drogas. Se consideramos o contexto das relações entre os sexos – tanto do ponto de vista das relações íntimas quanto das relações públicas de poder –, os homens são de longe os principais agressores, os que protagonizam a exploração sociopolítica em que opera o exercício da coragem, da agressividade e da dominação. O ódio contra as mulheres emerge então a partir do determinante psíquico de defesa, do horror à castração, instrumentalizado também nos cenários políticos com o aumento de posições machistas e fundamentalistas da extrema direita que cresce em diversos países. Trata-se de um domínio necropolítico masculino, que toma o feminino e as sexualidades divergentes como inimigos e tem o machismo como reação. Como propõe Bonfim, "o tirano teme é aquele que lhe disputa o gozo",[36] ou que faz vacilar os semblantes de seu poder.

Moreira[37] discorre sobre esse masculino que se relaciona com o Complexo de Édipo e o mito do pai da horda de Totem e tabu. A autora evoca as fórmulas lacanianas da sexuação

---

34 > Jacques Lacan, "Prefácio à edição inglesa do Seminário 11" in: Jacques Lacan, *Outros Escritos*, op. cit, p. 569.
35 > Flavia Gaze Bonfim, "Declínio viril e o ódio ao feminino: entre história, política e psicanálise", *Revista Periódicus*, v. 1, n. 13, 2020, pp. 09-24.
36 > Ibid., p. 18.
37 > Maíra Moreira, op. cit., pp. 3-33.

para desenvolver uma conversa acerca da rigidez com que a identificação masculina institui seu modo de gozo. O "parecer homem" evoca a noção de semblante, proposta por Lacan,[38] que se distancia da biologia e evoca as dimensões culturais e psíquicas da identificação, sobretudo a partir da noção de discurso como formas de estabelecimento de vínculo ou laço social. Para além disso, é um regime de gozo, gozo denominado por Lacan como "gozo fálico", se opondo ao gozo feminino, que seria o "não todo fálico".[39] Pode-se dizer que identificar-se com essa categoria homem, carrega, de forma contraditória, um privilégio e uma armadilha. Esse privilégio é vivenciado principalmente pelos homens brancos, cis, heterossexuais, que raramente são questionados ou precisam responder pela repercussão violenta de sua posição. Além disso, por muitos séculos vêm sendo considerados como modelo de perfeição, ideal que possui suas consequências palpáveis na forma como se estruturam as relações de poder na sociedade. A armadilha dessa categoria reside justamente na fantasia de totalidade fálica do homem, no princípio universal de igualdade entre esses sujeitos. Toda universalidade é excludente, e essa fantasia não dá mais conta das novas masculinidades, das diversas formas de fazer-se homem que vêm sendo construídas na Modernidade. O semblante vacila, não consegue responder desse lugar de falsa totalidade. As respostas a essa vacilação são, de um lado, uma acentuação do imperativo fálico do gozo – ou seja, quanto mais se aferram aos semblantes de uma masculinidade hegemônica, mais se encontram acossados pela ameaça de castração – e, de outro, uma tentativa de reafirmação da dominação masculina, que se manifesta como homofobia, violência contra as mulheres, transexuais e travestis, enfim, como reação agressiva a qualquer política em defesa da diversidade sexual.

A autora afirma que uma possível saída dessa fantasia totalitária seria uma abertura ao gozo feminino, o não todo, pois o feminino não permite universalidade, ele questiona os semblantes fálicos e desconstrói identidades, permitindo que haja múltiplas formas de vivenciar a sexualidade. As fórmulas da sexuação e a teoria dos modos de gozo são consequentes da análise das posições subjetivas do homem que de forma alguma se desconectam de seu passado. São representações de uma masculinidade específica e não um modelo antropológico geral e universal. Fica evidente que esse gozo fálico limitante está intimamente ligado aos acontecimentos e contextos históricos em que se instituem, tendo como base as concepções de "sexo único" e ideal de humano como o homem europeu. O próprio binarismo "homem" e "mulher" pode ser entendido como "homem" e "outros", associando-se com os regimes de gozo "todo" e "não todo" fálico.

---

38 > Jacques Lacan, *O seminário - livro 18. De um discurso que não fosse semblante*. Rio de Janeiro, RJ: Jorge Zahar, 2009.
39 > Id., *O seminário - livro 20. Mais, ainda*. Rio de Janeiro, RJ: Jorge Zahar, 1985.

considerações finais

De nosso percurso, depreendemos que a psicanálise dispõe de importantes vias para uma leitura crítica das relações sociais que perpetuam a dominação violenta do masculino ao longo da história. Suas formulações acerca de como uma identificação subjetiva a esse traço violento se constitui não implica uma naturalização do caráter viril dos homens a partir do Complexo de Édipo. Pelo contrário, enfatizamos que, por mais difundida que seja, essa rigidez entrevista nos modos de gozo aos quais os homens se prendem são instituídas na subjetividade de forma arbitrária e por vezes violenta. Se essa violência passa despercebida a nossos olhos, é mais por nos termos habituado com ela. Seus efeitos traumáticos, no entanto, são entrevistos nas respostas sintomáticas dos homens, sobretudo a partir da frequência com que perdem a cabeça e atacam as mulheres e outras sexualidades emergentes; também pela forma como se submetem ao risco de morte em confrontos e rivalidades que se perpetuam no contexto do tráfico e das próprias corporações militares.

Se a dimensão da educação e da crítica social e política é imprescindível para as transformações do laço social e para a própria desnaturalização das relações de dominação, parece não alcançar a transformação de regimes de gozo instituídos e reiterados ao longo de toda uma vida, ou mais, ao longo de séculos de história. Não é à toa que as explosões masculinas de violência contra parceiras e ex-parceiras íntimas podem ser observadas em homens de todas as classes sociais, mesmo entre progressistas, engajados em estudos feministas e sociais, ainda que com menor frequência. Apenas a tomada de consciência pode não ser suficiente para uma mudança no regime de gozo, de modo que a psicanálise propõe um passo além: um exercício de elaboração que tanto pode se dar pela via da clínica intensiva como pela presença da psicanálise em extensão nas políticas públicas. Numa clínica que reconheça os limites dos semblantes do ser masculino, do "parecer-homem", mas que busque ao mesmo tempo sua ampliação e sua transformação na esfera da pólis, no laço social. Isso talvez permita impulsionar outros modos de produção subjetiva nas relações, ainda que a sociedade insista na preservação de estruturas ou semblantes rígidos, por meio de identificações, recalques e interditos. Clínica e crítica articuladas ao reconhecimento e redistribuição socioeconômica, para fazer frente aos corpos colonizados, conforme defende Fraser, já que não é possível separar as lutas por reconhecimento de uma necessária redistribuição material e simbólica dos privilégios.[40] Além disso, é importante demarcar que, se nossas relações íntimas e públicas são tão determinadas e colonizadas por imposições históricas de dominação masculina, um movimento de decolonização precisa ser um exercício constante na clínica e

---

40 > Nancy Fraser, "Da redistribuição ao reconhecimento? Dilemas da justiça numa era 'pós-socialista'". Cadernos de Campo, v. 15, n. 14-15, 2006, pp. 231-239.

na crítica. Há uma dimensão dessa violência masculina que não explode em agressões manifestas, mas permanece atuante de forma insidiosa e cotidiana, como uma força constante que mantém inertes as relações de dominação e opera contra transformações que ameacem destituir o homem de um fálico lugar de poder.

seção 3 <.>

a práxis em elipse decolonial

apresentação <.>

rosa, miriam[1] <.> desafios teóricos e metodológicos para a construção de um futuro decolonial <

Desafios e invenções são condições que se impõem aos nossos contemporâneos para enfrentar e dar destino aos muitos impasses na construção de um futuro sob uma perspectiva decolonial. Vivemos um tempo em que são evidentes a ascensão das políticas nacionalistas e excludentes e do racismo e da xenofobia, com formas renovadas de segregação e políticas de morte, como destaca Derek Hook no primeiro capítulo desta seção: tempo que parece retroagir ao pior da nossa história social e política, comparecendo com novas roupagens o patriarcado, o colonialismo e a escravidão.

Torna-se evidente, tanto na Europa quanto nos Estados Unidos, o alto preço cobrado pelas promessas do capitalismo avançado e do liberalismo de uma vida com conforto material possível a todos que, com um esforço a mais, como diria o Marquês de Sade, acessariam individualmente supostas liberdade e prosperidade em seus empreendimentos. Esses enunciados portam um discurso sem palavras que determina lugares e posições que possibilitam exercer de modo obsceno ideologias convertidas em objetividades e neutralidades na linguagem cientificista, economicista, naturalista. Os percalços recaem exclusiva e seletivamente sobre os indivíduos assinalados pelos marcadores sociais de discriminação. Constata-se que vivemos um aprofundamento e uma extensão do racismo sem máscaras em que muitos pagam além de uma libra de carne e são submetidos a uma mera sobrevivência, no aguardo da sua libertação ou, ao menos, de um lampejo de futuro para seus descendentes que dê coragem para sustentar sua luta.

Neste contexto, a seção "A práxis em elipse decolonial" nos brinda com posicionamentos epistemológicos sobre sociedade, história, política e sujeito, realizados por psicanalistas, filósofos e sociólogos. Esses posicionamentos aqui reunidos trazem a potência de nortear, renovar e vitalizar as possibilidades de análise e crítica social na direção de uma

---

1 > Psicanalista, professora titular do Programa de Pós-graduação de Psicologia Clínica da USP, onde coordena o Laboratório Psicanálise, Sociedade e Política e o Grupo Veredas: psicanálise e imigração.

transformação que inclui sociedade e sujeito, e que interessa vivamente ao contexto brasileiro, historicamente marcado pelos dois lados da colonização: colonizado pelos portugueses e colonizador dos índios e pretos.

Esta seção empenha-se em sustentar conceitualmente uma práxis e a proposta decolonial. O mergulho conceitual, presente nos cinco capítulos, opera a partir da articulação entre significantes de modo a tocar o real, contribuindo para avançar a práxis. Articular termos fundamentais da psicanálise (gozo, real, identificação, recusa, infamiliar, lalíngua etc.) com significantes que circulam no campo social (racismo, colonização, escravidão, máscaras, decolonização etc.) propicia a atualização das questões sociais e da psicanálise com as questões no nosso tempo. As temáticas do racismo, colonialismo e decolonialismo atravessam todos os capítulos com diferentes ênfases. Em um apanhado incompleto, traremos algumas ideias presentes no livro.

No capítulo de abertura encontramos a articulação entre racismo e gozo, que Derek Hook desenvolve através da avaliação da hipótese do racismo como (roubo de) gozo enquanto variável de análise social, um dispositivo explicativo que dirige a atenção para facetas específicas do campo analítico. Apresentando eventos políticos recentes, o autor pergunta o que, em uma perspectiva lacaniana, alimenta as paixões políticas e atiça o ódio racial e cultural, colocando em debate a concepção de que o racismo envolve uma série de relações perante o gozo e fundamentando a hipótese de que opera enquanto roubo de gozo. Dialoga sobre esta noção com os críticos, demonstrando o papel desempenhado pelos afetos e paixões excitados do gozo, que subjazem e impulsionam construções políticas. Defende a potencialidade analítica da noção de gozo, especialmente do suposto gozo perturbador, supostamente possuído pelos "outros culturais/sexuais/raciais". Esses elementos adicionam às análises sociais um componente corporificado e poderosamente afetivo que atribui um gozo ilimitado, ilegítimo e não merecido por parte dos "outros" culturais, que teriam supostas intensidades sensuais e formas de satisfação estrangeiras, inassimiláveis.

Hook serve-se das teorizações lacanianas sobre a satisfação e identifica a relação do gozo com a escalada do racismo e da segregação, articulando a ideia de gozo ao conjunto de conceitos psicanalíticos a ele relacionados (pulsão, fantasia, castração, falo, objeto a). O autor ressalta que omitir na análise da perpetuação do racismo a atenção analítica ao gozo é arriscar não compreender a tenacidade histórica e psíquica do racismo. Além disso, a inclusão dessa análise representa um avanço com relação às explicações socioconstrucionistas da diferença racial, pois ajuda a isolar um componente potente do racismo – o da gratificação libidinal, o "prazer de odiar". O conceito de gozo também enfatiza o componente subjetivo e, de fato, a responsabilidade do sujeito do enunciado de um modo que é desconsiderado pelas abordagens da psicologia social e da análise do discurso, que tendem a se concentrar na natureza transindividual do discurso.

A dimensão do real e do gozo também se faz central no capítulo que visa à colonização e, como diz seu autor, Omar David Cárdenas, às invenções a partir de restos e de um saber-fazer com a lalíngua (conceito lacaniano). Esse capítulo aborda mais especificamente as consequências subjetivas da violência colonial no Brasil a partir de uma perspectiva do ser falante, no interesse de formalizar a transmissão dessas consequências tanto para os sujeitos brancos como para os sujeitos herdeiros de um corpo que carrega o signo de "negro".

O autor analisa a transmissão transmutada pelo real em jogo, construindo hipóteses acerca da "migração linguística forçada". Argumenta que, tendo a violência colonial imposto a sua língua ao ser falante colonizado, e este, destituído da língua materna, ter sido obrigado a se inserir na língua do colonizador, as marcas da colonização podem ser detectadas na perspectiva do inconsciente. Essas marcas obedeceriam a uma lógica de resto, daquilo sem contorno simbólico que retorna nas vias do real da violência do racismo contemporâneo e nas formas mais complexas do sofrimento de seres falantes herdeiros de corpos africanos. Trata-se de um inconsciente "vendido" ou "forçado" a mudar na relação colonial. Esse forçamento tem, como uma de suas consequências, a possibilidade de que a infância seja vivida de forma retroativa nas categorias familiares do colonizador. Desse modo, a noção de lalíngua permitiria realizar indicações sobre uma ancestralidade "traficada", indicando a hipótese de que o gozo introduza na estrutura do sujeito algo a-estrutural, que não é significante e que trafica gozo – uma experiência do real.

Tendo localizado a transmissão do trauma da colonização pela via do real em estreita relação entre lalíngua e certo tratamento libidinal do corpo, o capítulo se debruça sobre as formas de resistência como invenções para o Real da colonização. Aponta que algo da língua materna do colonizado se transmite pela via do simbólico, da significação ou do sentido, mas também pela via do real, dos restos de fonemas que resistem a desaparecer ao se integrarem à língua do colonizador. Esses restos carregam as marcas da violência da colonização (na via do trauma), mas também formas de resistência à destituição da língua materna. A partir deles, o autor constata que, mesmo com a intenção colonizadora de forçar o colonizado a adotar a língua do colonizador, a dimensão fonológica, vogal, do tom, resistiu à tentativa de captura violenta. Algo resiste a essa captura feita pelo colonizador com um caráter de invenção, de invenção relacionada ao Real, conclui.

Outra visada se apresenta perante a transmissão da colonização, dessa vez pela via da permanência de racionalidades que sustentam a perpetuação de lógicas coloniais. Como vem advertindo Boaventura de Sousa Santos, as três formas de dominação, a saber, o colonialismo, o capitalismo e o patriarcado, estão presentes nas múltiplas formas de colonialismo e nas lógicas coloniais que persistem na contemporaneidade, sustentadas pelas epistemologias do Norte e transmitidas nas universidades.

A marca da perspectiva decolonial de Boaventura de Sousa Santos, apresentada por Fernanda Dupin Faria no capítulo que aborda as suas contribuições, é o debate epistemológico. Segundo ele, como os interesses das grandes potências econômicas difundem conhecimentos como hegemônicos, qualquer tentativa de transformação deverá estar alicerçada na reestruturação do conhecimento. Segundo Faria, a tese central de Boaventura pode ser condensada na seguinte afirmação: a injustiça social global é fruto da injustiça cognitiva global. Assim, qualquer projeto de transformação social deve ser alicerçado na luta pela diversidade epistemológica. De diversas obras de Boaventura, Dupin Faria decanta a proposta da subversão da universidade e a defesa de uma universidade plural ou, dito de outra forma, decolonial.

Sendo as três formas de dominação destacadas acima sustentadas pelas epistemologias do Norte, as epistemologias do Sul ameaçam tal poder uma vez que advêm das experiências e lutas de grupos sociais invisibilizados nessas mesmas relações. Ao desafiarem o domínio do pensamento eurocêntrico, não apenas delineiam um universo teórico, metodológico e pedagógico, mas incidem fundamentalmente sobre uma conjectura econômica, social e política. No projeto de subversão da universidade contemporânea, Boaventura propõe uma racionalidade cosmopolita, com a mediação da tradução, numa convivência entre diversos saberes, conhecimentos e experiências.

Em seguida, através do capítulo de Mariana Mollica Araujo, mergulhamos nas propostas do historiador e cientista político camaronês Achille Mbembe, especialmente na de autoabolição como condição para um futuro decolonial. Conhecido pelos conceitos de necropolítica e de devir negro, Mbembe segue a trilha de Frantz Fanon e tece suas contribuições para a decolonização e o debate antirracista internacional, enunciando uma questão: por que a abolição da escravização não foi suficiente para uma saída subjetiva da condição de objeto dejeto que a desumanização colonial produziu?

O filósofo entende que o colonialismo fundou o capitalismo e que a escravização do negro africano foi a gênese da tomada do ser humano como mercadoria. O colonialismo instituiu uma tecnologia de poder que envolve relações de colonialidade baseadas em fatores não apenas políticos e econômicos, mas também epistemológicos e subjetivos. Tal processo não se restringe ao assassinato, mas a uma animalização do ser humano, numa tentativa de morte em vida. Do ponto de vista subjetivo, o processo alimenta-se e é alimentado pelo gozo racista, fonte de um gozo sádico e caprichoso (regulamentado pelo Estado e naturalizado pela sociedade por tantos séculos), e, ao mesmo tempo, o colonizado é objeto precioso, fonte de poder e lucro.

Mbembe propõe a decolonização, uma perspectiva ética e epistemológica nova, de descentralização do conhecimento em relação ao saber do colonizador e de protagonismo dos sujeitos de países ex-colonizados, seus pensamentos, suas práticas e proposições. Decolonizar significa automaticamente desracializar. Autoabolir-se será libertar-se da parte servil constitutiva do eu, possível no afropolitismo, um trabalho subjetivo que envolve o coletivo e está ligado às raízes multiculturais, indicando um empuxo ao feminino e à subversão da heteronormatividade como perspectiva de tratamento do patriarcalismo falocentrado do colonizador e tudo aquilo que a colonização engendrou.

A saída pela democracia do futuro seria construída através de uma distinção entre o universal e o comum e do diagnóstico desse enredo social complexo que envolve tanto o colonizador quanto o colonizado, evidentemente em lugares absolutamente diferentes e desiguais. Enfrentar esses desafios permite apontar saídas da grande noite, nos acena o autor.

Por fim, Andréa Guerra traz à baila a aposta em uma psicanálise que, decolonizada, levanta o véu do discurso hegemônico, deixando exposto o gozo imperial, ao discutir a elipse decolonial como lógica de descentramento. Essa operação retira o espelho plano que enquadra a realidade face ao Outro colonial encoberto, o que exige nova perspectiva de leitura do mundo. Abre-se, assim, condição para interpretação da colonialidade do ser a partir da perspectiva do sujeito dividido, sujeito que se realiza em ato de fala. Tomando a raça como Ideal de Eu, elemento de legitimação do modo de poder colonial, confirma a ideia de que os problemas de consciência são, antes de tudo, problemas de gozo. Desde onde a psicanálise, como operação, permite o deslizamento da resposta subalternizada e colonizada, tal qual a poesia performada de Victoria Santa Cruz: *Me gritaron negra* testemunha.

Como exposto aqui, a seção é densa e suas propostas para um novo mundo nos remetem a Walter Benjamin quando este afirma que a "história é objeto de uma construção cujo lugar não é um tempo homogêneo e vazio, mas um tempo saturado de 'agoras'", isto é, "repleto de atualidade".[2] Trata-se, portanto, de uma coletânea de textos atual e contemporânea.

Atual, tal como Gagnebin[3] propõe, porque permite a ressurgência intempestiva de um elemento ocultado, esquecido dirá Proust, recalcado dirá Freud, do passado no presente — o que também pressupõe que o presente esteja apto, disponível, para acolher esse ressurgir, reinterpretar a si mesmo e reinterpretar a narrativa de sua história à luz súbita e inabitual desse emergir.

Contemporâneo, pois, como diz Agamben, "contemporâneo é aquele que mantém fixo o olhar no seu tempo, para nele perceber não as luzes, mas o escuro".[4] No escuro está o que

---

[2] > Walter Benjamin, *Magia e técnica, arte e política: ensaios sobre literatura e história da cultura*, trad. bras. de Sérgio Paulo Rouanet, vol. I, série Obras Escolhidas. São Paulo: Brasiliense, 1994, p. 229.

[3] > Jeanne Marie Gagnebin, "Documentos da cultura/documentos da barbárie". *Revista Ide: Psicanálise e Cultura*. São Paulo, v. 31, n 46, 2008, pp. 80-82.

[4] > Giorgio Agamben, *O que é o contemporâneo e outros ensaios*, trad. bras. de Vinícius Nicastro Honesko. Chapecó: Argos, 2009, p.62.

não é evidente, estão os não ditos que permitem romper naturalizações e reler fatos tidos como óbvios e corriqueiros.

Esta seção nos deixa devidamente prevenidos sobre a perenização das marcas da colonização nos corações e mentes, mas também incitados a, ao reconhecer os artifícios de dominação, apontar vias de transformação social e subjetiva, assim como modalidades de resistência, com vistas a sustentar uma práxis na elipse decolonial, como indica seu título, e a vislumbrar um futuro para além das trevas, decolonizado.

Boa leitura!

> hook, derek[1] <.> racismo e gozo: uma avaliação da hipótese do "racismo como (roubo de) gozo"[2] <

Tradução: Rodrigo Goes e Lima e Tomás Lima Pimenta

introdução

Em uma entrevista de 1973, posteriormente publicada sob o título *Televisão*,[3] Jacques-Alain Miller pergunta a Lacan por que ele estaria tão confiante em sua previsão acerca da escalada do racismo nos próximos anos. Lacan responde de forma obscura, como de costume:

> No desatino de nosso gozo, só há o Outro para situá-lo, mas na medida em que estamos separados dele. Daí as fantasias, inéditas quando não nos metíamos nisso. Deixar esse Outro entregue a seu modo de gozo, eis o que só seria possível não lhe impondo o nosso, não o tomando por subdesenvolvido. Somando-se a isso a precariedade de nosso modo, que agora só se situa a partir do mais-de-gozar [...].[4]

Seis anos mais cedo, em sua *Proposição de 9 de outubro de 1967 sobre o psicanalista da Escola*, Lacan havia feito uma previsão similar, advertindo que "nosso futuro de mercados comuns encontrará seu equilíbrio numa ampliação cada vez mais dura dos processos de segregação".[5]

---

1 > *Associate professor* de psicologia na Universidade de Duquesne, em Pittsburgh, e *Extraordinary professor* na Universidade de Pretoria, na África do Sul. Autor de *A critical psychology of the postcolonial* (2011), *(Post)apartheid Conditions* (2013) e *Six Moments in Lacan* (2018). Editor, em parceria com Calum Neil, da *The Lacan Series*, pela Palgrave Macmillan.

2 > Artigo originalmente publicado como: Derek Hook, 'Racism and jouissance: Evaluating the 'racism as (the theft of) enjoyment' hypothesis". *Psychoanalysis, Culture & Society*, vol. 23, n 3, 2018, pp. 244–266.

3 > Jacques Lacan, "Televisão", in: *Outros escritos*, trad. bras. Vera Ribeiro. Rio de Janeiro: Jorge Zahar Editor, 2003, pp. 508-543.

4 > Ibid., p. 533.

5 > Id., 'Proposição de 9 de outubro de 1967 sobre o psicanalista da Escola", in: *Outros escritos*, trad. bras. Vera Ribeiro. Rio de Janeiro: Jorge Zahar Editor, 2003, p. 263.

Considerando as atuais circunstâncias de saída do Reino Unido da União Europeia, assim como a evidente ascensão do racismo e da xenofobia tanto na Europa quanto nos Estados Unidos, torna-se difícil não ler tais comentários como um tanto prescientes. Os impulsos nacionalistas, excludentes e, por vezes, explicitamente racistas aparentes no Brexit e na eleição de Donald Trump nos Estados Unidos parecem ratificar as previsões de Lacan. Um mundo cada vez mais globalizado e conectado, com níveis historicamente inéditos de imigração, resultou não em um aumento da tolerância, como poder-se-ia imaginar, mas – assim parece – na paixão renovada pela segregação.

O que, em uma perspectiva lacaniana, alimenta tais paixões políticas e atiça o ódio racial e cultural? Žižek[6] oferece uma resposta pronta: as diferentes formas de satisfação libidinal (gozo) ou, mais especificamente, a percepção de que meu próprio e precioso modo de gozo foi roubado por "outros culturais" que estão de posse de uma forma de gozo ilícita ou maligna. No que se segue, exploro esse princípio básico da teoria social lacaniana, a saber, que o racismo envolve uma série de relações perante o gozo. A versão mais popular dessa hipótese – que eu pretendo retrabalhar e complementar – é a discussão de Slavoj Žižek[7,8] sobre a ideia do racismo como roubo de gozo, uma noção derivada de Jacques-Alain Miller[9], claramente tributária das formulações do próprio Lacan[10,11] a esse respeito. Gostaria tanto de expandir o argumento de Žižek quanto de contextualizá-lo em referência a uma série de conceptualizações lacanianas precedentes acerca do racismo.

Enquanto meus objetivos são em larga medida expositivos, eles são também críticos. Apesar da pertinência analítica singular dessa multifacetada noção (racismo como gozo, como reação ao que é percebido como roubo de gozo), há diversos problemas conceituais interligados a ela, que prejudicam seu uso como um instrumento analítico. A noção de racismo como gozo, tal como utilizada na literatura, pode ser criticada por ser: (1) culpada por uma forma despolitizada de reducionismo psicológico; (2) conceitualmente subdiferenciada e excessivamente inclusiva, aplicada a uma gama potencialmente infinita de comportamentos e experiências; (3) desatenta a modos diferentes de gozo; e (4) conceitualmente descontextualizada, apartada de conceitos psicanalíticos relacionados, que necessariamente acompanham sua devida aplicação.

---

6 > Slavoj Žižek, *Against the Double Blackmail: Refugees, Terror and Other Troubles with the Neighbours*. Londres: Penguin, 2016.
7 > Id., *Looking Awry: An Introduction to Jacques Lacan Through Popular Culture*. Cambridge, MA: MIT Press, 1992.
8 > Id., *Tarrying with the Negative: Kant, Hegel and the Critique of Ideology*, Durham, NC: Duke University Press, 1993.
9 > Jacques-Alain Miller, Extimité, in: M. Bracher, M.W. Alcorn, R.J. Cortell, and F. Massardier-Kenney (orgs.) *Lacanian Theory of Discourse: Subject, Structure and Society*. Nova York: New York University Press, 1994, pp. 74-87.
10 > Jacques Lacan, "Televisão", op. cit.
11 > Id., "Proposição de 9 de outubro de 1967 sobre o psicanalista da Escola", op. cit.

Após uma breve introdução ilustrativa ao conceito na obra de Žižek, listarei e em seguida discutirei esses problemas, fazendo referência às formulações mais importantes a respeito de racismo e gozo na literatura psicanalítica.[12,13,14,15,16] Ao avaliar e, em última instância, argumentar em favor de um valor analítico do conceito de gozo, defenderei que algumas das críticas acima referidas são mais justificadas do que outras. Também argumentarei que uma série de distinções e qualificações demonstra ser essencial para a aplicação da ideia de racismo enquanto gozo com a precisão analítica que ela merece.

a hipótese do "roubo de gozo"

Em obra recente, Žižek revisita um tema que lhe é caro, a saber, o papel do gozo na política de divisão cultural/racial:

> Qual é, então, o fator que torna diferentes culturas (ou ainda, formas de vida na rica complexidade de suas práticas diárias) incompatíveis, qual é o obstáculo que impede suas fusões, ou ao menos sua coexistência harmoniosamente indiferente? A resposta psicanalítica é o gozo [termo lacaniano que designa uma satisfação excessiva que coincide com a dor] [...] [D]iferentes modos de gozo são incongruentes entre si, desprovidos de uma medida comum [...] [no contato intercultural] o sujeito projeta [...] seu gozo no Outro, atribuindo a este Outro acesso pleno a um gozo consistente. Tal constelação não poderia fazer surgir outra coisa senão fazer a inveja: Na inveja, o sujeito cria ou imagina um paraíso (uma utopia de gozo pleno) da qual ele é excluído [...] pode-se chamá-la de inveja política: desde as fantasias antissemitas sobre o excesso de gozo dos judeus até as fantasias fundamentalistas cristãs sobre as estranhas práticas de gays e lésbicas.[17]

Essa breve exposição pode ser utilmente justaposta com um excerto do seminário *Extimité*, de Jacques-Alain Miller, que cito de forma mais extensa:

---

12 > Sheldon George, 'From alienation to cynicism: Race and the Lacanian unconscious", *Psychoanalysis, Culture & Society*, v. 19, n 4, pp. 360–378, 2014.
13 > Id., *Trauma and Race: A Lacanian Study of African American Identity*. Waco, TX: Baylor University Press, 2016.
14 > Jason Glynos, "The grip of ideology: A Lacanian approach to the theory of ideology". *Journal of Political Ideologies*, v. 6, n. 2, 2001, pp. 191-214.
15 > Yannis Stavrakakis, *Lacan and the Political*. Londres: Routledge, 1999.
16 > Id., *The Lacanian Left*. Edinburgh: Edinburgh University Press, 2007.
17 > Slavoj Žižek, *Against the Double Blackmail: Refugees, Terror and Other Troubles with the Neighbours*, op. cit., p. 75, tradução livre.

> O gozo é precisamente o que fundamenta a alteridade do Outro [...]. É em sua relação com o gozo que o Outro é verdadeiramente Outro. [...] O racismo [...] é precisamente a questão da relação com um outro enquanto tal, concebida em sua diferença [...] O racismo convoca um ódio que é direcionado ao que fundamenta a alteridade do Outro [...] [seu] gozo. [...] Não se trata simplesmente de uma questão de uma agressividade que [...] é direcionada a outrem. O racismo é fundado sobre o que se imagina sobre o gozo do Outro; é o ódio do jeito em particular, do próprio jeito do Outro de experienciar o gozo [...] o que está de fato em jogo é que se toma o gozo de uma maneira diferente do nosso [...] a proximidade do Outro exacerba o racismo: contanto que haja proximidade, há um confronto de modos incompatíveis de gozo...[18]

O que chama imediatamente a atenção nesses trechos é o papel desempenhado pelo afeto ou, para ser mais exato, pela "estimulação dolorosa" das paixões excitadas do gozo. O que ambos os autores destacam – e que diz do valor analítico do conceito – é que formas de estimulação excessiva (o "prazer negativo" do gozo) subjazem e impulsionam construções políticas e simbólicas da alteridade. Diferentes modos culturais de gozo são, além disso, fundamentalmente discordantes. Temos assim não tanto um choque de civilizações – em referência ao argumento de Samuel Huntington[19] tão frequentemente atacado por Žižek – mas um choque de gozos.

Ademais, a dificuldade que temos em alcançar um gozo pleno – algo impossível na teoria lacaniana para sujeitos de linguagem castrados – é contornada por meio da imaginação, ou da fixação sobre o gozo supostamente completo e inevitavelmente perturbador possuído pelos outros culturais/sexuais/raciais. Em suma: o fato de que não podemos obter o gozo que acreditamos merecer dá origem a percepções de um gozo ilimitado, ilegítimo e não merecido por parte dos outros culturais. Como observa Sheldon George: "o gozo do outro [é] [...] o próprio núcleo ao redor do qual a alteridade se articula".[20] A inveja política, como Žižek a nomeia, é assim (ao menos em parte), o resultado de incompatibilidades, e ainda mais importante, de sacrifícios percebidos de gozo. Apesar de declaradamente abstrata e potencialmente "psicológica demais", tal explicação soa como uma descrição adequada de padrões políticos do afeto racista.

---

18 > Jacques-Alain Miller, op. cit., pp. 79-80, tradução livre.
19 > Samuel Huntington, *The Clash of Civilizations and the Remaking of the World Order*. Nova York: Simon and Schuster, 1997.
20 > Sheldon George, *Trauma and Race: A Lacanian Study of African American Identity*. Waco, TX: Baylor University Press, 2016, p. 3, tradução livre.

gozo: instrumento impróprio para a análise social/política?

Apesar de ter oferecido apenas uma breve introdução às ideias lacanianas acima, devemos pausar aqui por um momento para expressar um número de possíveis problemas metodológicos e conceituais implícitos na hipótese do racismo como roubo de gozo. Isso nos ajudará a enfocar os comentários expositivos a seguir e sublinhar, de fato, as potenciais vantagens analíticas que essa hipótese pode ter a oferecer.

A primeira crítica, que se aplica a uma ampla gama de teorias psicanalíticas acerca do racismo,[21,22,23] diz respeito ao reducionismo psicológico. Colocando em termos simples: a complexidade de várias causas históricas, discursivas e socioeconômicas do racismo são invariavelmente relegadas a um papel de explicação periférico, uma vez que o domínio psicológico é privilegiado. Explicações de fatores psicológicos subjacentes a vários exemplos de racismo são então não apenas de-historicizadas e completamente generalizadas, mas também invariavelmente despolitizadas.

Poderíamos enunciar a segunda crítica com uma pergunta: não seria o gozo um conceito demasiadamente aberto? Praticamente qualquer comportamento cultural, intensidade corporal ou atividade libidinal pode ser considerada um exemplo de gozo. Em vista do racismo, por exemplo, o gozo do outro pode ser referir a tudo, desde costumes culturais incompreensíveis e/ou crenças religiosas (sintetizados, por exemplo, em restrições incomuns de vestimenta ou alimentação) até aspectos percebidos de sua distintiva fisicalidade/sensualidade (sua música, a forma como dança) e atribuições de vitalidade superabundante (é excessivamente promíscuo, religioso, preguiçoso, etc.). Não seria essa amplitude de sentidos vaga em demasia? O conceito de gozo parece ser tanto subdiferenciado quanto superinclusivo, podendo ser potencialmente aplicado a uma infinita gama de comportamentos e experiências. Sem uma definição mais clara de como diferenciar o que se 'qualifica" e o que não se qualifica como gozo, o conceito perde tanto em valor conceitual quanto analítico. Em resumo: em quais qualificadores devemos insistir se quisermos nos amparar nesse conceito como uma ferramenta analítica?

Uma terceira linha de crítica: diferentes modos de gozo são referidos na literatura, sem serem propriamente diferenciados. Nas descrições de Žižek sobre racismo e gozo, por exemplo, o último termo é usado de forma vaga para se referir a modos viscerais ou passionais de experiência (a excitação do ódio); a um leque de possessões invejáveis (nossos tesouros

---

21 > Phil Cohen, 'Psychoanalysis and racism: Reading the other scene" in: D.T. Goldberg and J. Solomos (orgs.) *A Companion to Racial and Ethnic Studies*. Malden, MA: Blackwell, 2002, pp. 170-201.
22 > Stephen Frosh, *Psychoanalysis and Psychology: Minding the Gap*. Londres: Macmillan, 1989.
23 > Yannis Stavrakakis, *Lacan and the Political*, op. cit.

libidinais, tais quais ritos culturais, objetos sacrossantos e formas de legado histórico) percebidas como estando sob ameaça por "outros culturais"; e a um tipo de "mais-de-vitalidade" nocivo possuído por esses outros. Podemos destacar esse problema de maneira diferente, ao perguntar: com o gozo de quem estamos mais fundamentalmente preocupados nessas noções de racismo como gozo? O do outro, presumivelmente, na medida em que – ao menos ao acompanhar Miller e Žižek – ele parece estar gozando ilicitamente, de maneira desmerecida e profundamente perturbadora. Nessa perspectiva, o gozo é – ou era – certamente nosso, uma vez que é percebido precisamente como roubado de nós. Qual é a relação entre esses dois tipos de gozo? Há também um terceiro modo de gozo: o prazer negativo, as doloridas intensidades corporais envolvidas ao se fazer – experimentar – tais complicadas atribuições em primeiro lugar. Uma variação desse problema seria o fato de que o gozo parece, em boa parte da literatura, ser tanto um verbo quanto um substantivo, tanto modo de experiência quanto tipo de posse psíquica. Como podemos diferenciar esses casos? Fusões entre diferentes modos de gozo claramente comprometem a precisão analítica do termo.

Em quarto lugar, há um problema sempre presente de descontextualização conceitual em aplicações abreviadas do termo. Isso acarreta uma situação na qual o gozo é tratado como força causativa para além da adequada consideração de uma série de conceitos adjacentes (o enquadre da fantasia, a operação do significante, o papel da lei, o objeto a como causa de desejo) que necessariamente acompanham sua aplicação psicanalítica adequada. Precisamos, assim, perguntar: quais termos auxiliares devem ser utilizados ao lado do conceito para que ele nos sirva como um instrumento analítico viável?

crítica 1: a noção de gozo seria psicologicamente reducionista

Há uma passagem crucial repetida em alguns dos livros mais antigos de Žižek que serve, talvez, como sua mais direta exposição do racismo como roubo de gozo:

> O que está em jogo em tensões éticas é sempre uma espécie de possessão: o outro aspira roubar nosso gozo (ao arruinar nosso modo de vida) e/ou tem acesso a alguma satisfação perversa, secreta. Em suma, o que nos irrita, o que realmente nos incomoda sobre o outro é a maneira particular pela qual ele organiza sua satisfação (o cheiro de sua comida, suas danças e canções barulhentas, suas maneiras estranhas, sua atitudes em relação ao trabalho – na perspectiva racista, o outro é ou um viciado em trabalho roubando nossos empregos, ou um preguiçoso vivendo às custas de nosso trabalho)...[24]

---

24 > Slavoj Žižek, *Looking Awry: An Introduction to Jacques Lacan Through Popular Culture*, op. cit., p. 165, tradução livre.

Enquanto essa parece ser, por diferentes razões, uma explicação cativante, o grau de reducionismo do ponto de vista sociológico ou histórico deve soar como absurdo. As múltiplas e complexas variáveis sociológicas, econômicas e sócio-históricas subjacentes a distintas formas históricas de racismo são varridas de lado para dar lugar a uma fórmula psicanalítica generalizante.[25] Racismo = reação à percepção de que o outro (de forma perversamente aproveitadora) roubou o nosso gozo. Essa redução do racismo a uma equação afetiva é evidente também naquele que foi o precursor de Žižek neste domínio conceitual, Jacques-Allain Miller:

> Por que o Outro não permanece Outro? Qual é a causa de nosso ódio por ele, dirigido a seu próprio ser? É o ódio do gozo do Outro. Essa seria a fórmula mais geral do racismo moderno que testemunhamos hoje: um ódio à maneira particular pela qual o Outro goza [...]. A questão da tolerância ou intolerância é [...] localizada no nível da tolerância ou intolerância em relação ao gozo do Outro, ou Outro que essencialmente rouba meu próprio gozo.[26]

Não apenas a fórmula acima generaliza ao atravessar diferentes espaços sócio-históricos de racismo, mas também aglutina uma variedade de formas diferentes de preconceito. Antissemitismo, racismo, (hetero)sexismo, xenofobia, etc. ficam muito próximos de serem reduzidos a problemas de inveja (libidinal/política). A despolitização (na verdade, a psicologização implícita) inerente a tal movimento conceitual é surpreendente, na medida em que o próprio Žižek se demonstra crítico dela em outra oportunidade.[27] Em sua contribuição a *The Psychoanalysis of Race*,[28] de Christopher Lance, por exemplo, Žižek formula a acusação de reducionismo psicológico contra explicações psicanalíticas padrão para o racismo, que oferecem "uma forma de explicar o racismo que ignora [...] não apenas as condições

---

25 > O teórico político Edward Weisband (Edward Weisband, *The Macabresque: Human Violation and Hate in Genocide, Mass Atrocity, and Enemy-Making*. Oxford: Oxford University Press, 2017; Edward Weisband, comunicação pessoal, 23 maio 2017) insiste que, para se entender como o racismo funciona no âmbito de uma determinada cultura nacional, é necessário que se interprete dinâmicas racistas através de várias culturas nacionais. Tal conjunto histórico e culturalmente específico de análise comparativa é necessário, segundo o autor, para que se identifique elementos comuns que atravessam condições racializadas, assim como para determinar variações em padrões de cultura e de ideologia racistas. Tal dimensão comparativa, assim como qualquer atenção às múltiplas diferenças sócio-históricas de racismo como manifestado em diferentes espaços culturais está destinado a se perder ao derivar uma fórmula psicanalítica geral para o racismo.

26 > Jacques-Alain Miller, citado por Slavoj Žižek, *Tarrying with the Negative: Kant, Hegel and the Critique of Ideology*, op. cit., p. 203, tradução livre.

27 > Consideremos o ataque de Žižek (Slavoj Žižek, "Tolerance as an ideological category", *Critical Inquiry*, v. 34 n. 4, 2007, pp. 660-682) à noção de tolerância enquanto categoria ideológica, a partir do qual ele argumenta que a (in)tolerância é uma noção despolitizante, naturalizante – e, por conseguinte, demasiadamente psicológica – que elide problemas de desigualdade, exploração e injustiça.

28 > Christopher Lane (org.), *The Psychoanalysis of Race*. Nova York: Columbia University Press, 1998.

socioeconômicas do racismo, mas também o contexto sociossimbólico de valores culturais e identificações que geram reações à experiência de alteridade étnica".[29]

A formulação é bem-feita, mas não se aplicaria também à fórmula do racismo como roubo de gozo esboçada acima? Explicações para o racismo como gozo são, definitivamente, suscetíveis ao reducionismo psicológico, na medida em que elas frequentemente parecem privilegiar uma série de suposições psicanalíticas (pulsão, fantasia, libido, projeção, etc.) como existindo antes – ou independentemente – de considerações de caráter econômico, histórico, político e socioeconômico. Esse excesso de dependência explicativa no caráter psicológico não resultaria em um recuo em relação ao político, precisamente para uma tentativa de explicação de fenômenos sociais com base em fundamentações psicológicas?

Além do mais, frequentemente se tem a impressão, ao analisar passagens como as citadas acima, da imposição de determinado modelo conceitual (uma fórmula, de fato) em um contexto histórico após o outro pela via de uma explicação para o racismo, a despeito da enorme variação em fatores sócio-históricos e culturais. Esse tipo de explicação que se aplicaria para todas as situações parece particularmente inapropriada para a psicanálise lacaniana que alega ser, afinal de contas, uma ciência do particular.[30]

crítica 2: gozo como um conceito indiferenciado, excessivamente inclusivo

Qual é a melhor forma de abordar tal alegação de que o gozo é um conceito excessivamente inclusivo ou não suficientemente diferenciado? Poderíamos insistir em uma qualificação freudiana fundamental, a saber, de que o gozo é fundamentalmente libidinal (o que quer dizer, sexualizado). Essa afirmação demandaria uma explicação mais elaborada. Como poderíamos entender o escopo do que está implicado nesse termo nebuloso? Na terminologia psicanalítica, a libido é tipicamente descrita como a energia sexual da pulsão. Furtando-nos à linguagem técnica, podemos compreender a libido como o que subjaz à variedade de apegos passionais. Ela funciona como um agente do vínculo, por meio do qual sujeitos, em suas respectivas formas particulares, e também pela via de formas grupais mais convencionais, tornam-se afixados a práticas, objetos, e/ou experiências particulares. A libido, como afimam Leader e Corfield, pode ligar-se a praticamente qualquer aspecto de nossa existência.

> A libido pode ser inferida a partir de uma variada gama de atividades individuais e sociais: apaixonar-se, preferências sexuais, hobbies, adicção a drogas, entusiasmo por

---

29 > Slavoj Žižek, "Love thy neighbor? No, thanks!" in: Christopher Lane (org.), *The Psychoanalysis of Race*. Nova York: Columbia University Press, 1998, p. 154, tradução livre.
30 > Paul Verhaeghe, *Beyond Gender*. Nova York: Other Press, 2002.

esportes, e todos os outros interesses que fazem parte de nossa vida cotidiana [...] [Tais vínculos] nos permitem modelar e canalizar as experiências de excitação, inquietação, desconforto e paixão que constituem [...] nossa vida.[31]

Concedendo então um ponto importante discutido acima: sim, o gozo pode se referir a praticamente qualquer objeto ou atividade – contanto que tenha sido investido de um valor libidinal. O conceito é, nesse sentido, aberto, e potencialmente excessivamente inclusivo, ainda que por uma razão boa e antiessencialista: qualquer faceta do comportamento humano pode assumir uma carga erótica.

É importante acrescentar que o gozo não deve ser conceptualizado no interior dos parâmetros psicológicos de afeto e emoção, mas sim em relação à pulsão. A pulsão (*Trieb*), como aprendemos com Freud, é um conceito de fronteira, que não pode ser reduzido à biologia nem à cultura. Podemos pensar nela como um impulso, um apetite, que, apesar de corporal em um primeiro momento, ganha outro contorno que não o meramente natural, pela via das contingências históricas e das experiências do sujeito. O nível resultante de demanda – completamente modulada pela cultura (ou, para Lacan, pelo significante) e particular ao sujeito – resulta em uma insaciável moção psíquica em direção à estimulação.

Somos capazes de avaliar, então, que as tentativas do sujeito de gratificação (sexual) no gozo não são limitadas a práticas meramente instintuais, saudáveis, ou favoráveis à manutenção da vida. O gozo, como modo de excitação perseguido pela pulsão, oposta aos instintos, ocorre além do princípio do prazer, como deixa claro Samuels:

> [H]umanos podem se tornar viciados em quase qualquer coisa uma vez que, diferente dos animais, não são dominados por instintos pré-formados que conectam uma necessidade interna a um objeto específico do ambiente. Assim, uma das coisas que nos faz humanos é que quase qualquer coisa pode ser sexualizada, inclusive a dor e a autodestruição.[32]

O gozo resulta do empuxo incessante da pulsão em direção à gratificação. Ele não é como um afeto, um desejo ou um modo de prazer. Ao contrário, ele se define por uma espécie de sofrimento, mantendo uma relação proximal à dor, ao que é excessivo, traumático. De forma mais sucinta, o gozo é um tipo de excitação dolorosa, modulada pela pulsão de

---

31 > Darian Leader e David Corfield, *Why Do People Get ill?* Londres: Hamish Hamilton, 2007.
Herbert Marcuse, *One Dimensional Man: Studies in the Ideology of Advanced Industrial Society*. Nova York: Beacon Press, 1964, p. 203, tradução livre.
32 > Robert Samuels, *Psychoanalyzing the Politics of the New Brain Sciences*. Londres: Palgrave, 2017, p. 8.

morte, através do apelo erótico de se transgredir um limite (de saúde, de prazer, moral ou de normas sociais).

Não apenas o gozo é por natureza excessivo, ele é também inerentemente transgressivo. O apelo erótico do excesso, podemos assim dizer, é correspondido apenas pela excitação de se fazer o que não se deve. O gozo, como tal, mantém uma relação parasitária precisamente com o conjunto de leis ou normas sociais/morais que ele transgride. Assim, apesar de o gozo nunca ser todo encapsulado pelo significante (isso é, pelo simbólico), ele ganha forma de maneira relativa às coordenadas simbólicas definidas por leis e por ideais sociais.

As qualificações descritas acima provam ser úteis no contexto de nossa discussão. Elas apontam para algumas das potencialidades analíticas e conceituais da noção de gozo. Na verdade, elas nos permitem apreender como a agressividade do racismo pode ser sexualizada, ser eroticamente carregada, até mesmo (ou talvez, especialmente) em sociedades aparentemente tolerantes, onde a expressão de tais atitudes é explicitamente proibida. Entende-se também a razão de tais satisfações tornarem-se tão habituais e tão resistentes à mudança, devido às recompensas libidinais por elas suscitadas. Os dividendos do gozo são uma moeda preciosa: por serem excitantes, narcisicamente gratificantes, enraizados na fantasia e moralmente satisfatórios (como argumentarei em seguida), tais modos de satisfação não são facilmente abdicados.[33]

Assim, apesar da hipótese do racismo como (roubo de) gozo inicialmente soar indiferente aos detalhes socioeconômicos e históricos, agora se torna evidente que a natureza formular da hipótese é, presumivelmente, deliberada. Essa é uma característica do formalismo lacaniano: determinada fórmula deve permanecer vazia de conteúdos positivos se pretendemos que ela acomode a textura empírica de diversos sujeitos ou contextos. A possível natureza excessivamente inclusiva do conceito de gozo é, tal como formulada, menos uma deficiência analítica e mais uma potencial vantagem. Colocando de outra maneira: enquanto um conceito aplicado, uma variável da análise social, a satisfação deve permanecer vazia de qualquer conteúdo essencial, precisamente em função da maleabilidade daquilo com que diferentes (grupos de) pessoas se satisfazem.

A hipótese do roubo de gozo não deveria, assim, ser vista como uma explicação totalizante – presumivelmente Miller e Žižek não argumentariam que esse seria o caso (mesmo que suas descrições frequentemente permitam a impressão contrária). Essa hipótese, ao contrário, é – ou deveria ser – um dispositivo heurístico que foca nossas atenções nas facetas do campo analítico que foram desproporcionalmente investidas de satisfação.

---

33 > Isso nos dá uma perspectiva distintiva sobre a tenacidade histórica do preconceito (Christopher Lane, op. cit.). Tão valiosas são as recompensas do gozo que os padrões racistas ideacionais e afetivos serão frequentemente mantidos, mesmo quando são prejudiciais ao sujeito, e definitivamente não estão em seus melhores interesses materiais ou simbólicos.

As qualificações acima nos ajudam a dirigir nossa atenção a mais uma potencialidade analítica distintiva da noção de gozo. Um aspecto notável dos comentários acima de Žižek é que eles envolvem mais do que construções, representações ou discursos sobre a alteridade. Eles implicam um componente corporificado e poderosamente afetivo, uma ênfase no exagero das intensidades sensuais. Alteridade cultural, aqui, não é meramente socialmente, textualmente construída, mas uma dimensão corporificada, afirmada no interior do registro dos sentidos. A dimensão da (tipicamente voluptuosa) fisicalidade é colocada em primeiro plano, de tal forma que contrasta radicalmente com explicações social-psicológicas padrão, que representam o racismo como o resultado de atitudes, funcionamento cognitivo, representações sociais e/ou estereótipos. Na concepção lacaniana de Žižek, a alteridade é atravessada por certos cheiros e sons, por percepções invasivas e perturbadoras que não apenas provam a diferença, mas a impõem e a amplificam a um nível de compreensão visceral (a música deles, a comida deles, as práticas culturais estrangeiras deles, etc.).

Torna-se aqui necessário acrescentar uma importante ressalva. Tendo elogiado a tese do "racismo como (roubo de) gozo" devido à sua relação com a sensualidade/fisicalidade, é também necessário notar que o gozo não deve ser reduzido a tais qualidades físicas. Essa é uma qualificação importante, uma vez que, de forma contrária, essa explicação acabaria por desaguar no domínio do essencialismo físico/corporal, que é, obviamente, um aspecto recorrente do próprio racismo. As sensualidades do racismo, a atribuição ao mais-de-gozo do outro são sempre mais do que a fisicalidade de tais aspectos.

Em uma análise perspicaz, George[34] argumenta que o gozo não é redutível ao que é relativo ao corpo. Nos Estados Unidos, hoje, observa George, "o ódio direcionado ao Rap como uma fonte de satisfação ou gozo [...] tem sido atribuído a afro-americanos de forma mais abrangente [...]. O discurso contemporâneo [...] associa a diferença não ao corpo, mas ao gozo".[35] O racismo, em outras palavras, não advém meramente das percepções de diferença física, de corpos sendo construídos discursivamente de formas distintas. O que é abjeto a respeito do outro não é simplesmente a percepção da diferença corporal – que pode, obviamente, ser sedutora, e pode até, em determinadas circunstâncias, engendrar desejo – mas sim as impressões de que o outro possui formas de satisfação estrangeiras, inassimiláveis.

Isso representa um avanço com relação às explicações sociais-construcionistas da diferença racial. De que maneira? Bem, tais explicações parecem sempre incorrer em uma petição de princípio: o que faz certas diferenças aparentes (raciais/culturais/sexuais) importarem, em primeiro lugar? Sabemos que tais diferenças são socialmente construídas, mas quais elementos não discursivos motivam e exacerbam tais construções diferenciais? Razões

---

34 > Sheldon George, *Trauma and Race: A Lacanian Study of African American Identity*, op. cit.
35 > Ibid., p. 4, tradução livre.

de ganho socioeconômico e material claramente exercem um papel neste ponto, mas tais razões racionais – de vantagem estratégica – nunca são por si só inteiramente satisfatórias. Ou, para assumir uma abordagem ligeiramente diferente: por que alguns, e não outros atributos do estrangeiro são experimentados como particularmente desagradáveis, como abjetos? Por que intensidades de afeto coalescem em torno de alguns marcadores culturais em oposição a outros?

O que, ademais, alimenta o processo de construções sociais derrogatórias? Presumivelmente, uma explicação social-construcionista, em algum momento, precisa de uma referência a algo exterior ao domínio das construções sociais para evitar uma tautologia. O que explica a dimensão afetiva que subjaz ao próprio processo de construção social? Apesar de suas limitações prospectivas, a noção de racismo como (roubo de) gozo oferece uma (talvez imperfeita) resposta para os dilemas acima descritos. Parte do que alimenta a construção social da diferença é algo que está para além do próprio discurso, a saber, uma intensidade libidinal, ancorada em atribuições de excesso de satisfação que são, por sua vez, tipicamente ligadas ao registro da sensualidade e/ou da vitalidade.

crítica 3: a confusão de diferentes modos...?

Podemos agora avançar para a terceira de nossas críticas e nos perguntar: como podem ser separados os diferentes modos de gozo? Como traçado acima, existem pelo menos três modos de gozo relacionados ao racismo. Há gozo na forma de (1) um modo de experiência passional, corporificado (a excitação do ódio); (2) um tipo de possessão cultural (um tesouro libidinal) que o sujeito percebe tanto como merecidamente seu quanto permanentemente ameaçado pelo outro que o rouba e o obstrui; e (3) um mais-de-vitalidade nocivo e ofensivo possuído pelos outros.

Um exemplo de racismo como modo corporificado de experiência ilícita/intensa pode ser encontrado no discurso de ódio. Há aqui uma interseção com um argumento mais geral, que eu abordei em outro lugar,[36] a saber, que uma abordagem racionalista que não toma o racismo como sendo em si mesmo um tipo de paixão (ou gozo) falha, em última análise, em captar a força do discurso de ódio racista. Este é um argumento psicanalítico que pode ser dirigido contra Steven Pinker.[37] Em seu exame da profanação, Pinker considera algumas teorias diferentes em relação ao que torna o discurso profano ofensivo. A ofensividade de tais palavras, ele argumenta, não é primariamente acionada por aquilo a que ela se refere, por suas conotações ou pelo som das palavras em questão. Uma série de teorias associadas

---

36 > Derek Hook, "What is 'enjoyment as a political factor'?", *Journal of Political Psychology*, v. 38, n. 4, 2017, pp. 605-620.
37 > Steven Pinker, *The Stuff of Thought*. New York: Allen Lane, 2007.

analisadas por Pinker, incluindo abordagens evolucionárias, perspectivas biológicas e um foco nos tabus sociais e de higiene, também fracassam. Pinker parece estar mais próximo de uma descoberta quando descreve a profanação – e, por extensão, o discurso racista – como sendo possuída por uma carga emocional potente, como uma forma de agressão defensiva ou ataque mental. Psicanaliticamente, entretanto, algo crucial ainda falta nessas explicações.

Considere um termo depreciativo – não na forma higienizada encontrada, por exemplo, em um verbete de dicionário, mas naquela empregada em um ataque verbal. Algo na emissão de tal insulto excede a função puramente simbólica do significante. O significante foi infundido de uma carga ofensiva de gozo. A palavra deixou de funcionar como um significante neutro; ela passa a exsudar um excesso poluidor, bem capturado em metáforas chulas, discurso devasso, etc. Além do mais, há um certo prazer por parte do orador na qualidade profana das palavras empregadas. A transgressão deliberada de normas sociais de educação conduz a um tipo de apreciação reflexiva de sua própria ofensividade. Isso aponta para o componente subjetivo do gozo em questão: o racista goza usando seu discurso; o discurso o estimula e lhe proporciona um frisson de ódio.

Esse fator de satisfação libidinal é algo que o alicerce racionalista da elaboração de Pinker perde de vista. Sem que se compreenda a dimensão sexualizada de tal discurso – as recompensas libidinais envolvidas –, fracassa o entendimento de por que tal discurso se prova tão duradouro e resistente à mudança. O fator gozo permite traçar uma distinção entre o sujeito que "inocentemente" usa um significante racialmente carregado e o sujeito que encontra satisfação libidinal no uso de – e é, portanto, responsável por – tal significante. Como Žižek explica, "quem profere um insulto racista sempre pode evocar a rede de sedimentações históricas na qual seu ato de fala está enraizado".[38] Entretanto, esse mesmo sujeito permanece responsável pelo "pouquinho de gozo que encontra em sua explosão racista agressiva".[39]

Isso prova ser, incidentalmente, um exemplo elucidativo de duas forças analíticas distintas do conceito lacaniano de gozo. Não apenas ele ajuda a isolar um componente potente do racismo – o da gratificação libidinal, o "prazer de odiar", para citar o título do famoso ensaio de William Hazlitt[40] – tipicamente desconsiderado por abordagens da psicologia social e análise do discurso. O conceito de gozo também enfatiza o componente subjetivo e, de fato, a responsabilidade do sujeito do enunciado, de um modo que é desconsiderado

---

38 > Slavoj Žižek, *Interrogando o Real*, trad. bras. Rogério Bettoni. Belo Horizonte: Autêntica, 2017, p. 282.
39 > Ibid.
40 > William Hazlitt, *On the Pleasure of Hating*. Londres: Penguin, 2004.

pelas abordagens da análise do discurso que tendem a se concentrar na natureza *trans-individual* do discurso.[41]

tesouros libidinais...

Após oferecer um exemplo de racismo enquanto gozo (a intensidade experiencial da "excitação do ódio"), discutamos agora o gozo como um tipo de propriedade. Essa ideia assume duas formas diferentes (embora conectadas de modo importante) na literatura. Por um lado, há o tesouro libidinal narcísico que acreditamos que nos define, esse objeto precioso ou tipo de satisfação que permanece nosso e apenas nosso, e que nos garante proteção zelosa (significativamente, em francês jouissance denota tanto orgasmo quanto posse). Por outro lado, há a qualidade elusiva *"je ne sais quoi"* do outro (esta que nos irrita profundamente – "really gets under our skin") e que parece realçar e destilar sua diferença essencial. Consideremos, primeiramente, a ideia de uma posse libidinal "perdida", embora, como se tornará claro, ambas ideias sejam relacionadas de modo importante.

O fator da posse libidinal não é difícil de ser identificado no discurso racista. Esse objeto libidinal pode assumir uma miríade de formas, mas assume, invariavelmente, seu valor mais elevado de desejo ou de importância sócio-histórica ou simbólica pelo sujeito que, além disso, o enuncia como seu atributo distintivo e identificador. É patente, por exemplo, em apelos à cultura, ao modo de vida, à história e/ou valores tradicionais, às crianças e seu futuro, etc. Essa posse premiada é incessantemente valorizada, equacionada com o que é mais vivificante e precioso e, contudo, existe, crucialmente, sob um estado de permanente ameaça. O melhor exemplo que posso oferecer aqui vem da memória de escutar, há alguns anos, o líder do partido de extrema-direita *British National Party*, Nick Griffin, enumerar os múltiplos perigos que o Islã e os imigrantes muçulmanos ofereciam à Inglaterra: a língua inglesa seria gradualmente perdida; as conquistas históricas e culturais da Inglaterra seriam esquecidas; apenas uma a cada três crianças na escola seriam brancas; valores cristãos seriam irremediavelmente erodidos, etc.

O tesouro libidinal – não importa o que isso seja – nunca é meramente objetivo. Ele é definido por um grau de irracionalidade, pelo menos no sentido em que foi elevado ao estatuto de um objeto da fantasia. Tais objetos libidinais são também profundamente imbuídos de valor narcísico. Eles oferecem uma quantidade significativa de prazer – neste sentido eles implicam uma dimensão masturbatória – e, inevitavelmente, contêm um componente de

---

41 > Uma tarefa ética da clínica psicanalítica – que, infelizmente, não posso elaborar em detalhes nessa oportunidade – é a exploração de como o analisando pode desmentir seu gozo ou atribuí-lo a outra pessoa. De fato, a investigação de como somos cúmplices precisamente daquilo do que nos queixamos – e como somos recompensados por isso – é de importância fundamental na clínica.

idealização: eles encapsulam aquilo que é (ou que sentimos ser) mais importante sobre nós; eles sustentam nossas identidades imaginárias; eles, mais que tudo, nos distinguem, nos tornam naquilo que sentimos que somos essencialmente. Enquanto tal, o objeto libidinal opera igualmente como um ponto nodal de identidade simbólica e defesa libidinal. Há um momento maravilhoso em *The Fire Next Time*,[42] de James Baldwin, quando ele intui a ideia de tal tesouro libidinal fantasmático em respeito à branquitude: "Tanto quanto os outros brancos por toda parte, os brancos estadunidenses encontram dificuldade em despojar-se da noção de que possuem o mesmo valor intrínseco de que os homens de cor necessitam ou a que aspiram".[43]

Esse aspecto fantasmático explica, talvez parcialmente, por que os tesouros libidinais de outras culturas nos parecem, tão frequentemente, inexplicáveis. Outras nacionalidades ou culturas aparentemente investem, de modo desproporcional, em certos objetos ou práticas que nós, estrangeiros, custamos a compreender. Poderíamos citar inúmeros exemplos de tais investimentos: o direito de portar armas para a Associação Nacional do Rifle nos EUA; as crenças cristãs que sustentam o discurso pró-vida e antiaborto; o valor cultural da caça a raposas para a elite rural inglesa; o uso do véu para certas sociedades islâmicas; o valor de noções de racionalidade científica e secularismo para muitos liberais ocidentais, etc.

Mesmo que a intensidade de tais investimentos nos pareça, como estrangeiros, incongruente, nós não podemos negar quão rápido eles se tornam temas voláteis quando ameaçados. Tais tesouros libidinais são, como já notado, altamente precários; o espectro da castração é sempre evidente em tais objetos. Eles são tão altamente valorizados – tanto como meio de satisfação quanto como adereços de identidade simbólica e narcísica – que sua perda antecipada só pode ser imaginada como catastrófica, como uma forma de extinção do ser.

Enquanto tais tesouros libidinais são, portanto, instâncias exemplares da noção lacaniana do objeto a (o objeto causa do desejo), é útil enfatizar que tais objetos são também fálicos, em múltiplos sentidos do conceito psicanalítico.[44] A noção do falo condensa muito do que foi dito, certamente na medida em que tais posses libidinais são: (1) um emblema de potência e valor; (2) significantes do desejo e da desejabilidade; (3) uma fonte de prazer narcísico (e gozo masturbatório) e (4) em perigo perpétuo de serem arrebatadas e corrompidas pelos outros (o perigo de castração).

---

42   > James Baldwin, *Da próxima vez, o fogo: racismo nos EUA*, trad. bras. Christiano Monteiro Oiticica. Rio de Janeiro: Biblioteca Universal Popular, 1967.

43   > Ibid., p. 101.

44   > Não é surpreendente que tais conceitos (*objeto a*, falo) pareçam tão similares. Sheldon George aponta que "a fantasia *objeto a* [...] funciona como referente ao falo", antes de acrescentar que é "*o objeto* a que estrutura fantasias de raça [...] *o objeto* a da branquitude [...] mascarada[s] como o falo, enquanto significante do ser e do gozo" (Sheldon George, "From alienation to cynicism: Race and the Lacanian unconscious", op. cit., p. 370).

... e o(s) traço(s) excessivo(s) do outro

Consideremos agora o perturbador aspecto *je ne sais quoi* do outro, aquele "algo neles para além deles" que resulta na nossa irritação, desgosto ou ódio. Como vimos, esse traço se manifesta frequentemente em distintas formas de prática material que parecem nunca ser completamente removidas do registro do físico, do corporal. O paradoxo por trás dessa propriedade libidinal do outro é que ele apresenta um número de comportamentos e atributos concretos – e, contudo, se prova impossível localizá-lo de modo definitivo. Isso pode ser verificado no nível da experiência cotidiana: o que é irritante em uma pessoa de quem desgostamos parece ser, simultaneamente, sintetizado em certos traços discretos (o jeito que eles bebem o café, o chiado de sua voz etc.) e, ainda, pode migrar de um traço para outro ou, eventualmente, englobar tudo sobre ela.

Vimos como nossos próprios tesouros libidinais são instâncias exemplares do objeto a de Lacan. O mesmo vale para este traço perturbador e excessivo do outro, embora a encarnação do objeto a inspire um modo de satisfação muito mais agressivo do que incorrer em um tipo de gozo fálico narcísico. Žižek oferece uma passagem elucidativa em que descreve o objeto a com respeito à xenofobia e ao racismo:

> De que se alimenta nossa "Intolerância" para com os estrangeiros? [...] Embora geralmente possamos enumerar uma série de características que nos incomodam "neles" [...] essas características funcionam como indicadores de uma estranheza mais radical. [...] Um dia, depois de fazer uma transação financeira com [uma] senhora judia, minha mãe me disse: "Que senhora adorável, mas você viu o jeito estranho como ela conta o dinheiro?". Aos olhos da minha mãe, essa característica, [...] funcionava exatamente como a característica misteriosa dos romances de ficção científica que nos permite identificar os alienígenas que normalmente não se distinguem de nós [...]. Nossa relação com esse elemento traumático imperscrutável que "nos incomoda" no Outro se estrutura nas fantasias [...] [E]sse objeto estranho paradoxal que representa aquilo que, no objeto percebido como empírico e positivo, necessariamente escapa ao meu olhar e que, como tal, serve de força motriz do meu desejo [é o] objeto pequeno a, o objeto-causa do desejo. Em seu nível mais radical, a violência é precisamente uma tentativa de desferir um golpe nesse mais-gozar insuportável contido no Outro.[45]

Por que é importante enfatizar essa faceta do gozo racista (isto é, o papel do objeto a)? Bem, assim que compreendemos a noção do objeto a, não podemos mais acreditar – como o

---

45 > Slavoj Žižek, *Interrogando o real*, op. cit., p. 283-284.

sujeito racista crê – que a causa dos nossos problemas é o outro. O objeto a não é de forma alguma um objeto, ele é o que poderíamos chamar de convexidade da falta do sujeito. Isto é, o objeto a é a própria falta do sujeito que se positiva e se materializa em um atributo ou objeto externo possuído pelo outro. Podemos nos referir de volta a Miller e Žižek para enfatizar que o objeto a é fundamentalmente fundado no sujeito da percepção:

> Sabemos, é claro, que o status fundamental do objeto é o de ser sempre arrancado pelo Outro. [...] Esse roubo de gozo [...] é aparentemente irresolvível, já que o Outro é o Outro do meu interior. A raiz do racismo é, assim, o ódio do meu próprio gozo. Não há outra satisfação que não a minha própria. Se o Outro está em mim, ocupando o lugar da extimidade, então o ódio do outro é também o meu próprio.[46]

Em uma primeira leitura, isso poderia soar "psicológico" demais, na medida em que invoca a ideia de racismo como projeção – uma ideia que Žižek criticou precisamente por permanecer exageradamente no locus da subjetividade individual.[47] Novamente, a asserção de que o objeto a é a própria falta do sujeito que recebe uma forma externa – tipicamente excessiva, voluptuosa – na figura do outro, pode ser explicada diversamente. O que está em questão é menos uma instância de projeção psicológica do que uma incapacidade ou um impasse estrutural que se converteu em um atributo da culpabilidade inerente ao outro.

> Não é que os diferentes modos de gozo sejam incongruentes entre si, desprovidos de uma medida comum. O gozo do outro é insuportável para nós porque (e na medida em que) não podemos encontrar uma maneira adequada de relacionar com nosso próprio gozo, o que para sempre permanece como um intruso êxtimo. É para se resolver este impasse que o sujeito projeta o núcleo de seu gozo no Outro, atribuindo a ele pleno acesso a um gozo consistente. Tal constelação não pode dar origem a outra coisa que não à inveja.[48]

---

46 > Jacques-Alain Miller, citado por Slavoj Žižek, *Tarrying with the Negative: Kant, Hegel and the Critique of Ideology*, op. cit., p. 203, tradução livre.

47 > É ao longo de uma discussão estendida sobre a fantasia racista que Žižek critica a ideia do racismo enquanto projeção: "A teoria padrão sobre a 'projeção', segundo a qual o antissemita 'projeta' sobre a figura do judeu a parte desmentida de si mesmo, não é suficiente: a figura do 'judeu conceitual' não pode ser reduzida à externalização do meu 'conflito interno' (antissemita). Ao contrário, ela evidencia (e tenta lidar com) o fato de que sou originalmente descentrado, parte de um rede opaca cujo sentido e lógica escapam de meu controle" (Slavoj Žižek, *The Plague of Fantasies*. Londres: Routledge, 1997, p. 9, tradução livre). O antissemitismo e o racismo são aqui entendidos como uma resposta ao "real" da sociedade. Eles são, em outras palavras, testemunhos da inabilidade – exceto via fantasia – de se reproduzir uma narrativa convincente que seja capaz de dar conta das múltiplas contingências, conflitos e impasses de uma determinada sociedade. Vale a pena notar que Žižek não rejeita completamente essa tese, observando apenas que ela não é suficiente por si só.

48 > Slavoj Žižek, *Against the Double Blackmail: Refugees, Terror and Other Troubles with the Neighbours*, op. cit., p. 75, tradução livre.

Seguindo, portanto, a crítica lacaniana de Žižek, o racismo não concerne, fundamentalmente, a rivalidades psicológicas ou à necessidade de se deslocar para o outro aquilo que se repudia em si. O racismo deve, ao contrário, ser compreendido como uma resposta ao real do gozo – seja em um nível individual (que diz respeito a encontrar um modo de se relacionar com o próprio gozo "roubado") ou em um nível social (enquanto uma tentativa de explicar as múltiplas contingências, conflitos e impasses de uma dada sociedade). Essa perspectiva lacaniana arrisca, então, uma reconceptualização da conhecida ideia psicodinâmica do racismo-como-projeção. Na versão lacaniana, a incapacidade estrutural se transforma na certeza de que uma substância perturbadora de satisfação foi ilicitamente adquirida pelo outro.

A satisfação é, então, para recapitular o que foi dito até agora, uma estranha moeda libidinal carregada de afeto que nunca pode ser reduzida ao simbólico ou socialmente construído, que nunca é voluntariamente rendida, que não é um mero produto da racionalidade ou da razão, mas é sempre mediada pela fantasia, que é invariavelmente ligada a profundas ansiedades sobre aquilo que pode ser tirado de nós e que é frequentemente experimentada de uma maneira estranhamente invertida, isto é, nas atribuições exageradas feitas sobre a satisfação experimentada pelos outros.

Isso nos ajuda a explicar como o racismo pode ser entendido tanto como uma experiência de gozo (a "excitação do ódio") quanto como um tipo de posse (na forma dos nossos tesouros libidinais ou na satisfação maligna, ilegal dos outros). A partir dessa reflexão, torna-se aparente que esses dois aspectos do gozo – "nossos" tesouros libidinais e o que fundamentalmente dá corpo à alteridade "deles" – são dois lados da mesma moeda, duas inflexões da mesma fantasia. Por um lado, há o gozo narcísico do objeto sedutor da fantasia que (nós acreditamos) nos torna especiais e que encapsula o que é mais precioso em nós. Por outro, há, também, o traço irritante do outro – tipicamente algo superabundante e exagerado – que positiva minha própria falta em um traço ameaçador possuído por eles. Essa é a razão pela qual Lacan afirma (como na passagem citada acima) que "no desatino do nosso gozo, só há o outro para situá-lo",[49] destacando "[...] a precariedade de nosso modo [de gozo], que agora só se situa a partir do mais-de-gozar".[50] Ou, posto de forma mais sucinta: "o objeto pequeno a – o mais-de-gozar [do outro] – surge no mesmo lugar da [própria] castração."[51]

---

49 > Jacques Lacan, "Televisão", op. cit., p. 533.
50 > Ibid., p. 533.
51 > Slavoj Žižek, *The Plague of Fantasies*. Londres: Routledge, 1997, p. 58, tradução livre.

crítica 4: a falta de uma contextualização conceitual adequada

Introduzimos, até agora, uma série de conceitos psicanalíticos (a pulsão, fantasia, libido, objeto a, o falo) que devem acompanhar qualquer aplicação analítica rigorosa da noção de gozo no campo social. Em alguma medida, então, já respondemos à quarta crítica enunciada acima: a acusação de que aplicações abreviadas do conceito de gozo permanecem conceitualmente descontextualizadas e correm o risco de ver a satisfação como a força causal em si mesma. Entretanto, há um outro tópico, ao lado de um conceito psicanalítico associado, que deve ser abordado neste momento, a saber, a lei e o supereu.

Para a psicanálise lacaniana, a relação entre lei e satisfação é mais complexa – e mais paradoxal – do que parece à primeira vista. A lei, posto de forma simples, apoia-se no gozo. A lei requer que a satisfação seja constantemente gerada para que a lei seja cumprida com sucesso. Isso parece contraintuitivo: o gozo, como eu sugeri, invariavelmente envolve a transgressão como uma condição de possibilidade – esta é a dimensão perversa da satisfação.

O gozo parece, portanto, ser necessariamente antitético à ordem simbólica da lei. Então, novamente, nós temos que considerar que a implementação da lei implica, invariavelmente, uma recompensa libidinal, um tipo de "pagamento de gozo", que corresponde a um tipo de apoio subterrâneo à lei simbólica. Vale a pena enfatizar esse ponto, dado que ele nos conta sobre a relação próxima entre satisfação e estrutura social: o gozo invariavelmente ocorre na proximidade da lei.

Há uma cena recorrente em *Persépolis,* a narrativa autobiográfica de Marjane Satrapi[52] sobre crescer durante o tempo da revolução islâmica iraniana. A jovem Marjane – que cresceu frequentando uma escola francesa não religiosa, "ocidentalizada" – encontra-se rotineiramente em apuros com as autoridades religiosas (tipicamente os "guardiões da revolução") por entrar em conflito com o código de vestimenta e comportamento do novo regime. Lendo *Persépolis,* é difícil não se perguntar: como podem tantos iranianos, que viveram períodos significativos de suas vidas em um Irã pré-revolucionário e não fundamentalista, terem se tornado ardorosos apoiadores desse novo regime? Uma resposta lacaniana para esse dilema é que as diversas atividades que fazem cumprir as novas leis – escrutínio de códigos de vestimenta, denunciar o vizinho, participação em espetáculos públicos de punição, admoestação odiosa dos menos devotos, etc. – tornaram-se carregadas de gozo. Encenar o papel do guardião da revolução excessivamente zeloso claramente gerava satisfação, seja na excitação sádica da perseguição de antigos colegas, na indignação justiceira de constantemente denunciar os outros, ou no *frisson* de ter a licença para aterrorizar sob a guisa da lei

---

52 > Marjane Satrapi, *Persepolis*. Londres: Random House, 2006.

islâmica.[53] Em resumo, um comprometimento excessivo com uma dada responsabilidade simbólica – o professor disciplinador que saboreia as punições, o juiz extra zeloso que se apraz ao lavrar duras sentenças – oferece tanto um canal viável quanto uma razão justificadora para o gozo.

É por esta razão que o supereu, para Lacan, deve ser visto como induzindo e comandando o gozo. O supereu pode ser visto como aquilo que efetivamente vincula lei e satisfação. Ele garante que os eus-ideais simbólicos da sociedade – do Outro – sejam efetivamente implementados e tomados como investimentos passionais. Um precursor utilmente ilustrativo dessa ênfase lacaniana na relação entre gozo e supereu pode ser encontrado na leitura de Marcuse[54] da noção de dessublimação repressiva, a qual sugere que algo de uma aliança ímpia pode se dar entre os impulsos do isso e as garantias superegoicas. O prospecto de um tal curto-circuito significa que o mesmo ato – tipicamente a execução libidinalmente gratificadora de ideais (do eu) simbólicos – podem servir de fins tanto do isso quanto de determinados ideais sociais ou políticos.

Considere o desdém que tão frequentemente acompanha relatos de corrupção política na África, particularmente – até bem recentemente – contra Robert Mugabe no Zimbábue. O fato de que tais acusações podem bem ser justificadas de modo algum impede que tal posição enunciativa canalize um gozo racista. Nós podemos também considerar a indignação moral que acompanha as várias notícias chocantes às quais somos diariamente expostos (relatos do exagero e ganância de Wall Street, da poluição ambiental em grande escala, da delinquência diária de Donald Trump etc.). Mesmo que muito disso mereça, justificadamente, ser interrogado, e que de fato clame por justiça, é sem dúvida verdade que o que dá a essas histórias a dignidade de serem noticiadas é sua capacidade de produzir satisfação. Em muitas circunstâncias, isso é o que nos move para ação: o gozo invocado por tais relatos, um gozo que é, frequentemente, intricadamente combinado com sentimentos menos nobres (raiva, inveja, ódio, desejo de ver os autores punidos etc.). A gratificação desses afetos potentes está na base das nossas várias ânsias por justiça.

Essa conexão profunda entre satisfação e ideais de eu e, igualmente importante, o supereu, torna claro que gozo, certamente como ocorre no interior do campo social, nunca é meramente uma variável da subjetividade ou uma função de identidade pessoal. O vínculo

---

53 > Um sujeito pode gozar ainda mais, atingindo um grau alto de gozo, precisamente por tomar refúgio por trás de tais leis simbólicas e ideais. Isso é particularmente verdade em alegações de que alguém está apenas "cumprindo suas responsabilidades". Tal álibi institucional – a cobertura da neutralidade, do desinteresse – efetivamente acrescenta uma camada adicional de gozo (Slavoj Žižek, *The Plague of Fantasies*, op. cit.). *A banalidade do mal* de Arendt, para Žižek, necessita assim ser suplementada por uma sensação de gratificações sublimes alcançadas sob o pretexto de se estar meramente seguindo ordens, executando um papel institucional.

54 > Herbert Marcuse, *One Dimensional Man: Studies in the Ideology of Advanced Industrial Society*. Nova York: Beacon Press, 1964.

entre satisfação e o supereu também destaca um aspecto do racismo que é frequentemente desconsiderado. Racismo não é meramente – como a maior parte do pensamento psicológico considera – um conjunto de respostas afetivas, uma coleção de relações intersubjetivas ou uma gama composta de atitudes e preconceitos. O racismo gira em torno de uma série de valores ideológicos que, crucialmente, envolvem uma dimensão moral potente. Essa ideia é negligenciada em impressões populares do racismo como a ignorância, o ódio infundado ou a intolerância. O racismo pode bem ser todas essas coisas, mas é também um tipo de indignação, um ímpeto para culpar e punir, envolvendo um sentido de leis, normas sociais (se racistas) e ideais que foram violados.

Isso é algo que nós podemos creditar a Adorno et al.[55] por intuir em sua teoria da personalidade autoritária: o racismo frequentemente assume a forma de um tipo de moralidade distorcido e carregado de gozo (ou superegoico). O outro é visto como alguém que ostenta valores tradicionais ou culturais, a quem faltam valores morais, aberrante, criminoso. Enfatizar a conexão entre satisfação e a lei nos ajuda a lembrar que, em termos lacanianos, a lei – e talvez a sociedade mesma – necessita do gozo para funcionar. Podemos afirmar, então, que a estrutura social racista depende da mobilização de gozo. O gozo racista, como outros modos sociais de gozo, não é meramente contextualizado ou condicionado por determinadas estruturas sociais. O gozo estende, faz cumprir e, de fato, conduz essas estruturas mesmas que não existiriam sem ele.

Temos, portanto, a resposta para a acusação de reducionismo psicológico notada acima: a satisfação é, com efeito, uma noção sociológica ao invés de fundamentalmente psicológica, na medida em que é sempre enredada em um campo social. O gozo é, da mesma forma, necessariamente histórico. A satisfação é, de fato, localizada no interior de coordenadas simbólicas e históricas muito específicas, dado que ela emerge acompanhada – ou como o outro lado aparente – das normas sociais, valores morais e ideais simbólicos. O gozo é um conceito inerentemente simbólico no sentido qualificado de que qualquer intensidade de uma tal experiência libidinal é necessariamente ligada a representações historicamente determinadas ou – como Žižek[56] formula em sua própria qualificação cuidadosa desse ponto – imiscuída em um domínio ideológico. Em *lacanês*, poderíamos dizer: a satisfação emerge do campo do significante.

---

55 > Theodor W. Adorno, et al. *The Authoritarian Personality*. Nova York: Harper Row, 1950.
56 > Slavoj Žižek, *The Plague of Fantasies*, op. cit.

conclusão

O que, então, podemos extrair a partir de nossa avaliação do valor analítico da hipótese do racismo como (roubo de) gozo? Bem, fomos capazes de oferecer uma série de respostas a quatro críticas básicas destacadas nas seções iniciais deste trabalho.

No que diz respeito à primeira crítica (referente ao reducionismo psicológico despolitizante), demos, assim espero, uma série de passos decisivos na direção contrária ao entendimento do gozo como pertencente ao domínio do psicológico, e assim, da crítica do reducionismo psicológico. Argumentei que, em suas variadas formações sociais, o gozo é – paradoxalmente – mais um conceito sociológico do que psicológico. De fato, uma vez que compreendermos que o gozo nunca circula desvinculado de um contexto sócio-histórico, e que está sempre ancorado em uma matriz sociossimbólica particular de leis e ideais sociais, a ideia de satisfação como uma dinâmica psicológica de ressentimento descontextualizada que poderia ser redutivamente imposta em uma variedade de situações sócio-históricas deve ser reconsiderada. Qualquer referência analítica viável à noção de gozo deve necessariamente estar vinculada a um domínio simbólico a partir do qual ele se ergue.

É ainda verdade – como reconheci – que a hipótese do racismo como (roubo de) gozo frequentemente ocorre em contextos (e isso é típico da obra de Žižek) que são flagrantemente desatentos a detalhes socioeconômicos e históricos. Tendo dito isso, sugeri, no entanto, que a qualidade formalista dessa hipótese lacaniana (construída, em outras palavras, como uma fórmula) pode na verdade ser vista como uma vantagem analítica. Afinal, como variável de análise social, a noção de gozo deve certamente permanecer vazia de conteúdos essenciais, precisamente em virtude da maleabilidade daquilo de que diferentes (grupos de) pessoas extraem algum tipo de satisfação.

Essa foi, na verdade, uma das respostas à segunda das críticas oferecidas acima (relativa ao gozo como sendo conceitualmente subdiferenciado, demasiadamente inclusivo): sim, o gozo pode se referir a praticamente qualquer objeto ou atividade, contanto que tenha adquirido um valor libidinal como foco da pulsão. Ademais, precisamente essa abrangência se prova como uma dimensão crucial antiessencialista do conceito de gozo. Podemos assim dizer que a hipótese do racismo como (roubo de) gozo deve ser usada como uma hipótese vazia – como um conjunto de termos algébricos, talvez – que deve necessariamente estar ancorada em detalhes empíricos. De que outra forma poderíamos defender a reivindicação lacaniana de que a psicanálise é uma ciência do particular?

Assim, ao invés de operar como uma fórmula totalizante, trans-histórica, que se aplicaria para todas as situações, a ideia do racismo como (roubo de) gozo deve ser tratada precisamente como hipotética, como um dispositivo explicativo que dirige nossa atenção para facetas específicas do campo analítico. Um uso possível da hipótese é precisamente como um dispositivo heurístico, um enquadre analítico provisório que desafia o analista do racismo a identificar os variados componentes interconectados de uma economia libidinal prospectiva (o funcionamento superegoico da lei, a moldura narrativa da fantasia ideológica, várias instanciações do objeto a como um tesouro libidinal ameaçado, o presumido roubo de gozo, etc.).

É verdade que um uso provisório e propriamente explorativo de tais ideias é raro, se é que de fato ocorre nas descrições ilustrativas do conceito que aparecem na obra de Žižek. Reconheço que tais análises deveriam ir além, por meio de nuances e de uma textura empírica. A aplicação analítica deveria particularizar tais conceitos, investigando como podem aparecer em campos de análise significativamente distintos, ao invés de sumariamente generalizar através de contextos empíricos. O problema da inadequada atenção que seria dada às diferenças entre xenofobia, racismo, antissemitismo, homofobia, islamofobia, etc. permanece: a noção de gozo definitivamente não pode ser uma ferramenta analítica satisfatória se não atentar à diferença entre essas distintas formas de preconceito social.

Passando à terceira de minhas críticas, realizei a distinção entre diferentes formas de satisfação (gozo como intensidade corporal, tesouro libidinal e mais-de-vitalidade do outro) e expliquei, através do conceito de objeto a, como o gozo pode, ao mesmo tempo, se referir a uma presumida possessão narcísica (fálica, de fato) e a uma fantasia de despossessão por um outro que me furta.

Respondendo à quarta crítica disposta acima (a de que o gozo é frequentemente usado de uma maneira conceitualmente descontextualizada), articulei a ideia de gozo ao conjunto de conceitos psicanalíticos a ele relacionados (pulsão, fantasia, castração, falo, objeto a), colocando-o então em um horizonte conceitual que permite aplicar o termo de forma mais rigorosa – e, poderíamos dizer, mais refinada – do que a forma mais corrente. Diversas qualificações associadas (como a de que a satisfação deve ser concebida em relação à lei/ao superego, assim como a de que o gozo advém do significante) têm, além do mais, conferido definição ao conceito de gozo enquanto estratégia analítica.

Para muitos, é claro, alguns problemas analíticos persistem: até mesmo uma hipótese exploratória vazia e aparentemente desessencializada supõe em demasiado. Podemos antecipar o argumento: O padrão de dinâmicas libidinais insinuado por essa hipótese (o ladrão ressentido do gozo, o precioso objeto furtado, o sujeito roubado, etc.) inevitavelmente impede o trabalho de uma análise sociológica de maior consistência. Tal é a posição de Engelken-Jorge, que argumenta que as teorias de Lacan sobre a satisfação envolvem um recorrente "viés psicologista que empobrece a imaginação sociológica".[57] Apesar de

---

57 > Marcos Engelken-Jorge, "The anti-immigrant discourse in Tenerife: Assessing the Lacanian theory of ideology", *Journal of Political Ideologies*, v. 15, n. 1, 2010, p. 69, tradução livre.

eu ter tentado demonstrar que esse não é necessariamente o caso, aprecio o argumento de Engelken-Jorge. Essa linha de crítica sugere que as teorizações lacanianas sobre a satisfação podem não ser suficientes sem recursos teóricos e metodológicos adicionais, sem uma maior contextualização sócio-histórica e empírica. Há aí uma verdade. Acrescento apenas o seguinte: se é mesmo o caso de que a satisfação libidinal é o que liga sujeitos com maior força a uma determinada ideologia,[58,59,60] negligenciar essa variável em favor de uma análise histórica e socioeconômica aparentemente mais detalhada e contextualizada é um sério erro de omissão.[61] De forma mais direta: omitir uma atenção analítica ao gozo é arriscar não compreender a tenacidade histórica e psíquica do racismo.

---

58 > Jodi Dean, *Žižek's Politics*. Londres: Routledge, 2006.
59 > Yannis Stavrakakis, *The Lacanian Left*, op. cit.
60 > Slavoj Žižek, *For They Know Not What They Do: Enjoyment as a Political Factor*. Londres: Verso, 2002.
61 > Como Žižek (Slavoj Žižek, *The Plague of Fantasies*, op. cit.) destaca, se uma mudança política está para ocorrer, não será nunca suficiente insistir em uma mudança de linguagem para proibir determinados termos de representações (apesar de que isso pode admitidamente ser um passo crucial na direção correta). O mais crucial a ser alterado são os modos de satisfação que ancoram e estimulam aquela ideologia.

> moreno, david[1] <.> o real da colonização e as invenções a partir de restos: um saber-fazer com lalíngua <

o percurso de uma pesquisa

A nossa proposta parte de uma pesquisa em andamento que, inicialmente, questiona a possibilidade de pensar com a psicanálise as consequências subjetivas da violência colonial no Brasil a partir de uma perspectiva do ser falante. Para esse fim, estabelecemos um diálogo entre a psicanálise de orientação lacaniana e o campo dos estudos pós-coloniais e decoloniais. Para os fins desta proposta, não é preciso entrar no detalhe desse diálogo, em termos epistemológicos. Mas, quando foi preciso entender a tensão epistemológica entre os dois campos, concluímos que há pontos de marginalidade que a psicanálise compartilha com os estudos sobre a colonização, hoje em dia, já que os dois saberes tocam o ponto de crítica ao redor da produção de saber sobre o humano, como propusera Foucault[2] com relação à psicanálise. A psicanálise toma o inconsciente como ponto de inflexão da visão do homem racional constituída pelo campo da ciência clássica e os estudos pós-coloniais e decoloniais sobre o lugar do aparente ponto zero ocidental a partir do qual se produz o saber universitário.[3,4]

Inicialmente nos perguntamos pelas marcas da colonização a partir da perspectiva do inconsciente, pensando se seria possível entender as consequências subjetivas da violência colonial com a psicanálise. Isso implicou um primeiro exercício de compreensão do fenômeno, que permitiu abranger alguns fenômenos de exclusão e segregação atuais que guardam semelhança com aqueles que aconteciam no período imediatamente posterior à abolição da escravatura no Brasil. Por exemplo, a semelhança entre o lugar do suspeito do

---

1 > Psicanalista. Psicólogo, Universidad del Valle. Mestre e doutorando em Psicologia (Estudos psicanalíticos) pela UFMG. Membro colaborador do núcleo PSILACS. Bolsista CAPES. E-mail: davidmc.90@hotmail.com.
2 > Michael Foucault, *As palavras e as coisas*. São Paulo: Martins Fortes, 1999.
3 > Aníbal Quijano, "Colonialidad del Poder, Eurocentrismo y América Latina" in: *Colonialidad del Saber, Eurocentrismo y Ciencias Sociales*. Buenos Aires: Consejo Latinoamericano de Ciencias Sociales (CLACSO), 2000.
4 > Santiago Castro-Gómez, "Decolonizar la universidad. La hybris del punto cero y el diálogo de saberes" in: *El giro decolonial. Reflexiones para una diversidad epistémica más allá del capitalismo global*. Bogotá: Siglo del Hombre, 2007.

homem negro diante das abordagens policiais hoje e o crime de vadiagem que colocava em xeque a suposta liberdade recém-adquirida dos negros, no tempo após a abolição da escravatura. Houve o interesse de formalizar a transmissão dessas consequências, tanto para os sujeitos brancos como para os sujeitos herdeiros de um corpo que carrega o signo de "negro". Fizemos uma escolha pela transmissão na qual o Real está em jogo. A perspectiva do ser falante auxiliou esse percurso.

Partir da nossa pesquisa na perspectiva do ser falante nos permite entender os efeitos de linguagem para além do "efeito sujeito" da cadeia significante. O ser falante, que Lacan começa a introduzir no *Seminário 20*, é fruto de uma verificação de que, por falar, o sujeito se traumatiza e esse trauma aparece como efeito de gozo no corpo. Assim, o sujeito estaria sempre marcado traumaticamente pela linguagem, ele "fala sem saber": "falo com meu corpo, e isto, sem saber. Digo, portanto, sempre mais do que sei".[5] Ou seja, há diferença entre o saber produzido pelo sujeito a partir das suas formações do inconsciente e o saber que carrega, no corpo, o ser falante. Assim, poder-se-ia dizer que sujeito e falasser (ou parlêtre) não são opostos, tampouco o segundo substitui o primeiro. Eles respondem a dimensões clínicas e conceituais diferentes: "Dizer que há um sujeito, não é outra coisa senão dizer que há hipótese. A única prova que temos de que o sujeito se confunde com essa hipótese e de que é o indivíduo falante que o suporta, é a de que o significante se torna signo."[6]

O ser falante seria o correlato de corpo e de gozo que permitiria um efeito de significante.[7] E, em consequência, o significante não é somente aquilo que mortifica o corpo e o libera do mais-de-gozar, mas, agora, incide na forma de gozo do ser falante.[8] Por causa disso, existe um gozo também da linguagem, e não só do corpo.[9]

Com essa invenção de Lacan, o falasser/parlêtre, podemos dizer que a linguagem tem uma incidência anterior ao ordenamento da cadeia significante, no momento em que incide sobre o corpo fazendo uma inscrição traumática. As consistências das marcas do significante no corpo provocam um acontecimento de corpo, que é tratado pelo que Lacan[10] articula como o tratamento mais singular do sujeito: o sinthoma como amarração dos três registros.[11] O acontecimento de corpo se dá a partir do encontro contingente do corpo com

---

5 > Jacques Lacan, *O Seminário, livro 20: mais, ainda*. Rio de Janeiro: Jorge Zahar, 1985, p. 161.
6 > Ibid., p. 194.
7 > Ibid.
8 > Luis Francisco Espíndola Camargo, "Sujeito do desejo, sujeito do gozo e falasser", *Opção Lacaniana*, v. 22, n. 3, 2007, sp.
9 > Jacques-Alain Miller, "O osso de uma análise", *Revista da Escola Brasileira de Psicanálise*, número especial, 1998, sp.
10 > Jacques Lacan, *O Seminário, livro 23: O sinthoma*. Rio de Janeiro: Jorge Zahar, 2007.
11 > Jacques-Alain Miller, *Sutilezas analíticas*. Buenos Aires: Paidós, 2011.

o significante, quando o gozo é produzido.¹² Essa perspectiva faz com que o inconsciente lacaniano, diferente do freudiano, seja da ordem da elucubração de um saber equiparável à escrita que tem um valor de traumatismo.¹³

Posteriormente, com a inscrição da estrutura, é possível que o real seja delimitado e que "à falta-a-ser possa vir a ser demarcada, fazendo com que o falasser possa ser dito a posteriori, com o surgimento da linguagem".¹⁴

Encontramos, assim, em Lacan que a noção de sujeito sofre alterações e considerações que convergem, nos últimos anos de sua produção, em uma noção na qual a linguagem, para além dos efeitos de sentido, tem efeitos de gozo, produto de um encontro traumático entre significante e ser falante.

Por que fazer ênfase nessa noção? Quando pensamos que a violência colonial persiste hoje em dia na forma de colonialismo interno,¹⁵ podemos nos perguntar quais seriam as consequências contemporâneas dessa violência do passado, enraizadas na troca do laço social, e isso implica pensar na existência de uma transmissão. Mas, as ciências humanas, como a sociologia, a antropologia, a psicologia social e a história já têm muito a dizer sobre a transmissão simbólica dessa violência. Uma pesquisa em psicanálise não pode se limitar aos efeitos simbólicos de um fenômeno ou questão estudado, mas deve se ater aos efeitos no Real dessa condição, guardando sua especificidade, até mesmo para distinguir-se das pesquisas de corte sociológico.

Nesse sentido, a perspectiva do ser falante permite desdobrar a pergunta pela transmissão da violência da colonização a partir de uma lógica diferente, de uma pergunta pela transmissão transmutada pelo real em jogo. Por isso, nossa primeira aproximação formulava a pergunta pela transmissão de certas "marcas de corpo", entendendo o corpo como produzido a partir desse encontro contingencial com o significante.

questionamentos sobre uma pesquisa em psicanálise que parte da "migração linguística forçada"

No caminho, foi preciso fazer um recorte, pensando que a violência da colonização sofrida no Brasil – que implicou a escravização de povos africanos até 130 anos atrás, o genocídio

---

12 > Nora Pessoa Gonçalves, "Gozo do corpo" in: *Scilicet*: O corpo falante. São Paulo: Escola Brasileira de Psicanálise, 2016, pp. 135-137.

13 > Mariana Alvarez, "Ultimíssimo ensino de Lacan" in: *Scilicet*: O corpo falante. São Paulo: Escola Brasileira de Psicanálise, 2016, pp. 313-315.

14 > Adriane de Freitas Barroso e Ilka Franco Ferrari, "O último ensino de Lacan: Há algo para além da linguagem." *Revista Caleidoscópio*, v. 12, n. 2, 2014, pp. 253.

15 > Leticia Cesarino, "Colonialidade interna, cultura e mestiçagem: repensando o conceito de colonialismo interno na antropologia contemporânea", *Ilha Revista de Antropologia*, v. 19, n. 2, 2017, pp. 73-105.

dos povos tradicionais indígenas e uma serie de estratégias de aculturamento dessas populações – era muito diversa. Foi só a partir do entendimento de que a linguagem transmite os restos dessa violência colonial que se tornou possível constituir um recorte.

Tomar o ser falante como foco implica também pensar que a noção de linguagem também muda nessa perspectiva. Não se trata somente da linguagem ou do lugar do Outro como muro da linguagem ou tesouro dos significantes, mas também dos efeitos de gozo no corpo do significante, inclusive antes dos efeitos de sentido. Lacan[16] propõe, então, outro neologismo para definir essa escritura. É assim que a noção de lalíngua (lalangue) aparece como aquilo pelo qual a psicanálise se distingue do estruturalismo. Para o estruturalismo, existiria uma integração da linguagem com a semiótica, e precisamente a noção de lalíngua, como efeito de gozo da linguagem, indica uma diferença com os efeitos de sentido.

Lalíngua serve para coisas inteiramente diferentes da comunicação, pois a linguagem como comunicação é posterior e é aquilo que se tenta saber em relação à função de lalíngua.[17] O inconsciente seria testemunho de um saber que escapa ao ser falante. Nesse sentido, Lacan aponta que a linguagem é feita de lalíngua, nas palavras dele "uma elucubração de saber sobre lalíngua", sendo o inconsciente "um saber-fazer com lalíngua".[18] Em outras palavras, podemos dizer que há um ponto de inacessível e de impossível de saber sobre lalíngua que a linguagem e a cadeia significante vêm suprir.[19]

Ela aporta, também, as marcas de gozo dos que encarnam os "Outros" primordiais do sujeito.[20] Alomo, Murano e Lombardi[21] desenvolvem uma pesquisa teórico-clínica que parte da premissa de que a língua não é mediada unicamente pelo sentido e pela relação em uma cadeia significante. Mas, também, por uma experiência do real, na qual o efeito acústico do significante deixa uma marca subjetiva, que se manifesta na parte do significante que é só som. Essas marcas de gozo são tomadas em lalíngua e condicionam a captura do sujeito pela estrutura da linguagem. Teríamos, nessa abordagem, uma indicação sobre a ancestralidade, ainda quando cada sujeito trata o Real em jogo nessa transmissão de maneira muito singular?

Esse estudo indicou que lalíngua inclui as marcas de gozo do Outro, mas ao mesmo tempo importa um trauma, além do trauma sexual, sendo então "contaminada" pelo gozo do Outro: "lalíngua transmigra as modulações, as particularidades, as marcas de gozo, os

---

16 > Jacques Lacan, *O Seminário, livro 20: mais, ainda*, op. cit.
17 > Ibid.
18 > Ibid., p. 190.
19 > Ibid.
20 > Martim Alomo, Vanina Murano e Gabriel Lombardi, op. cit.
21 > Ibid.

pecados do Outro".[22] Isto faz com que o peso do gozo condensado em um elemento de lalíngua, tomado retroativamente pelo significante, introduza na estrutura algo a-estrutural que não é significante e que trafica gozo. Esse tráfico tem um resto de ancestralidade: "lalíngua obscena, pecadora, anima e incorpora um contrabando de gozo inclusive ancestral, que inclui – toca, afeta – esse mistério evocado por Lacan em Encore, o do corpo falante".[23] Temos aí, uma entrada para pensar que a noção de lalíngua permitiria realizar indicações sobre uma ancestralidade "traficada" na vertente do inconsciente, como o enunciava Lacan[24] ao final de seu ensino.

Pensamos que a linguagem, com efeitos de Real e efeitos de cultura (e humanização) propriamente simbólicos, produz marcas no ser falante que, ao mesmo tempo, veiculam um resíduo transmissível e ancestral. Isso está sendo denominado aqui, quiçá provisionalmente, como marcas de corpo. De corpo, pela dimensão de substância gozante que é veiculada no corpo (em sua vertente real), mas também pensando que corpo pode ser também o Outro, assim como Lacan define em alguns momentos da sua obra.

O ser falante colonizado, se podemos nomeá-lo assim, é afetado por uma linguagem que não é qualquer uma. A língua de que se serve essa linguagem não comporta as mesmas caraterísticas que Lacan menciona como sendo aquelas nas quais se participa paulatinamente e que se modifica com restos de lalíngua.[25] Pelo contrário, o que a violência colonial mostrou é que a língua imposta aos povos colonizados é uma língua da qual o colonizado não consegue abrir mão.

A questão principal que é abordada aqui é se a perspectiva da migração linguística forçada, na qual os povos colonizados são destituídos da sua língua materna e são obrigados a se inserir na língua do colonizador, permite pensar essas marcas da colonização em uma perspectiva do inconsciente. Supomos que as marcas obedeceriam a uma lógica do resto, daquilo sem contorno simbólico que retorna nas vias do real da violência do racismo contemporâneo e nas formas mais complexas do sofrimento de seres falantes herdeiros de corpos africanos. Pensamos nesse recorte, especificamente, porque entendemos que as ciências sociais (sociologia, psicologia social, antropologia e história) já se encarregaram de dar tratamento à questão colonial a partir da transmissão cultural e simbólica desse colonialismo interno. Mas a relação entre linguagem e inconsciente, tão cara à psicanálise lacaniana, é nosso foco para pensar a colonização.

---

22 > Ibid., p. 47.
23 > Ibid., p. 48.
24 > Jacques Lacan, *O Seminário, livro 23: O sinthoma*, op. cit.
25 > Ibid.

Entendemos que a transmissão simbólica e cultural da colonização dá conta de pensar o universal e o particular dessa experiência. Mas, quando se questiona a relação entre linguagem e inconsciente sobre a situação colonial, mesmo que a proposta seja responder a uma pergunta por um fenômeno social, essa resposta não pode ser constituída sem remeter à intimidade na qual se constitui essa relação (dos efeitos traumáticos da linguagem), que toca ao singular.

Um achado conceitual ganha um especial destaque para esta indagação. Trata-se de uma passagem no *Seminário 17* na qual Lacan,[26] para falar do Complexo de Édipo, refere-se à colonização:

> Logo depois da última guerra – eu já tinha nascido há muito tempo – tomei em análise três pessoas do interior do Togo, que haviam passado ali sua infância. Ora, em sua análise não consegui obter nem rastros dos usos e crenças tribais, coisas que eles não tinham esquecido, que conheciam, mas do ponto de vista da etnografia. Devo dizer que tudo predispunha a separá-los disso, tendo em vista o que eles eram, esses corajosos mediquinhos que tentavam se meter na hierarquia médica da metrópole- estávamos ainda na época colonial. Portanto, o que conheciam disso no plano do etnógrafo era mais ou menos como no do jornalismo. Era o inconsciente que tinham vendido a eles ao mesmo tempo que as leis da colonização, forma exótica, regressiva, do discurso do mestre, frente ao capitalismo que se chama imperialismo. O inconsciente deles não era o de suas lembranças de infância – isto era palpável –, mas sua infância era retroativamente vivida em nossas categorias familiares – escrevam a palavra como lhes ensinei no ano passado [...familial-aile?]. Desafio qualquer analista, mesmo que tenhamos que ir ao campo, a que me contradiga.[27]

Essa passagem mereceria um desdobramento muito mais detido para pensar o estatuto dos traços que poderiam restar, mas que aparecem como conhecimento, não como lembrança infantil; o que significam "as boas regras do Édipo", "a venda de um inconsciente", "o discurso do mestre de forma regressiva como imperialismo" e o fato de a infância ser "retroativamente vivida nas categorias familiares do colonizador"? Para responder essas questões seria preciso aprofundar em certa leitura mais intertextual com o resto da teoria de Lacan sobre esse assunto, especificamente nesse seminário e seminários próximos. Porém, o que inicialmente fica como questão e aporte é a possibilidade de pensar que o inconsciente não é estático e que é possível que ele seja "vendido" ou "forçado" a mudar em uma relação colonial. Se pensamos que a colonização traz, como consequência subjetiva principal, para

---

26 > Jacques Lacan, *O Seminário, livro 17: o avesso da psicanálise*. Rio de Janeiro: Jorge Zahar, 1992.
27 > Ibid., pp. 85-86.

o colonizado, a perda da sua língua e dos elementos da sua cultura, é possível inferir que inicialmente esse inconsciente se trafica por meio da língua. Se o inconsciente é forjado a partir de uma relação do sujeito com a linguagem (em consequência, com uma língua) a violência desse forçamento traz consequências para o inconsciente. Uma delas, pode ser de que a infância seja vivida de forma retroativa nas categorias familiares do colonizador, como Lacan bem diz aqui.

Mas o que pode ser extraído nessa colocação do Lacan é uma relação radical entre o inconsciente e a linguagem, da qual incluso não se escapa a experiência de colonização. Poderíamos colocar, como hipótese, que a partir da instauração forçada de uma nova língua, pela colonização, algo do inconsciente se modifica e transmuta?

O anterior permite pensar nas consequências da colonização para uma primeira geração. Mas, e a transmissão desse "trauma"? Teríamos elementos na psicanálise para pensar algo sobre ela?

A psicanálise se encarregou há muito tempo de pensar a transmissão pela via do simbólico. Os conceitos de nome-do-pai, complexo de Édipo e função paterna dão elementos para pensar uma transmissão e filiação que toma o simbólico como referência. Mas, a colonização carrega um componente de trauma que só pode ser entendido a partir da transmissão dada pela via do real. É possível pensar transmissão pelo Real? Ou seria uma transmissão simbólica com efeitos no Real?

A nossa hipótese também é sobre a estreita relação entre lalíngua e um certo tratamento libidinal do corpo. Lalíngua permite libidinizar a experiência do ser falante com a linguagem a partir de uma resposta única e singular no campo mais íntimo do sujeito. Nessa libidinização há algo que escapa ao recobrimento significante da linguagem, como bem aponta Lacan.[28] Há ali, um desligamento da linguagem com a semiótica, para pensar nos efeitos traumáticos e de gozo da linguagem.

formas de resistência como invenções para o Real da colonização: duas constatações.

Lançamos mão da hipótese de que movimentos entendidos pelo campo social como formas de resistência podem ser lidos como formas de invenção para lidar com o Real de uma violência cruel, como a da escravização e aquela da colonização. Os fatos que permitem fazer essa relação pouco explorada nós os entendemos a partir de dois restos da língua dos povos africanos.

---

28   > Jacques Lacan, *O Seminário, livro 20: mais, ainda*, op. cit.

os segredos do candomblé

O primeiro tem a ver com a conservação, nas religiões de matriz africana, de uma certa cosmologia ancorada na linguagem e transmitida de forma sútil na Senzala, os segredos do Candomblé são um exemplo disso.

Falcão[29] ressalta que a tradição de transmissão das famílias de santo no Brasil permitia a transmissão da cultura africana e que uma retomada hoje em dia dessa tradição, por parte do negro, contribuiria para a recuperação de uma certa ancoragem com essa ancestralidade. A diluição geográfica da diversidade de pessoas africanas escravizadas no Brasil fez com que partes dos fragmentos dos cultos se extinguissem e fossem substituídos por outros. Porém, alguns rituais que acontecem nos terreiros do Candomblé são, em grande medida, semelhantes àqueles que aconteciam na África.[30] Um exemplo dessa resistência foi o Candomblé da Barroquinha no Salvador, criado por princesas africanas escravizadas no Brasil, ganhando o lugar de um dos precursores do Candomblé na Bahia e no Brasil.

O ingresso das pessoas no Candomblé no Brasil ocorre de modo individual, à diferença da África, onde acontece de acordo com as tradições familiares. A adesão à cultura religiosa africana no Brasil adquire o conceito de "nação". Mas, também, a partir da inserção religiosa, são transmitidos saberes não somente religiosos, mas também culturais e de resistência.[31] E, além disso, a diáspora africana trouxe como consequência que elementos dos rituais africanos fossem adotados por todas as religiões (o sacrífico, derramamento de sangue, oferendas de alimentos etc.). O mais interessante, para nossas perguntas, é que a transmissão disso aconteceu na Senzala, de forma secreta e a partir de uma sutil resistência linguística. E muitas expressões afrorreligiosas, graças a essa resistência, foram incorporadas ao dialeto popular brasileiro.

Entendemos essa possibilidade de transmissão como um saber-fazer diante da violência iminente da situação de escravização, que permitiu a sobrevivência de uma certa ancoragem simbólica da história e da ancestralidade do colonizado. Elementos que sobrevivem hoje em dia e que se constituem, como aponta Neusa Santos Souza, como umas das possíveis saídas do negro para lidar com a violência do racismo e o imperativo de embranquecimento.[32]

---

29 > Kary Jean Falcão, "Casas e terreiros de cultos africanos: território de identidade, resistência e de construção de linguagem", *Revista Espaço Acadêmico*, v. 16, n. 187, 2016.
30 > Ibid.
31 > Ibid.
32 > Neusa Santos Souza, *Tornar-se negro, ou, as vicissitudes da identidade do negro brasileiro em ascensão social*. Rio de Janeiro: Graal, 1983.

saber-fazer com restos de língua: lalíngua e voz

O segundo resto tange mais à psicanálise e tem a ver com a incorporação na língua portuguesa falada no Brasil de certos restos de fonemas das línguas africanas faladas pelos povos escravizados no Brasil. Entendemos essa incorporação como uma certa invenção, com consequências coletivas, mas impossível sem a participação de uma cena íntima e singular que não pode ser desdobrada pelo sentido, que ganharia o estatuto de um saber fazer aí com o Real.

Nesse sentido, observamos, por exemplo, a influência das línguas africanas e Tupi na configuração das especificidades do português falado no Brasil.[33] Parece que, mesmo que no registro da semiologia e semiótica haja uma alta correspondência entre o português falado no Brasil e em Portugal, o português falado no Brasil leva, como resto, as semelhanças fonéticas dos povos africanos e indígenas que foram colonizados nesse território. Um achado interessante foi o de encontrar alguns estudos que marcam a semelhança entre o português falado no Brasil, em Angola e em Moçambique, em termos fonéticos, especialmente, conservando uma distância com relação ao português europeu.

Petter[34] realiza um estudo linguístico no qual formaliza a proximidade do português falado no Brasil ("português brasileiro") com o português falado na África, encontrando muitas proximidades e semelhanças nos níveis fonológico, lexical e morfossintático. Isso por um contato entre o português e um conjunto de línguas banto, muito próximas. O que significaria que existe um continuum afro-brasileiro do português.[35]

Por exemplo, o padrão silábico das línguas do grupo banto é a sílaba aberta, CV. No português do Brasil, de Moçambique e de Angola as vogais, tônicas ou átonas, são bem articuladas "e há epêntese de vogais (i ou e) para desfazer encontros consonantais: peneu, ritimo, pissiquiatria".[36] E, precisamente, este movimento de epêntese ficou estigmatizado como fala do negro,[37] mesmo que hoje seja um uso comum e legitimado para todos, inclusive para os "p-i-sicanalistas".

Sobre os metaplasmos, há consideráveis proximidades entre o português desses três países, como por exemplo a proximidade na alteração fonética de algumas palavras: "minino", "sinhor", "piquinino". O autor se faz uma pergunta que é cara a nossa pesquisa: "por que as mesmas áreas da gramática do português foram perturbadas?" (No Brasil, em Angola e em Moçambique com relação ao português europeu). O autor destaca que o contato

---

33 > Renato Mendonça, *A influência africana no português do Brasil*. Brasília: Fundação Alexandre de Gusmão, 2012.
34 > Margarida Maria Taddoni Petter, "Uma hipótese explicativa do contato entre o português e as línguas africanas", PAPIA – *Revista Brasileira de Estudos do Contato Linguístico*, v. 17, n. 1, 2008, pp. 9-19.
35 > Ibid.
36 > Ibid., p. 10.
37 > Ibid.

com as línguas banto teria sido de vital importância e relevante para esse achado,[38] mas não aprofunda nesta hipótese.

Parece que, mesmo com a intenção colonizadora de forçar o colonizado a adotar a língua do colonizador, a dimensão fonológica, vogal, do tom, resistiu a essa tentativa de captura violenta. A pulsão invocante, em jogo aí, tem uma força que perpassa à do simbólico, no que se refere à aquisição da língua da cultura dominante. Quiçá a distinção da invocação dessa pulsão com a demanda permita entender sua força, já que a pulsão invocante não é uma demanda endereçada ao Outro, mas a invocação de que uma alteridade possa advir, onde "o sujeito, pura possibilidade, seria chamado a tornar-se".[39] Ela resiste às regras semânticas e sintáticas convencionais da cultura e isso é o que nos permite lançar mão desse fato para pensar a relação entre um inconsciente na perspectiva do ser falante e do corpo falante, ancorado em lalíngua, com a pergunta por algumas consequências da colonização e a persistência de sua transmissão hoje em dia.

Como Lacan[40] indica, é possível que seja vendido ao colonizado um inconsciente novo que funcione com regras alheias à história infantil do sujeito. Porém, como vimos, há algo que resiste a essa captura e isso tem um caráter de invenção, de invenção relacionada ao Real.

A experiência traumática e de gozo com a linguagem acontece em um momento lógico da constituição subjetiva na qual lalíngua ganha uma certa centralidade. Se pensamos a influência das amas de leite na importante função de interesse particularizado tanto das crianças negras como das crianças brancas, pensamos que nesse momento de intimidade alguma coisa da língua materna do colonizado se transmite, não pela via do simbólico, da significação ou do sentido, mas pela via do real, do resto. Restos de fonemas que se resistem a desaparecer ao se integrarem na língua do colonizador.

Lembremos o que Lélia Gonzales[41] aponta com relação à função materna no Brasil. Pois ela seria exercida pela "mãe preta" sobre um "Infans" cuja língua seria o "pretuguês". Esse "pretuguês" é a influência das línguas africanas no Brasil, que não somente aparecem na fala "errada" do homem ou a mulher negra (aos ouvidos do homem ou mulher branca), e que é produto das heranças fonológicas de línguas africanas, mas, também, para aqueles que cortam ou condensam os pronomes e verbos; aqueles que fazem um uso "brasileiro" do português. Vemos, nessa constatação, a incidência de restos das línguas e fonemas africanos que se transmutam de forma sutil.

---

38 > Ibid.
39 > Jean-Michel Vives, "A pulsão invocante e os destinos da voz", *Psicanálise & Barroco em revista*, v. 7, n. 1, 2009, p. 188.
40 > Jacques Lacan, *O Seminário, livro 17: o avesso da psicanálise*, op. cit.
41 > Lélia Gonzalez, "Racismo y sexismo en la cultura brasileira", *Revista de Ciências Sociais Hoje*, 1984, pp. 223-244.

Qual seria, então, o estatuto desses restos? Podemos tomá-los como portadores das marcas da violência da colonização (na via do trauma) ou como formas de resistência à destituição da língua materna?

Inicialmente, podemos encontrar as duas vertentes. Como resistência, já que algum saber se articula de uma forma que se coloca no campo do Outro como resto fonológico e que permite a permanência no mundo de uma ancestralidade da língua materna do colonizado. Há uma invenção sofisticada que se transmuta de formas que só podem ser abordadas na perspectiva do Real. Mas, também, esse resto só é resultado de uma função e de uma operação maior de violência e destituição simbólica na qual só se pode operar a partir do que sobra, do que fica velado para o colonizador: o fonema, o tom, aquela parte ignorada pelos efeitos de sentido do significante. Uma pergunta que ficará mais para frente é a relação da violência linguística e da resistência posterior com o corpo negro como signo do racismo. Por mais que pensemos a relação entre linguagem e inconsciente para pensar a colonização, a principal consequência dessa história colonial é o racismo contemporâneo, tão atual e tão importante para entender a subjetividade de nossa época. Um racismo que não é genérico, um "racismo ao negro" mascarado na ideia de que "somos todos iguais" e que se ativa na dimensão do olhar para um corpo específico.

No final, entendemos como essa leitura permite refletir sobre o exercício da psicanálise em contextos como o brasileiro, mas também no que isso ensina sobre um certo saber no real que resiste à captação da significação, ainda que essa movimentação esteja marcada por uma violência atroz.

> dupin, fernanda[1] <.> boaventura de sousa santos e a subversão da universidade: um projeto decolonial <

> As linhas cartográficas "abissais" que demarcavam o Velho e o Novo Mundo na era colonial subsistem estruturalmente no pensamento moderno ocidental e permanecem constitutivas das relações políticas e culturais excludentes mantidas no sistema mundial contemporâneo.[2]

A discussão aqui proposta parte da seguinte questão: onde está a humanidade da Universidade? Para tratá-la, propõe-se uma incursão ao debate epistemológico delineado por Boaventura de Sousa Santos e suas consequências para a formulação das alternativas pedagógicas apontadas pelo autor. Observar-se-á que a análise desse aparato teórico e conceitual permitirá a defesa de uma universidade plural ou, dito de outra forma, decolonial.

Português, Boaventura de Sousa Santos, natural de Coimbra, nasceu em 15 de novembro de 1940. Doutor em Sociologia do Direito pela Universidade de Yale, é professor catedrático jubilado da Faculdade de Economia da Universidade de Coimbra e *distinguished legal scholar* da Universidade de Wisconsin-Madison. Além disso, o autor é diretor emérito do Centro de Estudos Sociais da Universidade de Coimbra e exerce ainda o cargo de coordenador científico do Observatório Permanente da Justiça Portuguesa.[3]

Bordeando o campo das epistemologias e dedicando-se à investigação sobre a construção do conhecimento, Boaventura desenvolveu as noções estruturais de sua teoria, nomeadamente: a sociologia das ausências, a sociologia das emergências, o pensamento pós-abissal e as epistemologias do Sul. Para abordá-las, foram eleitas três obras escritas pelo autor nas duas

---

1 > Psicóloga pela Universidade Federal de São João del Rei. Mestre em Psicologia pela Universidade Federal de Minas Gerais. Doutoranda em Estudos Contemporâneos.
2 > Boaventura de Sousa Santos, 'Para além do pensamento abissal: das linhas globais a uma ecologia de saberes". Revista Novos Estudos, n. 79, nov. 2007, p. 71.
3 > Id., *O fim do império cognitivo. A afirmação das epistemologias do sul*. Coimbra: Edições Almedina, 2018.

primeiras décadas do século *XXI*. A definição desse marco temporal atende simultaneamente a dois princípios: tanto a delimitação de um escopo conceitual quanto a localização da sua produção intelectual face ao triunfo do capitalismo.

Assim, o presente trabalho ambiciona a costura de três importantes formulações de Santos. Estão elas expressas em: "Para uma sociologia das ausências e uma sociologia das emergências",[4] "Para além do pensamento abissal: das linhas globais a uma ecologia de saberes"[5] e "O fim do império cognitivo". A afirmação das epistemologias do sul.[6]

O ponto de articulação entre essas obras situa-se na tese central de Boaventura, que pode ser condensada na seguinte afirmação: a injustiça social global é fruto da injustiça cognitiva global. Deste modo, qualquer projeto de transformação social deve ser alicerçado na luta pela diversidade epistemológica. Para Santos,[7] as epistemologias do Sul se opõem às epistemologias do Norte em uma perspectiva não geográfica. Norte e Sul não correspondem aqui a uma localização, mas, sobretudo, a um modo de produção.

Enquanto as epistemologias do Norte referem-se aos conhecimentos ancorados em relações de dominação e derivam, portanto, de violências epistêmicas, as epistemologias do Sul advêm das experiências e lutas de grupos sociais invisibilizados nessas mesmas relações. Ou seja, as três formas de dominação elencas por Santos,[8] a saber: o colonialismo, o capitalismo e o patriarcado, são sustentadas pelas epistemologias do Norte e ameaçadas pelas epistemologias do Sul.

Ainda segundo Santos,[9] as epistemologias do Sul, ao desafiarem o domínio do pensamento eurocêntrico, delineiam não apenas um universo teórico, metodológico e pedagógico, mas incidem fundamentalmente sobre uma conjuctura econômica, social e política. É precisamente no seio deste debate que Boaventura de Sousa Santos irá se dedicar a uma extensa e complexa discussão sobre as universidades. Segundo o autor, enquanto instituição sócio-histórica, a universidade é palco e perpetuadora de arranjos econômicos e políticos.

A tríade inovação, empreendedorismo e parceria público-privada, marcos contemporâneos do projeto supranacional definido pela Organização para a Cooperação e Desenvolvimento Econômico (*OCDE*) para as Instituições de Ensino Superior (*IES*), não é, de modo algum, negligenciada por Santos. É possível encontrar em Boaventura e sua defesa do fim do império cognitivo – posição política emprestada como título de umas das mais

---

4 > Id., "Para uma sociologia das ausências e uma sociologia das emergências". Revista Crítica de Ciências Sociais, n. 63, out. 2002, pp. 237-280.

5 > Boaventura de Sousa Santos, "Para além do pensamento abissal: das linhas globais a uma ecologia de saberes", op. cit.

6 > Boaventura de Sousa Santos, *O fim do império cognitivo. A afirmação das epistemologias do sul*, op. cit.

7 > Ibid.

8 > Ibid.

9 > Ibid.

importantes obras escritas pelo autor no ano de 2018 – as bases sobre as quais repousa o seu projeto de subversão da universidade contemporânea.

Assim, observar-se-á que o trabalho teórico apresentado em "Para uma sociologia das ausências e uma sociologia das emergências",[10] texto de 2002, já sistematiza uma saída pedagógica que dialogará com as consequências epistemológicas discutidas em "Para além do pensamento abissal"[11] e, finalmente, desembocará, em 2018, na luta por uma universidade que defenda o fim do império cognitivo.[12] Ora, ao propor caminhos artesanais como alternativa a um futuro industrial, Boaventura de Sousa Santos anuncia a urgência da invenção de um novo modo acadêmico. Longe da reprodução de modelos tecnocráticos, objetiva-se, também, no presente trabalho, a construção de uma narrativa singular e compatível com o convite de boa-aventura.

o início: para uma sociologia das ausências e uma sociologia das emergências

"Para uma sociologia das ausências e uma sociologia das emergências" foi publicado por Boaventura de Sousa Santos no ano de 2002, na *Revista Crítica de Ciências Sociais*, que pertence ao Centro de Estudos Sociais (CES), da Universidade de Coimbra, Portugal. Este trabalho, publicado, então, "em casa", é derivado de uma investigação do autor intitulada "A reinvenção da emancipação social". Neste, ele se dedicou à compreensão das saídas encontradas por diferentes movimentos sociais frente ao devastador projeto neoliberal.

No entanto, frente a uma questão eminentemente econômica, Santos[13] debruçou-se sobre o pretensioso modelo de racionalidade inventado pelo ocidente; articulando assim, mais uma vez, a epistemologia e a economia. Deste modo, elegeu seis países semiperiféricos de diferentes continentes para verificar a seguinte hipótese: os conflitos entre a globalização neoliberal hegemônica e a globalização contra-hegemônica são mais intensos em países mais pobres. Assim, compunham a sua amostra: Moçambique, África do Sul, Brasil, Colômbia, Índia e Portugal.

Neste território de lutas, foram encontradas diferentes experiências que permitiram que o autor estabelecesse as seguintes categorias: (1) democracia participativa; (2) sistemas de produção alternativos; (3) multiculturalismo, direitos coletivos e cidadania cultural; (4) alternativas aos direitos de propriedade intelectual e biodiversidade capitalista; e (5) novo internacionalismo operário.

---

10 > Boaventura de Sousa Santos, "Para uma sociologia das ausências e uma sociologia das emergências", op. cit.
11 > Id., "Para além do pensamento abissal: das linhas globais a uma ecologia de saberes", op. cit.
12 > Id., O Fim do Império Cognitivo. A afirmação das epistemologias do sul, op. cit.
13 > Id., "Para uma sociologia das ausências e uma sociologia das emergências", op. cit.

Ressalta-se ainda que, na contramão da tradição eurocêntrica, esse projeto não foi realizado nos centros hegemônicos da produção em ciência social, isso porque objetivava-se a criação de uma comunidade científica internacional independente. Desse modo, na medida em que o projeto pretendia a identificação de diferentes formas de compreensão do mundo, as entrevistas foram realizadas com as lideranças dos movimentos sociais em questão. O que, por sua vez, implicou na inclusão desses sujeitos na rede de produção de saber e conhecimento e culminou, assim, em um debate fundamentalmente epistemológico.

Além de contemplar tradições teóricas e metodológicas distintas, o delineamento da pesquisa incluía também diferenças culturais, bem como a dialética entre o conhecimento científico e o conhecimento não científico. Foi, assim, precisamente no contexto de lutas que Boaventura localizou consistentes e factíveis modelos alternativos ao capitalismo.

Dessa investigação, Santos[14] extrai a seguinte consequência: frente à diversidade de experiências sociais, não há de ser possível a formulação de uma teoria geral. Ora, qualquer tentativa de universalização da concepção-mundo será, portanto, excludente e discriminatória. Para Boaventura, a compreensão do mundo não deve ser reduzida à compreensão ocidental do mundo. Esta é apenas uma das inúmeras variantes epistemológicas.

Neste sentido, uma questão merece destaque. Para Santos,[15] a pretensa hegemonia das epistemologias do Norte deriva da invenção ocidental sobre a verdade e o tempo. A temporalidade ocidental está calcada em uma racionalidade que, ao expandir indefinidamente o futuro, contrai o presente e planifica a história.

Ora, parece ser preciso considerar a relação entre a ordem da mudança, o percurso da transição e os limites da permanência. Aqui, mais uma questão merece ser destacada: em que medida a mudança de paradigma que inaugura a modernidade altera os modos de vinculação social e lança o homem ao imperativo da superação?

A narrativa capitalista que torna urgente a preparação para o novo, que anuncia a imperativa antecipação ao novo em um empreendimento de incessante criação, exigirá revisitar a gramática da temporalidade. Uma compreensão superficial sobre a relação do homem com o tempo e a sua historicidade – cronológica, diacrônica e sincrônica – não raramente é coerente com a ideia de que a evolução é filha da superação. O mote do progresso seria, então, a razão e a técnica?

Mas, adverte-se: é possível explicar o mundo em uma perspectiva de substituição? Ou tratar-se-ia de uma linearidade histórica? Ao chamar a atenção sobre a ocidentalidade do tempo, Santos[16] anuncia que, face ao diverso, parece um equívoco tomar a evolução

---

14 > Ibid.
15 > Ibid.
16 > Ibid.

como um efeito de substituições. A existência de diferentes modelos epistemológicos e seus diversos modos de relação e de produção coloca em xeque a exclusividade das categorias de referência cunhadas no eurocentrismo.

É preciso lembrar sempre que a marca da perspectiva decolonial de Boaventura de Sousa Santos é o debate epistemológico. Segundo ele, na medida em que os interesses hegemônicos – desenhados pelo projeto imperial europeu – difundem conhecimentos como hegemônicos, qualquer tentativa de transformação real deverá estar alicerçada na reestruturação do conhecimento. Neste sentido, a Universidade será, obviamente, fundamental para a ancoragem desse debate.

Ademais, as necessárias mudanças epistemológicas devem começar no desafio da razão que fundamenta tanto os conhecimentos quanto a sua estruturação. Este modelo de racionalidade é nomeado por Santos[17] como razão indolente e pode ser diferenciado em quatro categorias: a razão impotente, a razão arrogante, a razão metonímica e razão proléptica.

Organizando sua narrativa em sete tópicos, o autor destacou, dentre as quatro formas da razão indolente, a crítica à razão metonímica e proléptica. Isso porque são precisamente elas que permitiram a ele ascender ao campo das sociologias – das ausências das emergências – e destas últimas derivou a sua teoria da tradução. Pois bem, para melhor compreensão deste percurso teórico, parece oportuno retomar esses conceitos troncais.

Para Santos,[18] a razão metonímica refere-se aos sistemas explicativos que reivindicam uma racionalidade única e, assim, não reconhecem outras formas de racionalidade. Entretanto, uma vez confrontada com uma racionalidade outra, a razão metonímica dela se apropria e a toma como matéria-prima. Assim, almejando o todo, a razão metonímica concebe a ordem do mundo como uma totalidade. Pretensiosamente exclusiva, sustenta a arbitrária e violenta ideia da existência do modelo explicativo.

Já a razão proléptica se diferencia da metonímica sobretudo pela sua relação com o tempo. Para a razão proléptica, sobre o futuro não é necessária nenhuma reflexão. Afinal, ele está, para ela, definido pela natural superação do presente. Ou seja, enquanto a razão metonímica é marcada pela anulação da diferença, a razão prolética se define pela aposta na linearidade do tempo.[19]

Assim, afirma o autor:

---

17 > Ibid.
18 > Ibid.
19 > Ibid.

No que respeita à razão proléptica, a planificação da história por ela formulada dominou os debates sobre o idealismo e o materialismo dialécticos, sobre o historicismo e o pragmatismo. A partir da década de 80, foi contestada sobretudo com as teorias da complexidade e as teorias do caos. A razão proléptica, que assentava na ideia linear de progresso, viu-se então confrontada com as ideias de entropia e catástrofe, embora do confronto não tenha resultado até agora nenhuma alternativa.[20]

Pois bem, ainda que ameaçadas, tanto a razão metonímica quanto a razão prolética imperam sobre a demais racionalidades. Como alternativa às racionalidades há pouco apresentadas, a saber, a razão metonímica e proléptica, Santos[21] propõe uma racionalidade cosmopolita.

Trata-se aqui de uma razão de trajetória inversa e que, portanto, visa à expansão do presente, ao invés da sua contração. Neste novo espaço-tempo, a contração se dá em relação ao futuro, que, uma vez contraído, viabiliza a valorização das experiências presentes. Frente a esta ousada proposta, parece necessário interrogar: como será possível subverter a racionalidade e a temporalidade por ela forjada?

É precisamente no cerne deste debate que Santos[22] irá propor novos modelos de investigação. São eles a sociologia das ausências e a sociologia das emergências. Trata-se de sistemas de investigação que visam apontar, respectivamente, a arbitrária produção da inexistência e a possível construção de saídas. Enquanto a primeira diz da invenção da ausência, a segunda propõe a emergência de alternativas factíveis e concretas.

Segundo o autor, é precisamente uma sociologia das ausências que tornará possível a expansão do presente, enquanto será a sociologia das emergências encarregada da contração do futuro. Deste modo, observa-se que estas propostas sociológicas, das ausências e das emergências, são constituídas intrinsecamente. As emergências são assim consequências das ausências.

Quanto à sociologia das ausências, pode-se dizer que ela se debruça sobre o impossível e daí inventa saídas. Essa investigação alternativa visa, portanto, à construção da presença onde impera a ausência. Santos[23] parte da premissa de que as experiências advindas de fora do eixo nortecêntrico não são socializadas pela racionalidade metonímica. Em uma crítica contundente à exclusividade dos modelos dicotômicos, lógica na qual está ancorada a razão metonímica, Boaventura interroga: o que a dicotomia Norte/Sul faz escapar?

Ou seja, a não existência de outras formas de conhecimento é resultante dessa racionalidade totalizante. Não se trata, portanto, de uma ausência fundante, mas, longe disso, da

---

20 > Ibid., p. 239.
21 > Ibid.
22 > Ibid.
23 > Ibid.

produção da ausência. Ademais, na medida em que uma epistemologia é desqualificada e invisibilizada, ela é radicalmente exterminada. As lógicas de produção da não existência não permitem sequer a existência marginal destes modos de conhecimento. Elas não autorizam nem mesmo que tais epistemologias existam fora do circuito por elas definido. A esse grupo de produção da não existência, Santos[24] oferece o título de monocultura racional.

Para Santos,[25] a sociologia permanecerá ausente enquanto não transgredir os limites convencionais em que foi formulada. Diante de racionalidades pretensamente hegemônicas e arbitrariamente excludentes, Boaventura propõe, então, a ampliação do campo das experiências. Afinal, para ele, é urgente dilatar o tempo presente para expandir o mundo. Neste sentido, deve-se garantir a existência simultânea de diferentes experiências e práticas, isto é, a sociologia das ausências.

Neste trabalho de 2002, Santos não se detém nas questões relativas aos interesses econômicos e políticos que sustentaram esta racionalidade hegemônica nos dois últimos séculos. Alegando ser essa uma problemática já debatida pela sociologia crítica, ele se dedica à identificação de modos de subversão das concepções sustentadas pela razão metonímica e, dentre eles, aponta a ecologia de saberes.

A ecologia de saberes é um modelo de produção de conhecimento proposto no domínio da sociologia das ausências e se apresenta como um modelo substitutivo da monocultura do saber científico. Neste campo, Boaventura contraindica que a ecologia de saberes seja tomada como alternativa à monocultura. Isso, porque, segundo ele, poderia implicar na compreensão deste outro modelo como subalterno àquele já consolidado.

Face à lógica da monocultura do saber científico, a ecologia de saberes legitima outros saberes e práticas sociais definidos como não existentes pela razão metonímica. Deste modo, Santos[26] afirma que não há totalidade; nem do saber nem tampouco da ignorância. A exigência do reconhecimento do não todo, ideia central da sociologia das ausências, impede a formulação de qualquer reposta universal. Frente ao diverso, às experiências únicas, clama-se pelo reconhecimento da singularidade e estabelece-se a possibilidade do diálogo. Longe da violência epistemológica e da perpetuação das relações de dominação epistêmica experiencia-se o encontro de saberes não complementares e disjuntos; e, por isso mesmo, possíveis. Este encontro entre saberes possíveis transforma práticas diferentemente ignorantes em práticas diferentemente sábias.

Nesse debate sobre as sociologias, Boaventura de Sousa Santos apresenta uma distinção bastante didática para situar os campos das sociologias: das ausências e das emergências.

---

24 > Ibid.
25 > Ibid.
26 > Ibid.

Como ele destaca, se por um lado a sociologia das ausências se faz no campo das experiências, por outro, a sociologia das emergências se inscreve no campo das expectativas sociais. Ainda segundo o autor, é a modernidade ocidental que funda a discrepância radical entre a experiência e a expectativa.

Dessa forma, é possível estabelecer as seguintes articulações:

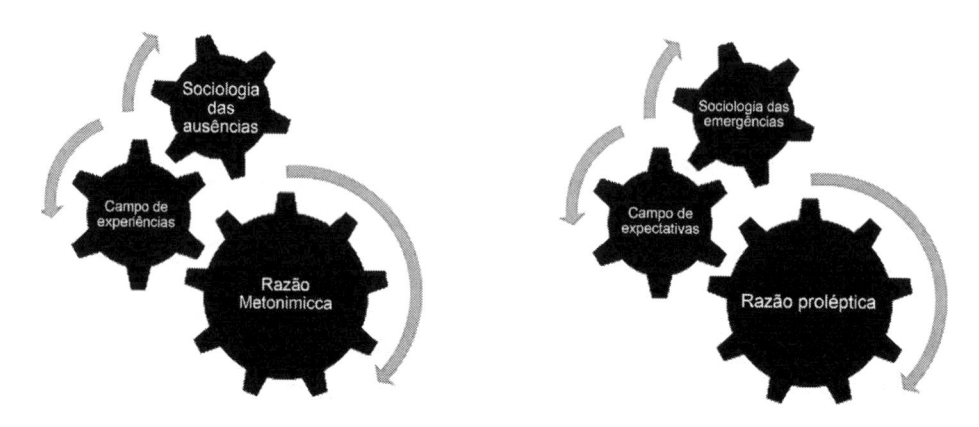

Razão, Campo e Sociologia

Santos[27] afirma que a razão proléptica, ao sustentar a ideia de progresso, faz parecer nulo o abismo que se tem entre a experiência e a expectativa. Desse modo, ainda que reconhecida tal discrepância, ela parece inócua. Assim, mesmo diante de experiências precárias o sujeito mantém grandiosas expectativas. De outro modo, embora também reconheça a discrepância entre a experiência e a expectativa, a sociologia das emergências não as toma em relação ao progresso. Não relaciona, portanto, expectativas e evolução.

Para Boaventura, ao ampliar as expectativas, ou seja, ao apostar no futuro, a razão proléptica encolheu o campo das experiências, o tempo presente. A simultaneidade entre a contração do presente e a expansão do futuro implica, porém, a redução do horizonte de possibilidades reais. Fora do presente, as experiências são limitadas e a vida deixa de acontecer, permanecendo, contudo, como uma constante promessa. Diferentemente dessa operação, a sociologia das emergências propõe não exatamente a diminuição das expectativas, mas a aposta na potência de um presente possível.[28]

Deste modo, ao se dedicar às possibilidades concretas, essa sociologia atua sobre a temporalidade forjada e universalizada pelo ocidente. A ampliação do presente devolve

---

27 > Ibid.
28 > Ibid.

ao panorama epistemológico o que a razão metonímica dele subtraiu, e dessa forma opera alguma contração do futuro. Ciente da impossibilidade de blindar a esperança, a sociologia das emergências almeja a ampliação não apenas dos saberes, mas também das práticas e seus agentes.[29]

Trata-se, segundo Boaventura, de uma imaginação sociológica que objetiva tanto a visitação das condições de possibilidades quanto a definição dos princípios da ação que viabilizará a sua realização. Ou, dito de outra forma, esta proposta sociológica atua tanto sobre a potencialidade quanto sobre a potência. Destaca-se que ela substitui a determinação pela possibilidade. Deste modo, a sociologia das emergências se faz em relação às alternativas possíveis, enquanto a sociologia das ausências é exercida no campo do que está disponível.

Frente à teoria geral inventada pelo ocidente, Santos[30] propõe uma teoria da tradução. Trata-se de uma aposta na criação de uma inteligibilidade mútua entre experiências distintas. No entanto, a tradução só faz algum sentido na medida em que são reconhecidos saberes, conhecimentos, experiências e agentes distintos. Para tanto, é necessário que eles sejam revelados e tenham a arbitrária invisibilidade denunciada. Dessa operação, encarregam-se as sociologias das ausências e das emergências.

Santos[31] ressalta, ainda, que a tradução não oferece a esse conjunto de experiências nenhum estatuto totalizante, tampouco concebe alguma homogeneidade às suas partes. Segundo ele, as experiências do mundo são realidades que não se esgotam como totalidade nem como parte. Por isso, o trabalho de tradução consiste em identificar e interpretar preocupações equivalentes que apresentam, contudo, respostas diferentes. Assim, esse trabalho não se faz apenas em relação a saberes, mas também opera sobre diferentes práticas e seus agentes.

Especificamente em relação à tradução de saberes, Santos[32] propõe uma hermenêutica diatópica. Esse modelo interpretativo, que tem como premissa a incompletude do saber, aposta na possibilidade do benefício mútuo das culturas que se colocam em diálogo. Para exemplificar tal possibilidade, Boaventura aponta a preocupação isomórfica com a dignidade humana que é nomeada pelo ocidente como direitos humanos, como *umma*, conceito islâmico, e como *dharma*, pela perspectiva hindu.

Ou seja, a teoria da tradução proposta por Santos[33] se faz tanto em relação a saberes hegemônicos e saberes não hegemônicos quanto em relação a saberes não hegemônicos

---

29 > Ibid.
30 > Ibid.
31 > Ibid.
32 > Ibid.
33 > Ibid.

distintos. O que, porém, se objetiva em todos esses arranjos é a inteligibilidade recíproca e a agregação de saberes, ou, em outra palavras, uma ecologia de saberes. Além disso, o diálogo entre saberes hegemônicos e saberes não hegemônicos torna possível a construção de uma contra-hegemonia.

Por fim, Santos[34] aponta que o universalismo – inaugurado pelo ocidente a partir das racionalidades metonímica e proléptica – promoveu intencionalmente o desperdício das concepções e experiências de mundo para encobrir, a partir da supremacia epistemológica, os interesses imperiais que a fundamentam. Assim, Boaventura caminha para suas últimas considerações, e ao fazê-las, aponta as diretrizes que o levarão à escrita de "Para além do pensamento abissal".

um meio: para além do pensamento abissal

Em 2002, em suas formulações sobre "Para uma sociologia das ausências e uma sociologia das emergências", Boaventura de Sousa Santos já indicava que um debate histórico ofereceria alguma possibilidade de explicar a fundação e ascensão dos modelos de racionalidade que vigoraram nos séculos xix e xx. No entanto, em 2007, ao propor uma apresentação sobre o pensamento abissal, Santos recorreu a um apanhado histórico que antecede a estes dois últimos séculos.

"Para além do pensamento abissal: das linhas globais a uma ecologia de saberes", texto publicado em 2007 na revista Novos Estudos, anuncia, logo em sua partida, uma conclusão que Boaventura já desenhava em 2002. Assim, começa: 'O pensamento moderno ocidental é um pensamento abissal".[35]

O que este trabalho traz de verdadeiramente novo em relação ao anterior é a possibilidade de sistematização do conceito de abissal e sua constituição a partir de uma retomada histórica dos modelos econômicos, políticos e sociais inaugurados pelo colonialismo. Assim, Santos[36] fundamenta a sua concepção sobre o mundo, que para ele é dividido entre o visível e o invisível.

Esta distinção, na qual o invisível fundamenta o visível, deriva de linhas que dividem de forma radical a realidade social. Tal divisão, forjada, produz a inexistência do universo apartado por essa linha, então, abissal. Ora, a ideia de produção da inexistência já estava

---

34 > Ibid.
35 > Boaventura de Sousa Santos, "Para além do pensamento abissal: das linhas globais a uma ecologia de saberes", op. cit., p. 71.
36 > Ibid.

expressa nas formulações de Santos,[37] quando ele se dedicou à crítica da razão metonímica e dela derivou a sociologia das ausências.

Ao avançar em direção à conceituação do pensamento abissal, Santos[38] aponta que uma linha abissal não é um muro. Não se trata, portanto, de um limite intransponível. Abissal, segundo ele, é o conhecimento que ignora a existência de uma linha abissal e que rechaça qualquer possibilidade de coexistência dos dois lados da linha. Assim, uma linha abissal parece estar a serviço de uma presunçosa razão totalizante.

Para Santos,[39] o pensamento e a ciência moderna podem ser abissais ou pós-abissais. Mas, uma vez abissais, eles irão promover uma separação entre o humano e o não humano e, por conseguinte, definirão uma zona de ser em oposição a uma zona de não ser. Ou seja, ao se fundamentarem em lógicas abissais, o pensamento e a ciência moderna promoverão exclusões abissais. Embora não seja proposta pelo autor, nesse debate parece ser justa e necessária a inclusão também da universidade, que, como instituição sócio-histórica, irá produzir e perpetuar lógicas abissais ou pós-abissais.

Atente-se para algumas consequências lógicas desta problematização. De acordo com Santos,[40] embora o binômio regulação/emancipação fundamente os conflitos modernos, ele não parece adequado quando o que está em causa é a distinção entre os territórios coloniais e as sociedades metropolitanas. Para este imbróglio, Boaventura propõe o binômio apropriação/violência. Ora, embora o paradigma regulação/emancipação não se aplique aos territórios coloniais, a relação isomórfica entre estas duas realidades sociais permite a correlação entre as duas dicotomias aqui discutidas, nomeadamente: a apropriação/violência e a regulação/emancipação.

Tendo como ponto de partida a operação apropriação/violência, Santos[41] recorre à divisão cartográfica que permitiu a divisão do mundo em Velho Mundo e Novo Mundo. Embora o arcabouço teórico e conceitual inaugurado por Boaventura não esteja fundamentado em um campo geográfico – mas, longe disso, se alicerce em uma discussão epistemológica –, o autor reconhece que originalmente havia uma relação entre a organização geográfica e a social. Assim, aponta a existência de uma sobreposição de localização territorial e social específica: a zona colonial.

Quanto à zona colonial, pode-se dizer que havia ali, ou melhor, aqui, um campo inesgotável de existência do invisível. Santos[42] afirma que o inexistente estava aqui. Se o Velho

---

37 > Boaventura de Sousa Santos, 'Para uma sociologia das ausências e uma sociologia das emergências", op. cit.
38 > Id., 'Para além do pensamento abissal: das linhas globais a uma ecologia de saberes", op. cit.
39 > Ibid.
40 > Ibid.
41 > Ibid.
42 > Ibid.

Mundo era organizado em termos de verdadeiro ou falso, legal ou ilegal, no Novo Mundo, na colônia, este modelo não fazia nenhum sentido. Nesse contexto, destaca o Tratado de Tordesilhas como sendo, provavelmente, a primeira linha global moderna. Ou seja, o Tratado da amizade, selado entre Portugal e Espanha em 1494, teria inaugurado, ainda no século XV, as linhas abissais. O pacto entre estes estados europeus dividiu territórios e instaurou o abismo que aniquilou humanidades.

Desenhadas minuciosamente pelos trabalhos cartográficos, as linhas abissais, originadas pela disputa territorial, se fizeram também no campo do direito e, em seguida, no universo das ciências. Ou seja, frente a uma questão política e econômica, emergiu uma racionalidade homologada pelo direito e sustentada pelas ciências. Assim, quanto à constituição do pensamento abissal, Santos[43] aposta na precedência histórica do direito moderno sobre as ciências.

Ainda neste sentido, ele afirma que a colônia é um território sem lei e sem verdade. Na medida em que o legal e o ilegal, o verdadeiro e o falso, tal como concebidos pela racionalidade ocidental, não se aplicavam àquela realidade, a resposta oferecida à colônia foi a afirmação da ausência. Deste modo, os sistemas de distinções que visavam à organização da realidade social e eram operados por um lado da linha, os territórios do Norte global, produziram a invisibilidade do outro lado da linha, do Sul global.[44]

Para Santos,[45] embora seja possível que a apropriação e a violência se apresentem de diferentes formas jurídicas e epistemológicas, elas delineiam abismos que envolvem, quase sempre, os mesmos percursos. Enquanto a apropriação é garantida pela assimilação e incorporação, a violência se dá pela destruição humana. Assim, a apropriação e a violência caminham juntas pelos campos do conhecimento e nele operam tanto o utilitarismo – colocando a seu serviço as populações locais – quanto a aniquilação dos seus sistemas explicativos.

Dessa forma, a cartografia abissal, constitutiva do conhecimento moderno e, portanto, igualmente abissal, sobrevive. Agora, longe da literalidade da divisão do mundo em quadrantes territoriais, essa cartografia é metaforicamente atualizada e mantém seus domínios garantidos pelas bases institucionais onde foi gestada: as universidades e os espaços jurídicos. A não inteligibilidade assegurada pela linguagem por eles adotada corrobora ainda mais para a produção da ausência radical de uma humanidade plural e diversa. A exclusão operada pelo pensamento abissal é tão radical que a não existência de qualquer vestígio quanto a ela a faz parecer inexistente.[46]

---

43 > Ibid.
44 > Ibid.
45 > Ibid.
46 > Ibid.

Ainda neste trabalho, o autor pontua que apesar de persistirem no sistema-mundo contemporâneo as linhas abissais, elas podem e devem ser deslocadas. Ademais, o seu deslocamento é uma condição quando se almeja garantir o reconhecimento das realidades invisibilizadas. Assim, frente à injustiça social global, derivada da injustiça cognitiva global, é necessário estabelecer um espaço de luta, um território de justas lutas pelo direito de saber. Afinal, para subverter o pensamento abissal exige-se um novo pensamento, um pensamento pós-abissal.

Mas, como isso seria possível?

Como propõe Boaventura, para tanto serão necessárias metodologias pós-abissais, aquelas que reconhecem as epistemologias do Sul e se propõem à substituição da monocultura de saber pela ecologia de saberes. Assim, no escopo das metodologias pós-abissais, Boaventura de Sousa Santos é categórico ao dizer que é preciso decolonizar a universidade. Segundo ele, é preciso abolir as metodologias extrativistas, precisamente estas que foram historicamente construídas e gestadas nas entranhas do projeto imperial. É essa a aposta de Santos para O fim do império cognitivo.[47]

o fim: do império cognitivo

Em *O fim do império cognitivo: a afirmação das epistemologias do Sul*,[48] Boaventura de Sousa Santos realiza, em certa medida, uma síntese conceitual que retoma as noções teóricas desenvolvidas por ele nas últimas décadas. Para tanto, ao longo de doze capítulos, ele sistematiza a enunciação das Epistemologias pós-abissais e, passando pelas Metodologias pós-abissais, desemboca, enfim, na apresentação das Pedagogias pós-abissais; cerne da questão aqui proposta, nomeadamente, a defesa da subversão da universidade.

Para introduzir este debate, Santos[49] parte de uma indagação: por que as epistemologias do Sul? E, já no título, oferece uma resposta: caminhos artesanais para futuros artesanais. Ora, antes de seguir nessa discussão, é preciso salientar a ênfase dada pelo autor sobre o particular. Parece ser essa a questão central do trabalho de Boaventura, precisamente a aposta em saídas particulares, ou, como ele nomeia, artesanais.

Em seu discurso contra-hegemônico e crítico às lógicas econômicas, Santos esquematiza, nos textos de 2002, 2007 e 2018, aparatos que possibilitam a construção da justiça social global. Mas, para tanto, reconhece a promoção da justiça cognitiva global como condição para a transformação social por tantos almejada. Desse modo, um novo arranjo social

---

47 > Boaventura de Sousa Santos, *O fim do império cognitivo: a afirmação das epistemologias do Sul*, op. cit.
48 > Ibid.
49 > Ibid.

só é possível se algumas condições forem previamente construídas. Elas estão organizadas por Boaventura da seguinte forma:

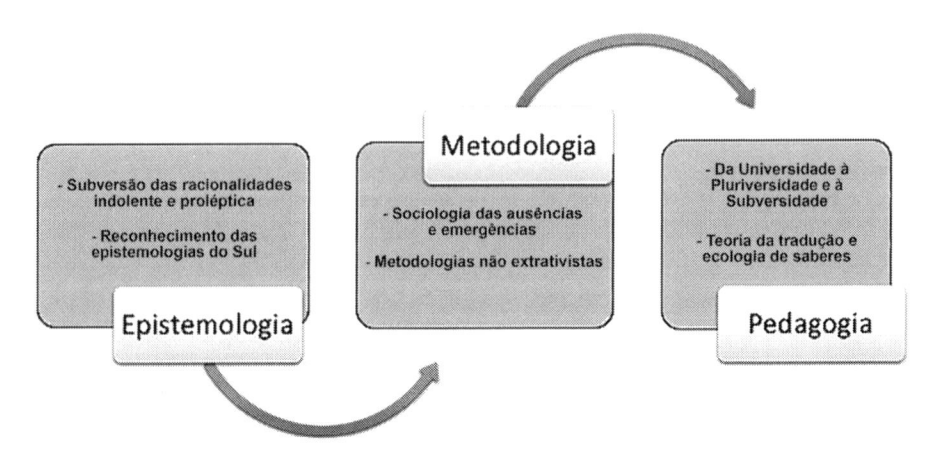

Epistemologia
- Subversão das racionalidades indolente e proléptica
- Reconhecimento das epistemologias do Sul

Metodologia
- Sociologia das ausências e emergências
- Metodologias não extrativistas

Pedagogia
- Da Universidade à Pluriversidade e à Subversidade
- Teoria da tradução e ecologia de saberes

Epistemologia, Metodologia e Pedagogia Pós-abissais

Pois bem, na medida em que se reconhece a permanência de racionalidades que sustentam a perpetuação de lógicas coloniais – ainda que de forma simbólica e não necessariamente territorial –, é possível colocar em xeque a ideia de um pós-colonialismo. Afinal, como vem apresentando Boaventura, as lógicas coloniais persistem na contemporaneidade. Não menos real, ainda que mais simbólico, o colonialismo não foi superado ou substituído por lógicas pós-coloniais. As racionalidades forjadas pelo ocidente, que pretendem justificar o eurocentrismo, ainda determinam a concepção-mundo do século *XXI*.

Nesse sentido, os modelos epistemológicos, metodológicos e pedagógicos que marcam a era das grandes navegações não apenas resistem à contemporaneidade como também, e sobretudo, a sustentam. Ademais, o conhecimento eurocêntrico, calcado na ideia de progresso, articula as três formas de dominação derivadas do projeto imperialista do século XV, a saber: o colonialismo, o capitalismo e o patriarcado.

Advertindo ainda quanto às múltiplas formas de colonialismo, Boaventura de Sousa Santos[50] vislumbra o fim do colonialismo e, para tanto, organiza uma discussão que denuncia a perpetuação das mais diferentes formas de colonização. O mesmo pode ser dito ainda em relação ao capitalismo que, assim como o colonialismo, foi renovado para se manter presente.

---

50 > Ibid.

Deste modo, a ideia de um pós-colonialismo parece ser um equívoco, já que é notória a não ruptura com o projeto imperial. Para Santos,[51] se o pensamento nortecêntrico se fundamenta na ideia de progresso, o colonialismo e o capitalismo não são, portanto, substituídos um pelo outro. Trata-se, de outro modo, das duas faces de uma mesma moeda: a imperial.

Esclarecido este ponto, é hora de retomar o trabalho organizado por Santos em 2007, em "Para além do pensamento abissal". Ora, se o colonialismo é responsável pela injustiça social global e está alicerçado no pensamento abissal, a promoção da justiça social só poderá germinar em solo pós-abissal. Ou seja, sob esta razão que promove abismos que definem zonas de ser e de não ser, é preciso operar transformações radicais. Entretanto, para subverter tais racionalidades, é necessário intervir sobre as instituições que as animam. Enfim, Boaventura toca o campo das universidades.

Se as epistemologias do Sul funcionam por lutas, com a instrumentalização da re-volta (da não volta, da ruptura com a repetição) e da anunciação de um outro mundo possível, elas apontam também para o pensamento pós-abissal. Por construírem saídas distintas para conflitos correlatos, as epistemologias do Sul estão para além de um modo de resistência; elas realizam, sobretudo, a anunciação de um outro mundo possível. Ademais, frente à perpetuação das relações de dominação, há de se construir um projeto de libertação.

Segundo Santos,[52] coexistem lutas em diferentes níveis: do micro para o global; lutas que são, então, trans-escalares. Portanto, é preciso refletir sobre as escalas de lutas. Algumas lutas almejam mudar a vida, outras objetivam mudar o mundo. Mas, quando se propõe a construção de saberes derivados das lutas, como é possível furtar-se da articulação com as comunidades? É possível fazer epistemologia do Sul sem a experiência de um trabalho de campo?

Para o autor, a entrada no campo de problemas é o orientador para o conhecimento e exige uma experiência sensorial radical. A experiência não é o mesmo que a experimentação. Enquanto a experiência é análoga à vivência, a experimentação é a ação de fazer um experimento. Nesse domínio, Santos[53] fundamenta a sua defesa pelas metodologias colaborativas em substituição às metodologias extrativistas, próprias do pensamento abissal.

Os trabalhos colaborativos implicam fundamentalmente em conhecer com, ao invés de conhecer sobre. Mas, ressalta Boaventura: para tanto é preciso construir estratégias de confianças, laços e alianças. As metodologias colaborativas são, sobretudo, instrumentos para a denúncia de diferentes formas de dominação. Elas são, por isso mesmo, as que fazem vacilar aquelas outras que fundamentam a divisão dos homens entre opressores e oprimidos. Ora, as metodologias colaborativas, diferentemente das metodologias extrativistas, operam no

---

51 > Ibid.
52 > Ibid.
53 > Ibid.

registro da sociologia das ausências e não na produção da ausência. Assim, afirma Santos:[54] as metodologias conveniais e futuristas, como aquelas que se nomeiam ativas, em nada contribuem para uma sociologia das ausências ou das emergências.

Tais situações dizem tanto da opção e da não opção de viver – ou não – uma experiência, quanto da inteligibilidade e da transmissibilidade da experiência vivida. Neste sentido, além da dimensão territorial, Santos[55] convida à reflexão quanto a dois outros aspectos: o corpo e a autoria.

Para ele, no Norte, os corpos são inviabilizados. As epistemologias do Norte provocaram uma turvação, fragmentaram o corpo e ao introduzirem a experimentação, excluíram a maior parte das experiências sensoriais. Com base exclusivamente no olhar e na escuta – seletivos –, apresenta a vivência como um empecilho, como um obstáculo à atividade presunçosamente científica.

Já quanto à autoria, é preciso ressaltar a importância do conhecimento transmitido pela atividade oral. Ou seja, as epistemologias do Sul exigem o reconhecimento da oralidade e clamam por uma crucial reflexão: as universidades contemporâneas reconhecem a legitimidade do conhecimento oral ou invisibilizam o agente do conhecimento? Estariam elas objetificando-os e conferindo a eles um lugar não autoral? Ao reconhecer a legitimidade da Oretura, equivalente à da Literatura, as epistemologias do Sul conferem à oralidade e à escrita importância simétrica. Para Santos,[56] um líder comunitário é um superautor e, assim como outros intelectuais, dispõe de argumentos de autoridade. Desse modo, ele tece a sua articulação entre as epistemologias do Sul e o artesanato. Ademais, tanto uma quanto a outra:

a. têm um objetivo;

b. inovam, mas não são inovadoras, já que não respondem a uma exigência de originalidade;

c. constroem objetos que misturam saberes.

Ora, sendo assim, sob a lógica das epistemologias do Sul, o intelectual é um artesão, que constrói no um a um, no caso a caso, entre palavras e silêncios, um novo saber, um outro modo de viver. Fazer ciência como epistemologia do Sul é, portanto, fazer tradução intercultural, é integrar, é possibilitar uma ecologia de saberes.

---

54 > Ibid.
55 > Ibid.
56 > Ibid.

Por fim, pode-se dizer que a aposta de Boaventura é na subversão da universidade pela via das epistemologias do Sul. Isso porque, para estas, um povo não é objeto de observação, o homem é um observador. Em última análise, o que está em causa é a não colonização. Mas, não seria esse o compromisso da universidade? Não caberia também a ela a emancipação? Ficam então outras indagações que, encerrado o tempo da escrita, permanecem como reflexão: A universidade contemporânea contribui para a dignidade humana? Como ser gente quando empurrados em direção à linha abissal?

> mollica, mariana[1] <.> autoabolição: condição para um futuro decolonial <

"Mãe, eles não viram que eu estava com o uniforme da escola?"
Marcus Vinicius, 14 anos, assassinado pela polícia. Favela da Maré, 2018

Embora considerado um dos maiores teóricos pós-coloniais de nossa época, em boa parte devido ao título de um de seus primeiros livros internacionalmente reconhecidos, *De la postcolonie: essai sur l'imagination politique dans l'Afrique contemporaine*, publicado em Paris no ano 2000, o historiador e cientista político camaronês Achille Mbembe recentemente rejeitou este atributo, já que considera que o trabalho de aceitação da diferença por parte de uma sociedade do futuro que possa superar o problema da raça não se dará através de um retorno à terra natal original, marginal e não metropolitana. Para o autor, o discurso acadêmico e popular na África é tomado dentro de uma variedade de clichês presos a fantasias e medos ocidentais. Por isso, ele defende que esse retrato não é reflexo de uma África verdadeira, mas uma projeção inconsciente presa à culpa, negação e compulsão à repetição. Poderíamos dizer que, munido dessa leitura do sujeito europeu em relação ao seu objeto de sevícia e opressão, Mbembe interpreta a África, não como um lugar definido e isolado, mas como uma relação tensa entre si e o resto do mundo, que se desenrola simultaneamente nos níveis político, psíquico, semiótico e sexual.

Um dos representantes da tomada de voz pelas populações escravizadas e epistemologias silenciadas pelo processo colonial, Achille Mbembe é capaz de articular toda uma tradição epistêmica decolonial – africana, indiana, asiática e das américas – com os grandes autores europeus críticos às práticas de poder e ao racismo moderno (no sentido mais amplo do termo, não específico à colonização e à escravização do povo negro), como Michel Foucault, Giorgio Agamben, Marx, Gramsci. Em geral, faz uso das teorias eurocêntricas,

---

1 > Psicóloga e Psicanalista. Doutora e pós doutoranda do Programa de pós-graduação em Teoria Psicanalítica da UFRJ (PNPD-CAPES cod.001). Professora colaboradora do Instituto de Psicologia, da pós-graduação em Teoria Psicanalítica e do IPUB/PROJAD-UFRJ. Editora executiva da revista Ágora (A2). Pesquisadora, Editora e apresentadora da TV 247 (Programa Lugar de Escuta) e da TV Portal Favelas. Supervisora da Secretaria Municipal de Saúde (2014 - 2018). Integrante do Projeto de pesquisa e extensão Ocupação Psicanalítica antirracista/PSILACS (Integração UFMG/ UFES/UFRJ) Coord. do núcleo RJ. Autora do livro: 'O RISO na clínica das psicoses" (Editora 7Letras, 2006). marianamollica@gmail.com Orcid: 000-0002-3106-9321.

subvertendo ou fazendo-as avançar conceitualmente, não sem extrair bom uso legítimo dos autores dos quais se serve. Com a psicanálise não é diferente. Considera o conceito de biopoder de Michel Foucault – grupamento de poder disciplinar e biopolítico – necessário, mas não suficiente para explicar as formas contemporâneas de subjugação. Não se trata mais de fazer viver e deixar morrer, uma lógica política baseada na vida, no bem-estar social como justificativa para controle dos corpos e da sexualidade. A expressão máxima da política da morte repousa no controle de massas excedentes do capitalismo. A necropolítica extravia pessoas de seu local de pertencimento através de um soberano que empreende o extermínio de populações em massa, tanto em um processo histórico e econômico, quanto em uma lógica de dessubjetivação centrada na dominação racial.

O pensador africano segue a trilha de Frantz Fanon em uma leitura psicanalítica da colonização e é muito contundente em seu avanço. Serve-se da obra fanoniana para compreender a posição subjetiva inconsciente do colonizado e sua tentativa de reposicionamento frente ao colonizador, para produzir uma saída de um estado de melancolização decorrente do trauma deixado pela plantation. Mas vai além, trazendo sua leitura do sintoma da metrópole, que colhe hoje como retorno do recalcado, desmentido ou recusado, vale investigar, o desespero das populações das ex-colônias – que tiveram seus respectivos países usurpados, foram subjugadas e doutrinadas para falar a monolíngua do colonizador, adorar seu Deus único e idolatrar sua cultura – agora bate à porta da Europa, com inúmeras embarcações clandestinas abarrotadas de refugiados que fogem desesperados de suas terras arrasadas ou daqueles que não suportaram a travessia, corpos mortos que chegam boiando pelos mares.

Mbembe utiliza termos psicanalíticos, muitas vezes no sentido conceitual lacaniano, tais como Outro, gozo, falo, objeto dejeto e ato analítico, mas em outras circunstâncias se refere aos mesmos termos sem muito rigor psicanalítico. No entanto, ao servir-se pontualmente de Lacan, principalmente no livro *Sair da grande noite: ensaio sobre a África decolonizada*, faz contribuições importantíssimas para a decolonização da psicanálise e para sua transmissão no debate antirracista internacional. Chega a criticar pensadores europeus e incluir Lacan entre os "Intelectuais de luxo", exportados pela França, que negligenciaram a questão colonial e as contribuições do pensamento africano e periférico do sul global para diagnosticar a cultura moderna e efetivar sua práxis. No entanto, percebe-se que o autor camaronês acompanha, mesmo sem citar o desenvolvimento da psicanálise contemporânea de forma declarada, certa interpretação sobre o efeito-sujeito, no que considera uma revolução sexual em curso, que parte de um empuxo ao feminino e à subversão da heteronormatividade como perspectiva de tratamento do patriarcalismo falocentrado do colonizador e tudo aquilo que a colonização engendrou.

Sair da grande noite, obra de onde partirmos para esse ensaio, trata brilhantemente de uma questão bastante complexa: por que a abolição da escravização, através dos processos de decolonização engendrados pelas colônias, não foi suficiente para uma autonomia e uma saída subjetiva da condição de objeto dejeto que a desumanização colonial produziu? Que esquema mental foi produzido pelo trauma da colonização, que deixou fantasmas tão intransponíveis? O diagnóstico desse problema complexo envolve tanto o colonizador quanto o colonizado nessa trama, evidentemente de lugares absolutamente diferentes e desiguais, mas também aponta saídas da grande noite, sem poupar ninguém, trazendo notícias da África contemporânea e sua diáspora pelo mundo e fazendo dessa obra, talvez, um de seus trabalhos mais psicanalíticos.

a necropolítica brasileira

Antes de avançar no desenvolvimento da obra citada, trazemos pontualmente contribuições de dois outros conceitos fundamentais de Mbembe, muito difundidos no Brasil; a necropolítica e o Devir negro no mundo. Tal difusão certamente se deve ao fato de que são de importante utilidade para a leitura da subjetividade contemporânea brasileira em tempos de subida do fascismo ao poder.

Nas favelas e periferias, no campo, nas aldeias, nas ruas brasileiras, a bala nunca é perdida, ela é sempre achada no mesmo corpo, ela tem endereço certo, tem alvo – o corpo pobre, negro, indígena, *LGBTQI*+. Bala perdida é o termo utilizado pela imprensa comercial e corporativa para encobrir a violência terrorista do Estado Brasileiro e para que nós, consumidores de fake news, possamos passar o dia tranquilos em nossas vidas privadas enquanto um campo de concentração a céu aberto está em marcha, bem mais próximo de nós do que supomos.

Como afirmou certa vez Kawame Yonatan, pesquisador do grupo Margens Clínicas de São Paulo, quando nos ensinou sobre o que é o aquilombamento: "nós não sabemos o que é o racismo, só começamos a saber quando rompemos nossa omissão e nos engajamos em seu combate". Ou seja, quando saímos da passividade e da neutralidade. Quando você se deu conta da sua raça? Nos pergunta este homem negro e psicanalista.

Se o leitor concorda com Mbembe que foi a razão europeia, com a expansão marítima – seu ímpeto conquistador de novas terras, invasão de outros territórios, apropriação e dominação de outros povos – criou o racismo moderno, podemos então estar de acordo com a máxima de que "racismo é coisa de branco!". Se é coisa de branco, por que os negros são os únicos a se responsabilizar pelo seu combate?

Para levarmos a sério essa interrogação e avançarmos na implicação de cada um de nós em nome de uma mudança de posição para o engajamento na luta antirracista, é preciso que entremos em contato com a dimensão pulsional, de reiteração do pior, que chega a partir do discurso corrente e que é em boa parte responsável pela sustentação do laço social baseado na lógica capitalista e assentado no racismo estrutural.

Para tirar as cenouras dos nossos ouvidos, é preciso fazer ecoar a fala impactante dirigida à mãe de um menino assassinado na favela da Maré em 2018, no intervalo entre o momento em que é atingido pelo fuzil da polícia e sua morte. Marcus Vinícius estava com seu uniforme ensanguentado na altura do peito e não teve tempo de se despedir. Sua mãe ainda conseguiu tomá-lo nos braços e ouvir suas últimas palavras: "mãe, eles não viram que eu estava com o uniforme da escola?".

Essa frase nos dilacera enquanto nação, ao interrogar a dimensão objetal em jogo: o que eles não viram? O que nós não vimos? Que cegueira é essa que tomou nossos ouvidos? Ela se dirige a todos nós, os sujeitos no Brasil atual, e cabe ao psicanalista escutar, dar a ver e intervir onde isso fala.

É impossível não lembrar do sonho que Freud nos conta na obra que inaugura a psicanálise, *A interpretação dos sonhos*, sonhado por um pai no leito de morte de seu filho.[2] Naquele sonho, o filho estava sendo velado no quarto ao lado de onde o pai adormeceu de exaustão, depois de tantas noites insones, por cuidar do filho doente. O velho que cuidava do corpo do menino também adormeceu, e nesse mundo sonolento, não viu quando uma das velas caíra sob o corpo no caixão aberto e o fogo começou a lamber o cadáver. O pai, antes de acordar em função da claridade que vinha do quarto contíguo, teve o seguinte sonho: era o filho, ainda vivo, lhe puxando o braço em tom de reprovação: "pai, não vês que estou queimando?" Nesse momento o pai acorda assustado.

O que acordou o pai, pergunta-se Lacan?

Ao introduzir o inconsciente em sua dimensão real, fazendo uma distinção em relação ao inconsciente freudiano, Lacan faz do sonho paradigmático analisado por Freud um achado para mostrar que o que acorda não é o barulho das velas caindo ou o cheiro de queimado, mas é a frase do menino – "pai, não vês que estou queimando?" – que ilumina a todos como uma tocha! Essa frase é o significante a ser escutado e que apresenta o gozo em jogo. Que o pai estivesse culpado por não estar à altura de sua função, seja porque não foi capaz de baixar a febre do filho que queimava, seja porque nem para cuidar do corpo do filho morto ele servia, adormecendo ou delegando sua tarefa a uma pessoa irresponsável, seja para apontar a culpa de um pai que perde um filho... Lacan insiste que a interrupção da repetição faz desse sonho um corte e um instante de despertar, enfatizando que, entre o sonho e a vigília, somos despertados para logo em seguida continuarmos a dormir.[3]

---

[2] > Sigmund Freud, *A interpretação dos sonhos*. Coleção Obras psicológicas completas de Sigmund Freud, v. 4, Edição Standard Brasileira. Rio de Janeiro: Imago, 1996 [Obra original publicada em 1900].

[3] > Jacques Lacan, *O seminário, livro 11: os quatro conceitos fundamentais da psicanálise*. Rio de Janeiro: Jorge Zahar, 2008 [Seminário proferido em 1964].

O significante aqui porta não tanto o sentido, mas a dimensão objetal – há um ponto cego, algo que o pai não viu, não vê. Se Lacan toma esse sonho como metáfora do fracasso do pai, que também é o fracasso do recalque para evitar o trauma, a repetição, a morte, podemos nos perguntar sobre a questão colocada por Marcus Vinicius à sua mãe: como o significante aponta para o real em jogo na frase do menino já atingido?

Não seria a pergunta de Marcus Vinicius uma indicação da leitura da subjetividade de nossa época, condição da clínica psicanalítica em nosso tempo? Nesse país continental colonizado por europeus e golpeado, usurpado sistematicamente por norte-americanos, que lugar teria a pergunta do nosso sujeito? Essa questão dá o sentido da afirmação de Lacan: O inconsciente é a política!

No jornal do dia seguinte estava escrito: "Em troca de tiros entre polícia e criminosos, menor negro é atingido por bala perdida". Há um saber a priori que é veiculado pelos jornais, mas também pelo discurso proferido pelos donos do poder governamental de que "bandido bom é bandido morto" e, logo em seguida, de que crianças negras circulando sem uniforme da escola deixam de ser estudantes e passam a ser identificados como bandidos. O paradoxo é que as operações policiais nas favelas obrigam o fechamento das escolas, lugar que evitaria que os jovens virassem futuros bandidos a serem abatidos pela polícia, ou seja, aqueles que não estão na escola. Mas a escola é fechada em função da entrada da polícia na favela. Portanto, não há saída!

No momento em que o estudante é morto da mesma forma como o bandido e diz essa frase veiculada pelos jornais, se abre um rasgo no espaço-tempo: Marcus Vinicius ganha um nome! A pergunta aqui não é dirigida ao pai, mas à mãe. Interroga-se o lugar do desejo. Ao longo dos dias, Marcus sai do anonimato, sua frase é ecoada nos quatro cantos, sua mãe é escutada em todas as mídias corporativas e a camisa do colégio suja de sangue erguida por Bruna bem no alto para que todos vejam a violência do Estado que mata o futuro de um país inteiro. Esta camisa vira símbolo da luta das mães periféricas que têm seus filhos assassinados pelo poder público.

De acordo com o filósofo camaronês Achille Mbembe, em *Crítica da Razão Negra*, a escravização do negro africano foi a gênese da tomada do ser humano como mercadoria e, por essa razão, o colonialismo fundou o capitalismo.[4] O colonialismo instituiu uma tecnologia de poder que envolve relações de colonialidade baseadas não apenas em fatores políticos e econômicos, mas epistemológicos e subjetivos.

A necropolítica é um conceito desenvolvido por Mbembe a partir da seguinte definição: o poder soberano de matar aqueles que não interessam aos objetivos do capitalismo e às

---

4 > Achille Mbembe, *Crítica da Razão Negra*, trad. bras. Sebastião Nascimento. São Paulo: n-1 Edições, 2018.

forças que o sustentam. Para Foucault, a partir do século XVII, o Ocidente conheceu uma profunda transformação dos mecanismos de poder. De modo que o poder soberano, fundamentado no direito de causar a morte ou deixar viver, é substituído por uma normatização e apropriação do controle da vida, conceito intitulado biopolítica.[5]

Vale lembrar que para Foucault o poder não se restringe ao Estado centralizador e soberano, ele funciona em rede de micropoderes, que se exercem por meio das relações que atravessam a estrutura social relativas ao saber. "O Estado é a superestrutura em relação a toda uma espécie de redes de poder que investem o corpo, a sexualidade, a família, parentesco, conhecimento, tecnologia, etc."[6] O poder é uma estratégia com táticas de manobra e ele é exercido a partir da razão, ele está no ensino das escolas, na aprendizagem da prática médica nos hospitais, no desenvolvimento científico, no panóptico dos hospícios, na punição das prisões. Em cada relação entre dois ou mais na pólis, o saber-poder está presente, instituindo as relações.

Em "O nascimento da biopolítica", Foucault dá uma nova guinada em suas pesquisas e seu objetivo passa a ser o controle biopolítico, segundo o eixo das economias de mercado influenciado pelo neoliberalismo econômico da escola de Chicago.[7] O homem passou a ser entendido, a partir do pós-guerra e do neoliberalismo, como Homo economicus, um agente que, estimulado pelas exigências do mercado, busca responder às diversas formas de controle dos indivíduos e populações a partir do mercado.

Vale lembrar, no entanto, que as raízes iniciais do conceito de biopolítica em 1920, 1930, são encontradas por Foucault nas concepções organicistas de Estado-corpo e corpo-germânico, que forjou as bases ideológicas do racismo biológico como política sobre a qual se ergueu o Estado nazista. Mbembe nos pergunta: seria a noção de biopoder suficiente para contabilizar as formas contemporâneas na qual o político exerce políticas de morte? A mortificação não se restringe ao assassinato, mas a uma animalização do ser humano, uma tentativa de morte em vida.

Atualmente, há um empuxo ao que o autor nomeia devir negro no mundo, que levaria a uma tendência à condição negra para todos aqueles que não interessam aos objetivos de lucros do mercado. Isso não significa que o racismo arrefeceu, pois seu alvo principal continua a ser os afrodescendentes, mas se alastra a tendência de empuxo à coisificação de todo ser humano subalternizado.

No entanto, o próprio devir negro é um conceito que aponta a positividade de gerações diaspóricas pelo mundo, que encontraram formas de se defender dos horrores coloniais e,

---

5 > Michel Foucault, *História da Sexualidade I: A Vontade de Saber*. Rio de Janeiro: Graal, 1988.
6 > Id. *L'impossiblie Prison: Recherchessur le Systeme Penitentiaire ao XIX Siècle*. Paris: Seuil, 1980, p. 22, tradução livre.
7 > Id. *Nascimento da Biopolítica. Curso no Collège de France* (1978-1979). São Paulo: Martins Fontes, 2008.

com sua força cultural e sua sabedoria revolucionária, têm muito a nos ensinar sobre as formas de enfrentar o colonialismo e sua capacidade camaleônica de adaptação apresentando-se com novas tecnologias sob a mesma estrutura de domínio.

Trabalhar com o paradoxo colocado pelo *unheimlich* freudiano para interrogar modos de produção da decolonização é o desafio apresentado pela sensibilidade cultural, histórica e estética. O afropolitismo, conforme Mbembe nos ensina, é um trabalho subjetivo que envolve o coletivo e, poderíamos dizer, operaria o tratamento do que chamamos de "gozo racista".

afropolitismo

O afropolitismo vem crescendo no mundo e está ligado às raízes multiculturais que resistem a uma hegemonia falocêntrica própria ao patriarcado colonial. O romance africano pós-colonial soube muito bem expressar isso, a exemplo da obra de Sony Lagou Tansi, na representação do processo de "turgescência, parte dos rituais do déspota pós-colonial, que dobra a altura e se projeta para além de seus limites, produz um duplo fantasmático cuja função é apagar a distinção entre potência real e fictícia".[8]

No próprio ato da exposição do poder do pênis, o artista proclama paradoxalmente sua vulnerabilidade. O déspota é por definição sexual e se baseia em uma prática de gozo. "O poder pós-colonial em particular se imagina como uma máquina de gozo. Aqui, ser soberano é poder gozar absolutamente, sem reserva nem entraves".[9] Há uma ponte entre prazer sexual e aquele que resulta do ato de torturar seus inimigos. "O falo trabalha, é ele que fala, dá ordens e age".[10] A luta política ganha a aparência de luta sexual. Se quisermos compreender a vida psíquica do poder e os mecanismos de subordinação na pós-colônia, adepta do estupro voraz e da afirmação brutal do desejo de potência, é preciso se debruçar sobre a produção artística africana que revela a realidade sexual do inconsciente colonial.[11]

O pênis do déspota é um órgão furioso, nervoso, facilmente excitável, como coloca Mbembe.[12] O autor reconhece nessa representação fálica uma repressão original das tradições patriarcais do poder na África: a da homossexualidade. O ânus era um objeto de aversão e sujeira durante a colonização, pois representava o zênite da anarquia do corpo

---

8 > Achille Mbembe. *Sair da grande noite: ensaio sobre a África descolonizada*, trad. bras. de Fabio Ribeiro. Petrópolis: Vozes, 2019, p. 222.
9 > Ibid.
10 > Ibid.
11 > Mariana Ribeiro, "Resenha: Sair da grande noite: decolonizar a psicanálise com Achille Mbembe", *Latusa 25 – Impossível tirar o corpo fora: exílios e confinamentos*, n. 25, 2020, s/p.
12 > Achille Mbembe, *Sair da grande noite: ensaio sobre a África descolonizada*, op.cit.

e da intimidade, do segredo. Recolocar o lugar da defecação, do excremento como outro, inteiramente íntimo, representante de uma "potência oculta", foi um empreendimento de dominação que é recuperado pela arte africana, já que a homossexualidade era apanágio dos poderosos e também se apresentava em rituais sagrados. O declínio da força fálica é um discurso que vem crescendo. Se em vários países a guerra contra os homossexuais os tornou escória e dejetos humanos, na África do Sul a constituição passou a incluir direitos de matrimônio aos *LGBTQ+*.

No *Seminário 7,* Lacan mostra como a sublimação trata de certa satisfação que produz uma operação muito particular com *das Ding* e que envolve diretamente a dimensão *unheimlich* do inconsciente.[13] O ponto diante do novo em que o sujeito não se reconhece e, ao mesmo tempo, reencontra algo de absolutamente familiar é reinventado, e ao objeto êxtimo é dado um destino muito específico. A sublimação envolve algo que se passa entre um sujeito, sua satisfação e a produção de um objeto novo no laço social. Freud se refere a elevar as barreiras entre cada eu individual e o coletivo, produzindo certo reconhecimento de uma promessa de satisfação naquilo que todo sujeito perde no processo de socialização do desejo. Em "Psicologia das massas", Freud chega a referir-se às festas de expressão popular e cultural como momentos em que o que está recalcado em um grupo vem à tona, trata-se da emergência do inconsciente, da diferença que a massa tentou apagar.[14] Em termos lacanianos, o destino para a pulsão define o tratamento do real.

Caracterizamos como gozo racista uma peculiaridade muito específica do modo como a tentativa de recuperação do gozo objetificou os corpos negros no processo colonial, que era como um objeto desumanizado, fonte de um gozo sádico e caprichoso (regulamentado pelo Estado e naturalizado pela sociedade por tantos séculos) e, ao mesmo tempo, objeto precioso, fonte de poder e lucro. Sua marca característica é o silenciamento dos sujeitos escravizados.

A retomada de um lugar de sujeito envolve um saber-fazer político coletivo, através de uma fala que carrega uma potência de escrita, ou seja, que pode ser registrada e que produz, através de invenções singulares, uma perspectiva de transmissão por uns e apreensão por outros. Tais criações são orientadas por uma causa que sustenta um discurso outro, diverso do discurso do capitalista. De nada adiantaria que esta operação se desse num grupo fechado, apenas entre pares de um mesmo movimento. Um veículo de comunicação

---

13 > Jacques Lacan, *O Seminário, Livro 7. A ética da psicanálise.* Trad. bras. Antônio Quinet. Rio de Janeiro: Jorge Zahar, 1997 [Seminário proferido em 1959-1960].

14 > Sigmund Freud, "Psicologia de grupo e análise do eu" in: *Obras psicológicas completas de Sigmund Freud*, trad. bras. The standard edition of the complete Psychological Works of Sigmund Freud. Edição Standard Brasileira. Vol. XVIII. Rio de Janeiro: Imago, 1996. [Obra original publicada em 1921].

que encontre difusão nos diversos espaços da sociedade é fundamental para mobilização e transformação social.

Para extrair o fundamento do gozo racista,[15] conceito que vimos desenvolvendo a partir da escuta dos sujeitos que sofrem racismo e dos que empreendem o racismo (que estão em análise) e da própria escuta dos coletivos de movimentos periféricos, é precisamente situado por Laurent na torção que Lacan realiza na leitura do texto freudiano de "Psicologia das massas", ao construir sua lógica do laço social.[16] Além da identificação com o líder como fator maior de unificação das massas, residiria no falante uma tendência mais primitiva, a saber, uma primeira rejeição pulsional, a expulsão de um objeto segregado. O bode expiatório, como ocorreu com o judeu na Alemanha nazista, eleito à eliminação por uma multidão disforme, daria uma coesão grupal através do ódio.[17] O ódio seria dirigido àquele que goza diferente de mim, um estrangeiro, e essa força seria tão ou mais unificadora do que a identificação e amor ao líder. O crime fundador no caso do gozo racista não seria, segundo Laurent, "o crime do assassinato do pai, mas a vontade de assassinato daquele que encarna o gozo que eu rejeito".[18]

A Africa do Sul constitui o laboratório mais manifesto do afropolitismo. Ele permitiria a passagem do Estado racial ao Estado democrático, que está em vias de se realizar por meio de uma profunda transição social e histórica. Depois do Haiti, primeiro país abolicionista, e da Libéria, o primeiro país independente na África, cujas falhas estruturais foram apontadas por ambos, mostra que não era suficiente matar os senhores e assumir o poder. Libéria e Haiti têm em comum serem repúblicas nascidas da experiência da plantation e guardam em si uma marca objetal. A abolição produziu o inverso do que pretendia ser. E um período de evangelização norte-americana que tomou países da África, mas também outros territórios populosos em termos da diáspora africana, indica o processo de recolonização por meio do conservadorismo, que vai na contramão da diversidade sexual em curso. Seria necessário, diagnostica o autor, uma segunda abolição. A primeira não resultou num "estado de autodomínio". Foi uma negação sem autonomia e reconduziu a uma nova forma de servidão. Muito mais complexa do que a primeira. O que precisa ocorrer é uma segunda abolição que consiste em se autoabolir, libertando-se da parte servil constitutiva do eu, considerando o eu como uma figura singular do universal. Para essa transição, podemos concluir que não basta um reposicionamento individual do sujeito aviltado, humilhado e traumatizado

---

15 > Mariana Ribeiro, "Como tratar o gozo racista?" in: Leonardo Danziato, Maria Cristina Poli e Fernanda Costa Moura (Orgs.), *Cisões e paradoxos na política brasileira: efeitos para o sujeito*. Curitiba: Appris, 2020.

16 > Eric Laurent, "Racismo 2.0", Lacan Cotidiano, n. 371 (versão em português). AMP Blog, 2014. Disponível em: http://ampblog2006.blogspot.com.br/2014/02/lacan-cotidiano-n-371-portugues.html.

17 > Sigmund Freud, *Psicologia de grupo e análise do eu*, op. cit.

18 > Eric Laurent, "Racismo 2.0", op.cit., p. 3.

pelas mãos ensanguentadas do colonizador falocentrado e heteropatriarcal. Será necessária uma transformação anti-imperialista e coletiva de copertença a territórios multilíngues, multiculturais, cuja diversidade sexual seja a base do novo laço social; pacto formulado pela declosão de ideais racistas, segregacionistas, eurocêntricas que estruturam hoje a sociedade contemporânea capitalista.

autoabolição: uma saída decolonial

No momento da publicação da obra *Sair da grande noite*, em 9 de outubro de 2010, na França, Achille concedeu uma entrevista. Era ocasião do cinquentenário das independências africanas e comemorações que ocorreram tanto na África quanto na França. Teriam essas festividades valor simbólico?

Achille responde que não. Em relação ao que acontece desde 1960, elas são absolutamente incongruentes, pois não tem conteúdo nem simbolismo. Buscam encobrir o que o escritor congolês Sony Labou Tansi chamava de Estado vergonhoso. Os povos africanos precisam de transformação radical nas estruturas políticas, econômicas, sociais e também nas mentais, é sua relação com o mundo que precisa mudar. Ao ser perguntado sobre por que a França tem dificuldade de pensar de maneira crítica a história da colonização, o pensador responde que ela "se descolonizou sem se autodescolonizar".[19]

A dimensão subjetiva aqui está contida na dificuldade da descolonização. Sendo a colonização uma forma primitiva de dominação da raça, pode-se dizer que a França preservou quase intactos os dispositivos mentais que legitimavam essa dominação e permitia que ela brutalizasse os selvagens sem remorso. Decolonizar significa automaticamente desracializar, ou seja, deixar perder na dimensão mística, sacra e, neste caso, a crença no pai. Podemos interpretar nesse ponto uma certa descrença nos ideais patriarcais de um Deus que tudo pode e em cujo nome se pode purgar os pegados mais atrozes. Para se autodescolonizar, seria preciso empreender um trabalho imenso, como fizeram os alemães no processo de desnazificação.[20]

---

[19] > Achille Mbembe, *Sair da grande noite: ensaio sobre a África descolonizada*, op. cit., p. 240.

[20] > Desnazificação (do alemão *Entnazifizierung*) é o termo que designa a iniciativa dos aliados, após a vitória sobre a Alemanha nazista na Segunda Guerra Mundial e reforçada pelos Acordos de Potsdam que buscava acabar com toda influência nazista na cultura, na imprensa, na justiça e na política da Alemanha e da Áustria. Os julgamentos dos maiores responsáveis pelo regime começaram em 20 de novembro de 1945 pelo Tribunal Militar Internacional em Nuremberg, onde foram sentenciadas 24 pessoas e seis associações chamadas de "organizações criminosas". São elas: o governo do Reich, Partido Nacional-Socialista dos Trabalhadores Alemães (NSDAP), a *Schutzstaffel* (SS), a Gestapo, a *Sturmabteilung* (SA), o Estado-Maior e o Comando Supremo da Wehrmacht.

Nas línguas portuguesa e espanhola, os termos "descolonizar" e "decolonizar" são diferenciados pela ausência do s, que tem aqui um valor essencial. Em francês, uma única palavra é usada para indicar ambas as ideias: "décolonisé".

Descolonização é o processo histórico que encerrou o período colonial, realizado em vários países, promovendo a transferência de poder da metrópole para as antigas pós-colônias no momento da independência. Já a decolonização é uma perspectiva ética e epistemológica nova, de descentralização do conhecimento em relação ao saber do colonizador e de protagonismo dos sujeitos de países ex-colonizados, seus pensamentos, suas práticas e proposições.

O que seria preciso, então, para produzir um processo de decolonização?

Primeiramente, que as forças sociais africanas venham a impor uma ruptura com o sistema de corrupção recíproca, senão isso não vai parar. A natureza da relação entre colonos e colonizados atualmente é de um paternalismo cruzado, com racismo de um lado e, do outro, servilismo, patifaria e submissão. Podemos afirmar que ocorre o mesmo aqui no Brasil.

O livro mostra que não basta refletir sobre a descolonização como um processo de revolta, mas ela deve ser uma interrogação sobre a "comunidade decolonizada". Trata-se de produzir uma redistribuição das linguagens. Os africanos permanecem falando várias línguas ao invés de uma.

O conceito de descolonização deve ser reabilitado e a proposta é tomá-lo como uma súmula. No direito brasileiro, chama-se súmula um verbete que registra a interpretação pacífica ou majoritária adotada por um tribunal a respeito de um tema específico, a partir do julgamento de diversos casos análogos, com a dupla finalidade de tornar pública a jurisprudência para a sociedade, bem como promover a uniformidade entre as decisões: "trata-se de abolir um eu constituído como objeto de um outro, que só consegue se ver por esse outro, onde só habita o nome, a voz, a face e a moradia de um outro, seu trabalho de vida e sua linguagem."[21]

Buscavam a morte de seus senhores em prol da própria vida. Porém, essa experiência não permitiu uma consciência autônoma. Para isso, seria necessária uma abolição desse "estar-fora-de-si" que cria o seu duplo. A história do Haiti mostra que não é suficiente a primeira abolição. É preciso um reconhecimento tanto dos antigos senhores como dos escravos de novas relações de mutualidade. É preciso uma segunda abolição. Não se trata de abolir o Outro: trata-se de se "autoabolir", libertando-se da parte servil constitutiva do eu e trabalhando pela realização do eu enquanto figura singular do universal.

---

21 > Achille Mbembe, *Sair da grande noite: ensaio sobre a África descolonizada*, op. cit., pp. 63-64.

> A libertação do ódio de si e do ódio do Outro é a primeira condição para que possamos voltar à vida. Ela requer igualmente que nos libertemos do vício da lembrança do nosso próprio sofrimento, que caracteriza toda consciência da vítima. Pois se libertar desse vício é a condição para reaprender a falar uma linguagem humana e, eventualmente, criar um mundo novo. [22]

Com essas palavras, podemos considerar que, embora não seja psicanalista, Mbembe formula uma proposição que depende de um trabalho com os afetos, com o inconsciente e com o campo do gozo, para avançar na perspectiva de decolonização que propõe. Em uma entrevista recente, já na pandemia, afirma que uma alternativa para os segregados do necroliberalismo não diz respeito apenas aos africanos e muito menos aos colonizados. Assim, a problemática colocada pelo autor não se restringe aos negros, tampouco pode se resolver no campo da singularidade. O sintoma contemporâneo produzido pelo centralismo europeu se evidencia pelo retorno do imigrante como invasor, ameaçando seu "narcisismo cultural" por meio do fenômeno dos grandes contingentes populacionais de ex-colonos e subalternizados vindos de todas as partes do planeta, que agora batem à sua porta, colocando em xeque sua ideologia pautada no humanismo, pois reivindicam um território e um lócus político, através de seu pertencimento linguageiro junto ao senhor patriarcal, que antes lhe ensinou a falar sua monolíngua, impôs sua religião e seu conhecimento como superior. Refugiado de sua terra saqueada, devastada e explorada, com sua população empobrecida, torturada e exilada, o ex-colono busca a matriz linguística e cultural outrora ensinada como universal e exclusiva. Este personagem seria o "ocupante sem lugar", cujo cenário é a França contemporânea, de forma a demonstrar a colonização como uma coprodução entre colonizadores e colonizados, mas sem qualquer compartilhamento. De lugares diferentes, forjaram um passado sem compartilhá-lo.

A saída pela democracia do futuro, "humanidade-que-vem", seria construída por uma distinção entre o universal e o comum. Propomos a distinção entre o universal, conforme a psicanálise nos ensina, que pressupõe a exclusão de uma exceção que dá unidade ao todo, e o comum, que é uma outra forma de pensar a massa e, de acordo com a hipótese de Jorge Alemán, implica uma relação não toda. O comum é um espaço de copertença, de um passado que não foi compartilhado, mas que agora precisa ser reescrito entre vítimas e algozes que, mesmo em movimento em direções diversas, portam um incurável passível de tratamento.

---

22 > Ibid., pp. 54-55.

> guerra, andréa[1] <.> a psicanálise em elipse decolonial <

Tomai o fardo do Homem Branco
Enviai vossos melhores filhos
Ide, condenai seus filhos ao exílio
Para servirem aos vossos cativos;
Para esperar, com chicotes pesados
O povo agitado e selvagem
Vossos cativos, tristes povos,
Metade demônio, metade criança.
Tomai o fardo do Homem Branco
Continuai pacientemente
Ocultai a ameaça de terror
E vede o espetáculo de orgulho;
Ao discurso direto e simples,
Uma centena de vezes explicado,
Para buscar o lucro de outrem
E obter o ganho de outrem.
Tomai o fardo do Homem Branco
As guerras selvagens pela paz
Enchei a boca dos famintos,
E proclamai o cessar das doenças
E quando o vosso objetivo estiver próximo
(O fim que todos procuram)
Assisti a indolência e loucura pagã
Levai toda sua esperança ao nada.
Tomai o fardo do Homem Branco

---

1 > Doutora em Teoria Psicanalítica pela Universidade Federal do Rio de Janeiro (UFRJ) com Études Approfondies em Rennes II (França), Mestre em Psicologia Social pela Universidade Federal de Minas Gerais (UFMG), Professora Adjunta do Departamento de Pós-Graduação em Psicologia da FAFICH/UFMG. Psicanalista, Psicóloga e Bacharel em Direito.

Sem a mão de ferro dos reis,
Mas o trabalho penoso de servos
A história das coisas comuns
As portas que não deveis entrar,
As estradas que não deveis passar,
Ide, construí com as suas vidas
E marcai com seus mortos.
Tomai o fardo do Homem Branco
E colhei vossa recompensa de sempre
A censura daqueles que tornai melhor
O ódio daqueles que guardai
O grito dos reféns que vós ouvis
(Ah, devagar!) em direção à luz:
"Por que nos trouxeste da servidão,
Nossa amada noite no Egito?"
Tomai o fardo do homem branco...[2]

Como uma espécie de sétimo filho, nascido com um véu
e aquinhoado com uma visão de segundo grau nesse mundo americano
– um mundo que não lhe concede uma verdadeira consciência-de-si,
mas que apenas permite ver-se por meio da revelação do outro mundo.
É uma sensação estranha,
essa consciência dupla,
essa sensação de estar sempre a se olhar com os olhos de outros,
de medir sua própria alma pela medida de um mundo
que continua a mirá-lo com o divertido desprezo e piedade.
É sentir sempre a duplicidade ser americano, ser negro.
Duas almas,
dois pensamentos,
dois embates irreconciliáveis,
dois ideais conflitantes,
num corpo negro,
impedido, apenas por um obstinado esforço, de bipartir-se.

---

2 > Rudyard Kipling, "The white man's burden", in: T. Pinney (Org.), 100 poems: old and new. Cambridge: Cambridge University Press, 2013, pp. 111-113.

[...]
Ele deseja, simplesmente,
tornar possível para o indivíduo
ser tanto negro quanto americano,
sem ser amaldiçoado
e cuspido por seus companheiros,
sem ter as portas da Oportunidade violentamente batidas à sua cara.[3]

No primeiro trecho, na voz masculina, a poesia do laureado Nobel de Literatura de 1907, considerado o profeta do imperialismo britânico, Rudyard Kipling, com o seu já desgastado *Fardo do homem branco*. Nele, o poeta recita o sacrifício a que o homem branco foi imerso ao ter que civilizar povos semidiabos, semicrianças, recebendo em troca a censura daqueles que melhora, o ódio daqueles que guarda. Sobre esse fundo branco e europeu, burguês e patriarcal, cis e heteronormativo, em síntese imerso na cosmologia imperial, lemos na sequência dois trechos do livro de 1903, mesmo período, *As almas do povo negro*, de Du Bois,[4] escrito nos Estados Unidos, onde não era menos fácil a vida do pós--colonizado negro.

O contraste, tão evidente, nem sempre foi visibilizado como é agora em nosso século. Um véu se levantou e vislumbramos o gozo oculto na tradição hegemônica, não apenas sob a lente da mercadoria-fetiche, mas do corpo inter-ditado. Dificilmente teríamos naquela época, aurora do século XX, uma mulher falando ao lado da voz de um europeu branco. Minto! Em meados do século XIX, havia muito poucas mulheres que ousavam falar em reuniões sobre seus direitos negados, mas uma delas, negra alforriada, autonomeada Sojourner Truth – "com a cabeça ereta e os olhos perfurando o ar como em um sonho" –, perguntou em tom grave: "E eu não sou uma mulher?",[5] inspirando bell hooks[6] à escrita de si, da intelectual mulher negra, no clássico de mesmo nome.

O discurso de Sojourner Truth, proferido de improviso na Convenção dos Direitos da Mulher em Akron em 1851, retumbou em referência a sua posição subalternizada pelo discurso adestrador dos veios por onde um corpo podia gozar. Sua lógica não se mostrava nem singular, nem suplementar, mas acachapante. Desde que abandonara o proprietário

---

3 > W. E. B. Du Bois, *As almas da gente negra*, trad. bras. de Heloisa Toller Gomes. Rio de Janeiro: Lacerda Ed., 1999, p. 39.
4 > W. E. B. Du Bois. *As almas do povo negro*. São Paulo: Veneta, 2021.
5 > Sojourner Truth e Olive Gilbert, *"E eu não sou uma mulher?" A narrativa de Sojourner Truth*. Rio de Janeiro: Imã Editorial, 2020, p. 27.
6 > bell hooks, *Erguer a voz: pensar como feminista, pensar como negra*. São Paulo: Elefante, 2019.

que a enganara e que vencera em uma ação judicial – pela primeira vez na história da Justiça dos Estados Unidos uma mulher negra vencera um homem branco –, sua inscrição, sua escrevivência, enfim, já marcava uma posição, tanto ética quanto política.

Ainda que num universo binarizado – mulher-homem, negra-branco, americana-europeu, colonizada-imperialista, escravizada-senhor –, a verdade peregrinava. Com esse codinome, Verdade Peregrina, que se tornou o nome próprio de Isabella Van Wagener, nascida Baumfree – Van Wagener fora a última nomeação que recebera de seu último proprietário –, Sojourner viajou pelos Estados Unidos numa luta incansável e fervorosa por justiça. A complexa e hoje questionável contradição que plantou na convenção feminista tornou-se antológica. "Se meu copo só comporta meio galão, e o seu comporta um galão, não seria maldade sua não deixar eu encher minha meia medida?"[7]

Pois bem, a partir de qual perspectiva construímos um nome próprio, um corpo social e um meio de gozo? Onde estaria o centro, a medida universal, o caminho a ser seguido? Nesse texto, discutiremos a maneira como a raça, elemento legitimador do modo colonial de poder, se impôs como medida universal da cosmologia imperial, interferindo como discurso adestrador e normatizador de gozo em ação. Mostraremos os efeitos inconscientes de resposta ao mal-estar colonial assim instalado, a fim de justificar uma necessária psicanálise decolonizada, descentrada e capaz de fazer operar uma lógica disjuntiva de saber-gozo.

a psicanálise em movimento de elipse decolonial

Pensar a psicanálise em elipse decolonial implica descentrá-la, e cunhamos a expressão elipse decolonial como símile do "giro decolonial" em Sociologia e Filosofia.[8] A partir de um vazio descentrado de um sistema maior e deferente, a elipse reconhece o que induz seu movimento em permanente descentramento, desde movimentos minimais e permanentes de deslocamento. Se todo giro reenvia a um centro, como na revolução copernicana que substitui a Terra pelo Sol no centro do movimento orbital, toda revolução reenvia a um novo mestre. Em elipse, buscamos com o equante, como ponto vazio em relação ao centro, que, mesmo se não localizável com precisão, o ressitua, propor um fundamento para pensar a teoria e a práxis psicanalíticas em perspectiva decolonial.

Desde Platão, que afirmou as ideias de Pitágoras, universalizadas por Aristóteles como dogmas astronômicos que durariam mais de 2 mil anos, os círculos só foram contestados por Kepler no século XVII. Ptolomeu, no século II d.C., fora o responsável por estabelecer os

---

7 > Sojourner Truth e Olive Gilbert, *"E eu não sou uma mulher?" A narrativa de Sojourner Truth*, op. cit., p. 28.
8 > Luciana Ballestrin, América Latina e o giro decolonial. *Revista Brasileira de Ciência Política*, vol. 11, 2013, pp. 89-117.

pressupostos gregos de cinco séculos e acrescentou, aos conceitos clássicos de excentricidade e de epiciclos, o de equante. Menos aderido ao ideal platônico, Kepler desistiu da órbita circular para adotar a possibilidade da órbita elíptica, 1500 anos depois, a partir desta noção de equante acrescida por Ptolomeu ao sistema secular grego.

Sua tentativa foi a de explicar o movimento errante dos planetas, e não o movimento regular de estrelas fixas como o Sol. "O excêntrico (fora de centro) é a ideia de que a Terra, apesar de imóvel, não mais estava no centro de cada uma das órbitas, mas em um ponto próximo do centro [geoestática]".[9] O epiciclo implica na concepção de um círculo maior, deferente, em torno do qual círculos menores orbitam. E o que Ptolomeu acrescenta, o equante, implica em "um ponto deslocado em relação ao centro de cada um dos deferentes, em torno do qual o centro do epiciclo do planeta se desloca com velocidade uniforme".[10]

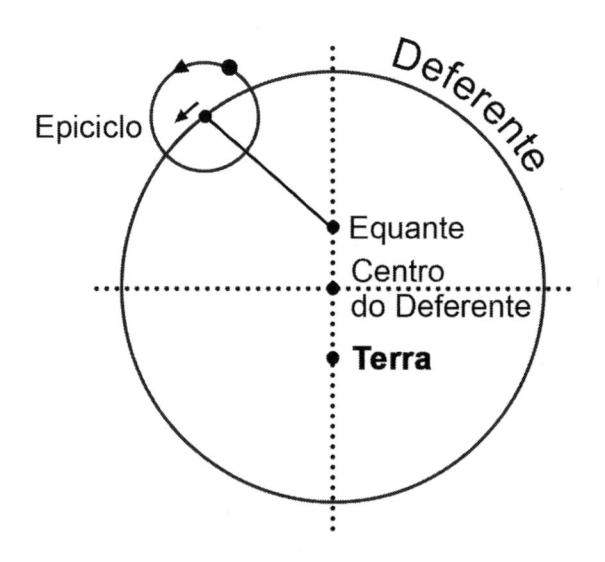

Figura 1 – Equante.
Fonte: http://www.inpe.br/ciaa2018/arquivos/aulas_pdfs/sistemasolar/sistema_solar.compressed.pdf

O centro do epiciclo tem velocidade constante em relação ao ponto equante, não ao ponto central da órbita circular. Assim, o equante contempla a ideia do movimento uniforme em elipse, porém não mais em relação ao centro do deferente nem em relação à Terra, e sim em torno de um "ponto vazio". Kepler (1571-1630) descreve a descoberta da órbita

---

9 > Felipe Damásio, "O início da revolução científica: questões acerca de Copérnico e os epiciclos, Kepler e as órbitas elípticas". *Revista Brasileira de Física*, vol. 33, n 3, 2011, pp. 3602-2.
10 > Ibid.

elíptica em 1595 numa epifania como se "tivesse acordado de um sonho".[11] Ao referenciar o movimento a partir do equante, a elipse mostra o deslocamento do próprio movimento em relação a um centro suposto, mostrando o lugar vazio, ao lado, como referente, antes obstacularizado pela equívoca ideia do falso centro articulador de todo o processo. Como essa história nos ajuda a pensar uma psicanálise em elipse decolonial? Sigamos passo a passo.

a ocupação colonial no alvorecer da invenção do centro

Operar com a elipse decolonial em psicanálise exige entender qual é o (falso) centro legitimador do modo de poder, saber, ser e de gênero coloniais e sobre qual pressuposto ele se funda. O ato de fundação da Modernidade tem seu avesso na descoberta das Américas que encobriu o Outro Colonial.[12] A Europa é tomada como critério de humanidade e se dispõe a salvar os homens primitivos de um destino deletério. A invenção do centro europeu e a inclusão do continente americano no mapa-múndi de Martin Waldseemüller, em 1507, cartografa uma nova topologia para a Europa, até então acuada pelo avanço muçulmano. Dos dois eixos definidores da Modernidade – tempo e espaço –, herdamos a colonização do tempo e a negação da geopolítica pela produção de conhecimento eurocentrada.

> O que o conceito de modernidade faz é esconder, de forma engenhosa, a importância que a espacialidade tem para a produção deste discurso. É por isso que, na maioria das vezes, aqueles que adoptam o discurso da modernidade tendem a adoptar uma perspectiva universalista que elimina a importância da localização geopolítica.[13]

Descentrando esse modo em perspectiva decolonial, retomemos o modo como o avanço das grandes navegações implicou na fuga da Europa cristã da invasão e crescimento dos muçulmanos em seu território. Na ponta da Europa, perdendo seus domínios territoriais, a abertura além-mar em direção às Índias culminou na ocupação de dois novos continentes: americano e africano. Sob seu poderio produziu-se um dos mais notáveis avanços da Modernidade, sob o preço da inferiorização predatória da Colonialidade numa gramática axial em termos de saber, poder, ser e gênero.[14]

---

11 > Ibid.
12 > Enrique Dussel, *1492: o encobrimento do Outro: A origem do mito da modernidade*. Petrópolis: Vozes, 1993.
13 > Nelson Maldonado-Torres, A topologia do Ser e a geopolítica do conhecimento. Modernidade, império e colonialidade. *Revista Crítica de Ciências Sociais*, n. 80, 2008, p. 84.
14 > Andréa Guerra, "Um olhar da psicanálise sobre a branquitude a partir de 'psicologia das massas e análise do eu'", in: J. Moreira e A. Silva, *100 anos de psicologia das massas: atualizações e reflexões*. Curitiba: CRV, 2021, pp. 219-238.

O nascimento da Colonialidade é o ponto obscuro do advento da Modernidade. Amparada pela razão iluminista e pelo ensejo de um Deus único, a razão ocidental se estabeleceu como guia para dar à outridade radical, que é o corpo, seu invólucro simbólico e discursivo: o racismo. À força e com violência ímpar na história das – supostas – civilizações, fundou uma nova gestão epistêmica, ontológica e ética das gentes.

Dussel[15] nos lembra de que a instauração do cogito cartesiano foi correlata ao avanço econômico da Europa e ao estabelecimento da legitimidade religiosa de ocupação das Américas. Ele funda a condição de possibilidade da ideia de universal, forjada a partir de então, onde antes a multiplicidade de saberes era o habitat do pensamento. Ao ego cogito ele acrescenta o *Ego Conquiro*, útil como uma genealogia crítica do *Ego Cogito* cartesiano. Dussel quer mostrar que o ego cogito, o sujeito racional moderno, é a sublimação de uma relação prático-militar de conquista que ocorre por meio do processo de colonização.[16] "O 'Eu-conquistador' é a proto-histórica da constituição do ego cogito; chegou-se a um momento decisivo em sua constituição como subjetividade."[17] E a raça é a base discursiva e pragmática de sua legitimidade.[18]

Grosfoguel[19] acrescenta uma segunda passagem na consolidação da cientificidade a que o cogito cartesiano deu origem, ocultando sua lógica fundamentalmente colonial, patriarcal, sexista e racista sob os princípios de pureza, verdade e assepsia do conhecimento. Essa condição necessária para o avanço moderno, ilustrado e racional teve seu suporte na passagem clandestina do gozo do *Ego cogito* para o *Ego conquiro* e deste para o *Ego Extermino*.

Do *Penso, logo sou* nasce a centralidade cartesiana que justifica, com Deus enquanto unidade garantidora da universalidade no horizonte, a conquista – *Penso, logo conquisto* –, tendo entre elas a eliminação dos que não disporiam do mesmo estatuto ontológico: *Penso, logo elimino*. O que reforça Dussel[20] no livro *1492: o encobrimento do outro*, lembrando que essa ocupação discursiva não foi sem o poderio militar e a violência armada.

> A "conquista" é um processo militar, prático, violento que inclui dialeticamente o Outro como o "si-mesmo". O Outro, em sua distinção, é negado como Outro e é

---

15 > Enrique Dussel, "Europa, modernidad y eurocentrismo", in: Edgardo Lander (Org.), *La colonialidad del saber: eurocentrismo y ciencias sociales, perspectivas latinoamericanas*. Buenos Aires: Clacso, 2000.
16 > Tomás Pimenta, neste próprio livro, desenvolve com propriedade esse argumento.
17 > Enrique Dussel, "Europa, modernidad y eurocentrismo", op. cit., p. 49.
18 > Aníbal Quijano, "Colonialidad del poder y subjetividad en América Latina". In: María Castañola y Maurício González (Orgs.), *Decolonialidad y psicoanálisis*. Ciudad de México: Navarra, 2017, pp. 11-34.
19 > Ramon Grosfoguel, "A estrutura do conhecimento nas universidades ocidentalizadas", *Revista Sociedade e Estado*, vol. 31, n. 1, 2016, pp. 25-49.
20 > Enrique Dussel, *1492: o encobrimento do Outro: A origem do mito da modernidade*. Petrópolis: Vozes, 1993.

sujeitado, subsumido, alienado a se incorporar à Totalidade dominadora como coisa, como instrumento, como oprimido, como "encomendado".[21]

Ao lado da conquista militar, segue a conquista espiritual pela via da dominação do imaginário e do enquadre do simbólico, que, juntos, imaginário e simbólico como semblante, ocultam como um véu o ponto vazio, o equante, do gozo do colonizador. Essa dominação se dava através de uma ocupação militar aliada à fundamentação teológica da colonização. A colonização é interpretada como desígnio divino, que se torna o critério universal absoluto para toda a empresa colonial.

Assim, cem anos se passaram, entre concílios e bulas papais no século XVI, discutindo-se se os habitantes do Hemisfério Sul tinham alma nuliius – se eram desalmados – ou se eram seres humanos e não deveriam ser privados de sua liberdade ou posses. Assim, as terras das Índias tornar-se-iam legitimamente ocupáveis. Se não eram de ninguém, poderiam ser desvirginadas pelo poder europeu, ter extraídas suas riquezas e dizimados seus povos de origem.

No Brasil do século XVI, foram os jesuítas que fundaram um modo específico de apreensão da subjetividade indígena local, a partir do repertório cultural da época. O conhecimento do índio brasileiro foi adquirido pelos missionários jesuítas através da convivência cotidiana, norteada pelo objetivo da evangelização e filtrada pelo crivo da visão antropológica da teologia católica e da filosofia aristotélico-tomista da Companhia de Coimbra e em Roma na época.

Os tratados Conimbricenses, redigidos pelos professores do Colégio das Artes da Companhia em Coimbra, permitem verificar, pela observação, "que os indígenas possuem todas as 'potências' atribuídas pelos filósofos à alma, a saber 'entendimento, memória e vontade'".[22] São como bestas "propriamente no plano de uma fragilidade dos apetites e da vontade", fragilidade induzida (segundo a teologia católica) pelo "pecado original", que – no entendimento de Nogueira – pode explicar o "estado de barbaridade" dos índios. Sua transformação, humanista, deveria ser empreendida pela educação. Modo acintoso de aculturação e domínio, de epistemicídios secular, perpetuado hoje na perseguição às religiões de matriz afrodescendente no Brasil.

Em suma, a demonstração da humanidade do indígena é feita a partir do conhecimento de suas características psicológicas, definidas pela filosofia da época, subtraídos os povos originários de seu próprio saber, invisibilizado e apagado como ilegítimo.

---

21 > Enrique Dussel, "Europa, modernidad y eurocentrismo", op. cit., p. 44.
22 > Marina Massimi, Representações acerca dos índios brasileiros em documentos jesuítas do século XVI. *Memoranum*, n. 5, 2003, pp. 69-85.

Com efeito, os pensadores da Companhia de Jesus, ordem religiosa fundada por Inácio de Loyola no século XVI, visando realizar uma síntese entre a herança do catolicismo medieval e o novo espírito renascentista (1), encarregaram-se de 'traduzir" tais concepções num método de formação do homem, seja em seu percurso evolutivo da infância até à maturidade pela educação (Giard, 1995), seja no que diz respeito à aculturação dos povos ameríndios, africanos e orientais, através do processo de cristianização (Caeiro, 1989).[23]

O mundo cultural indígena, autóctone ou local, é negado em sua originalidade como satânico, demoníaco, perverso, como algo que deve ser completamente destruído ou modificado. É necessário reduzir os colonizados a uma tábua rasa a partir da qual se pode desenvolvê-los em direção à religião verdadeira.[24] Entretanto, a racionalidade argumentativa é puramente aparente e o que guia o processo é a violência irracional e direta.[25] Com Sepúlveda, Dussel,[26] reúne os principais pilares do discurso moderno, seus conceitos e mitos, na cosmologia que passa a violentamente governar os corpos racializados dos colonizados.[27] São eles:

1. Eurocentrismo: a Europa é mais desenvolvida.

2. A modernização é emancipadora, pois significa a saída do estado de imaturidade.

3. A dominação europeia é ação pedagógica e de grande utilidade para os povos colonizados.

4. O dominador e colonizador é meritório.

5. Os colonizados são os culpados pelo uso da violência, pois não se modernizam por si próprios e resistem à evolução.

Fruto de epistemicídios historicamente datados e perpetuados, foram quatro os grandes movimentos históricos de depredação dos saberes tradicionais antes presentes nas terras conquistadas. Epistemicídio foi um termo cunhado por Boaventura Santos,[28]

---

23 > Ibid.
24 > Tomás Pimenta, Modernidade, raça e desumanização, neste mesmo volume.
25 > Enrique Dussel, "Europa, modernidad y eurocentrismo". In: Edgardo Lander (Org.), *La colonialidad del saber: eurocentrismo y ciencias sociales, perspectivas latinoamericanas*. Buenos Aires: Clacso, 2000, p. 62.
26 > Ibid, p. 76.
27 > Andréa Guerra, "Um olhar da psicanálise sobre a branquitude a partir de 'psicologia das massas e análise do eu'", in: J. Moreira e A. Silva, *100 anos de psicologia das massas: atualizações e reflexões*. Curitiba: CRV, 2021, pp. 219-238.
28 > Boaventura de Sousa Santos, Pela mão de Alice. *O social e o político na pós-modernidade*. São Paulo, Cortez, 1995.

indicando a destruição de conhecimentos, saberes e culturas não assimiladas pela cultura branca-eurocêntrica-ocidental. É um subproduto do colonialismo instaurado pelo avanço imperialista europeu sobre os povos da Ásia, da África e das Américas – podemos incluir as colonizações internas, como a russa, aqui também.

No fundamento do conhecimento ocidental moderno em suas condições de possibilidade e de advento, foram quatro os epistemicídios.[29] Eles permitiram, após o avanço das grandes navegações e outras conquistas do final do século *XV*, a fundação forçada da racionalidade, cientificidade e universalidade da cosmologia cristã-secular-ocidental no século *XVII*. O ano de 1492 é o marco das Américas e o de 1478 o da conquista moscovita russa. Os epistemicídios desenharam a subalternização, a dispersão, a ocupação ou a dizimação dos saberes ancestrais em quatro principais sentidos:

1. Contra os muçulmanos e judeus em nome da pureza do sangue em Al-Andaluz;

2. Contra os povos indígenas nas Américas e depois na Ásia;

3. Contra os africanos, aprisionados em seu território e depois diasporicamente vendidos e escravizados;

4. Contra as mulheres, queimadas vivas sob a alegação de serem bruxas.

Foram assim deslegitimados e aniquilados esses modos de produção de conhecimento. Ao que parece, desse modo fomos civilizados e iluminados pela Modernidade emancipada e progressista. A Colonialidade permaneceu como seu avesso sombrio, subdesenvolvido, primitivo, inumano.

> A colonialidade é um dos elementos constitutivos e específicos do padrão mundial de poder capitalista. Se funda na imposição de uma classificação racial/étnica da população do mundo como pedra angular do dito padrão de poder e opera em cada um dos planos, âmbitos e dimensões materiais e subjetivas, da existência social cotidiana e da escala social.[30]

---

29   > Ramon Grosfoguel, "A estrutura do conhecimento nas universidades ocidentalizadas", *Revista Sociedade e Estado*, vol. 31, n. 1, 2016, pp. 25-49.

30   > Aníbal Quijano, "Colonialidad del poder y clasificación social". *Journal of world-systems research*, vol. 11, n 2, 2000, p. 342.

a raça como epicentro articulador do modo colonial do poder (mcp)

Conhecida como Modo Colonial do Poder (*MCP*), a colonialidade [do poder] se somou à colonialidade do saber, do ser e do gênero, denunciando, sob o ideal da universalidade, a versão europeia, branca, masculina e cisheteropatriarcal do poder centralizador gestado epistemicamente nos últimos séculos.[31] A dimensão central dessa composição do discurso colonial é a raça como seu constituinte necessário.

> O que deve nos reter é o racismo como moderno. Isso não tem nada a ver com o racismo antigo. Não adianta apelar para os gregos ou para os bárbaros. Isso não tem nada a ver com a densidade que a questão adquiriu para nós. Trata-se de um racismo moderno, ou seja, de um racismo da época da ciência e, também, da época da psicanálise.[32]

Quijano[33] é claro ao mostrar que a substituição do sangue pela raça institui a modernidade iluminista, racional e liberal que assenta uma nova lógica discursiva para nosso tempo. Trata-se da governabilidade regida pelo fazer morrer como modo de gestão da vida e dos corpos das populações – necropolítica.[34] Como chegamos a isso? Retomo, em especial, o tripé exploração-dominação-conflito,[35] que incide em, ao menos, quatro grandes domínios: Trabalho, Sexo, Autoridade Pública, Subjetividade.

---

31 > Id., "Colonialidad del poder y subjetividad en América Latina", in: María Castañola y Maurício González (Orgs.), *Decolonialidad y psicoanálisis*. Cidade do México: Navarra, 2017, pp. 11-34.
32 > Jacques-Allain Miller, Racismo e extimidade. *Derivas analíticas*, n. 4, 2016.
33 > Anibal Quijano, "Colonialidad del poder y subjetividad en América Latina", op. cit.
34 > Achille Mbembe, *Necropolítica: biopoder, soberania, estado de exceção, política da morte*, trad. bras. Renata Santini. São Paulo: n-1 edições, 2018.
35 > Aníbal Quijano, A. Colonialidade, poder, globalização e democracia. *Novos Rumos*, ano 17, n. 37, 2002, pp. 4-27.

```
           Exploração
              /\
             /  \
            /    \
           /      \
          /        \
Dominação /_____\ Conflito
```

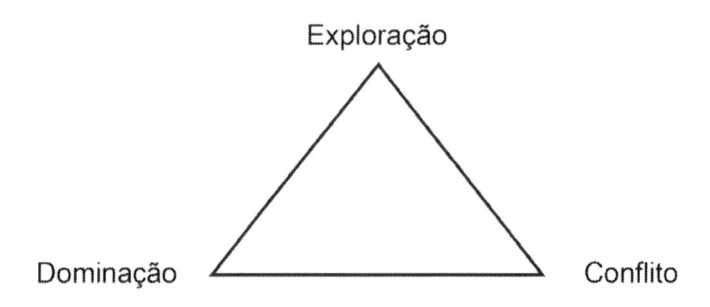

Figura 2 – Tripé do Modo Colonial de Poder. Fonte: A autora

Ramificam-se e estruturam-se as relações de hegemonia do atual padrão de poder mundial[36] na articulação entre:

1. a colonialidade do poder, isto é, a ideia de "raça" como fundamento do padrão universal de classificação social básica e de dominação social;

2. o capitalismo, como padrão universal de exploração social;

3. o Estado como forma central universal de controle da autoridade coletiva, e o moderno Estado-nação como sua variante hegemônica;

4. o eurocentrismo como forma hegemônica de controle da subjetividade/ intersubjetividade, em particular no modo de produzir conhecimento.

Assim, a colonialidade do poder matricia todas as relações que subjazem silenciadas, mas ramificadas na base sociossimbólica dos discursos que legitimam nossas práticas institucionais. Como conceito e elemento fundante do atual padrão de poder, a classificação social básica e universal do planeta assenta-se em torno da ideia de raça. Podemos pensar em distintas figuras racializadas desde os estudos clássicos pós-coloniais iniciados com o livro *Orientalismo*, de Said,[37] ou o ensaio *Pode o subalterno falar?*, de Spivak.[38] O negro no Brasil,

---

36 > Ibid., p. 4.
37 > Edward Said, *Orientalismo: o Oriente como invenção do Ocidente*. São Paulo: Companhia das Letras, 2007.
38 > Gayatri Spivak, *Pode o subalterno falar?*, trad. bras. Sandra Regina Goulart Almeida, Marcos Pereira Feitosa e André Pereira. Belo Horizonte: Editora da UFMG, 2010.

o latino nos Estados Unidos e o imigrante na Europa são figurações daquilo que, avançando, Mbembe cunhou "devir negro no mundo".

> Essa ideia e a classificação social e baseada nela (ou "racista") foram originadas há 500 anos junto com América, Europa e o capitalismo. São a mais profunda e perdurável expressão da dominação colonial e foram impostas sobre toda a população do planeta no curso da expansão do colonialismo europeu.[39]

Desde então, no atual padrão mundial de poder, todas as áreas de existência social e subjetiva foram impregnadas por esta lógica. Ela constitui a mais profunda e eficaz forma de dominação social, material e simbólica. Por isso, é a base subjetiva mais universal de dominação política dentro do atual padrão de poder. Os autores latinos do grupo Colonialidade/Modernidade logo se deram conta de que a raça é a condição da modernidade emancipatória, progressista, racional e econômica da Europa. A Europa se tornou centro do mundo graças a esse deslocamento geopolítico nos quatro eixos: poder, saber, ser e gênero, em seu avanço além-mar. A ocupação do continente africano e a invenção da América encobrem a dizimação violenta e epistemicida permanente dos corpos, saberes, gênero e cosmologias distintas da europeia.

A racionalidade eurocêntrica "foi mundialmente imposta e admitida nos séculos seguintes, como a única racionalidade legítima. Em todo caso, como a racionalidade hegemônica, o modo dominante de produção de conhecimento".[40] Ela se articula por:

1. Estabelecer o dualismo entre "razão" e "corpo" e entre "sujeito" e "objeto" na produção do conhecimento;

2. Associar uma propensão reducionista e homogeneizante a seu modo de reflexão, tomando-o como universal axiomático;

3. Absolutizar a verdade pelos cânones que constrói, reproduz e exporta, centrados em cinco países (Inglaterra, Alemanha, França, Itália e Estados Unidos);

---

39 > Aníbal Quijano, A. Colonialidade, poder, globalização e democracia. *Novos Rumos,* ano 17, n. 37, 2002, p. 4.
40 > Ibid., p. 6.

4. Constituir a apercepção da experiência social, numa versão a-histórica de mundo, legitimada pela universalização da experiência racional cartesiana ou egologia;[41]

5. Operacionalizar a "hybris del punto cero"[42] – ou arrogância do ponto zero –, a partir do qual nenhum outro saber-poder é legitimado;

6. Desqualificar qualquer saber que se distinga desses centralizados, pela atribuição de predicações tais que: parcialidade, localidade, atraso, primitivismo, selvageria, misticismo.

O "ponto zero" é um ponto de partida de observação, supostamente neutro e absoluto, no qual a linguagem científica, desde o Iluminismo assume-se "como a mais perfeita de todas as linguagens humanas" e que reflete "a mais pura estrutura universal da razão".[43] A lógica do "ponto zero" é eurocentrada e "presume a totalização da gnose ocidental, fundada no grego, no latim e nas seis línguas modernas imperiais europeias".[44] Ela funda e sustenta a razão imperial teo-ego-politicamente.

Trata-se, então, de uma filosofia na qual o sujeito epistêmico não tem sexualidade, gênero, etnia, raça, classe, espiritualidade, língua nem localização epistêmica em nenhuma relação de poder, e produz a verdade desde um monólogo interior consigo mesmo, sem relação com ninguém fora de si. Isto é, trata-se de uma filosofia surda, sem rosto e sem força de gravidade. O sujeito sem rosto flutua pelos céus sem ser determinado por nada nem por ninguém. Será assumida pelas ciências humanas a partir do século XIX como a epistemologia da neutralidade axiológica e da objetividade empírica do sujeito que produz conhecimento científico.[45]

---

41 > Enrique Dussel, "Europa, modernidad y eurocentrismo", op. cit.

42 > Santiago Castro-Gomez, Decolonizar la universidad: La hybris del punto cero y el diálogo de saberes, in: R. Grosfoguel e S. Castro-Gomez (org.) *El giro decolonial: reflexiones para una diversidad epistémica más allá del capitalismo global*. Bogotá: Siglo del Hombre Editores; Universidad Central, Instituto de Estudios Sociales Contemporáneos y Pontificia Universidad Javeriana, Instituto Pensar, 2007.

43 > Santiago Castro-Gomez, *La hybris del punto cero: ciencia, raza e ilustración en la Nueva Granada* (1750-1816). Bogotá: Editorial Pontificia Universidad Javeriana, 2005, p. 14.

44 > Walter Mignolo, "El pensamiento decolonial: desprendimiento y apertura. Un manifiesto", in: S. Castro-Gómez e R. Grosfoguel (Orgs.). *El giro decolonial: reflexiones para uma diversidad epistémica más allá del capitalismo global*. Bogotá: Siglo del Hombre Editores; Universidad Central, Instituto de Estudios Sociales Contemporáneos, Pontificia Universidad Javeriana, Instituto Pensar, 2007, p. 29.

45 > Ramon Grosfoguel, "Descolonizando los universalismos occidentales: el pluri-versalismo transmoderno decolonial desde Aime Cesaire hasta los zapatistas", in: S. Castro-Gomez e R. Grofoguel (Ogs.) El giro decolonial: reflexiones para uma diversidad epistêmica más allá del capitalismo global. Bogota: Siglo del Hombre Editores, Universidad Central, Instituto de Estudios Sociales Contemporaneos, Pontificia Universidad Javeriana, Instituto Pensar, 2007, pp. 64-65.

Assim, um centro funda-se como universal nos processos de colonização do que passa a ser tomado como resto[46] ou periferia em relação a esse centro, seja oriental ou ocidental, sul global ou afrotradicional. Assim, a raça se torna uma necessidade científica, econômica, geopolítica e não relacional para justificar o avanço dizimatório da subtração de riquezas e culturas que garantiram o enriquecimento do então novo "centro" do mundo, hoje esgotado. Colonialidade e eurocentrismo aliam-se ao capitalismo globalizado e à formação do Estado Moderno.[47]

Segundo Quijano,[48] a doutrina do Estado radica nas noções de cidadania e de representatividade e alcança seus traços atuais definitórios desde finais do século XVIII, sendo admitida durante o século XX como o modelo mundialmente hegemônico enquanto Estado-nação. Certamente, isso não equivale a ter sido praticado mundialmente. Na etapa atual do poder colonial/capitalista, a globalização do Estado, em especial desde meados dos anos 1970, pressiona pelo desvirtuamento de seus traços específicos, inclusive pela reversão de seus respectivos processos, em particular do conflito social em torno da ampliação da igualdade social, da liberdade individual e da solidariedade social.

O capitalismo neoliberal associa-se a formas historicamente conhecidas de controle do trabalho, ou exploração, escravidão, servidão, ganhando a forma salarial atual chamada capital, para produzir mercadorias para o mercado mundial.[49] O capital é uma forma específica de controle do trabalho que consiste na mercantilização da força de trabalho a ser explorada. No regime neoliberal, os neossujeitos se subordinam às exigências de performance, alienando-se aos ideais de eficácia, autogestão da produtividade e empreendedorismo de si mesmos,[50] consignados a métricas e, agora, alienando-se através de algoritmos.[51]

Mbembe[52] gramaticaliza o humano em três tempos, ao mostrar como nos transformamos, por nossas próprias mãos, em corpos elimináveis pelo capitalismo neoliberal. Seu primeiro momento foi o da espoliação organizada do século XV ao XIX, quando o tráfico negreiro transatlântico produziu homens-objeto, homens-mercadoria e homens-moeda, sem nome ou língua própria, mas ainda assim sujeitos ativos.

---

46 > Jacques Derrida (1998). "Geopsychoanalysis: 'and the rest of the world'", in: C, Lane (Org.) The Psychoanalysis of Race. Nova York: Columbia University Press, 1998, pp. 65-90.

47 > Aníbal Quijano, A. Colonialidade, poder, globalização e democracia. *Novos Rumos*, ano 17, n. 37, 2002, pp. 4-27.

48 > Ibid.

49 > Ibid.

50 > Pierre Dardot e Christian Laval, *A nova razão do mundo: ensaio sobre a sociedade neoliberal*, São Paulo: Boitempo, 2017.

51 > Marcio Toledo Gonçalves, *Trabalho e subjetividade no ultracapitalismo*, Rio de Janeiro: Editora Lumen Juris.

52 > Achille Mbembe, *Crítica da razão negra*. São Paulo: Antígona; Martins Fontes, 2019.

O segundo momento aconteceu no final do século XVIII, quando negros, "seres capturados por outros", reivindicaram o estatuto de sujeitos plenos do mundo vivo.[53] A Revolução do Haiti, as descolonizações africanas, as lutas por direitos civis nos Estados Unidos e o desmantelamento do apartheid foram algumas de suas conquistas, muitas delas engolfadas pelo mito da Revolução Francesa que supervaloriza a igualdade entre os cidadãos europeus e deixa de lado a fraternidade entre os distintos povos em suas próprias matrizes epistêmicas, jurídicas e ontológicas.

O terceiro momento, agora no início do século XXI, "é o da globalização do mercado, da privatização do mundo sob a égide do neoliberalismo [dominado pelas indústrias do silício e pelas tecnologias digitais] e da crescente complexificação da economia financeira, do complexo militar pós-imperial e das tecnologias eletrônicas e digitais".[54] Qualquer acontecimento pode ganhar valor no mercado, a indiferença e a virtualidade engajam os corpos em laços autistas e o capital, essencialmente financeiro, multiplica-se por si mesmo. "Se, ontem, o drama do sujeito era ser explorado pelo capital, a tragédia da multidão hoje é já não poder ser explorada de modo nenhum, é ser relegada a uma 'humanidade supérflua', entregue ao abandono, sem qualquer utilidade para o funcionamento do capital."[55] Novo homem-coisa, homem-máquina, homem-código, homem-fluxo. Seres humanos transformados em coisas animadas, dados numéricos e códigos.

> Pela primeira vez na história humana, o substantivo negro deixa de remeter unicamente à condição atribuída aos povos de origem africana durante a época do primeiro capitalismo. [...] A essa nova condição fungível e solúvel, à sua institucionalização enquanto padrão de vida e à sua generalização pelo mundo inteiro, chamamos o devir negro no mundo.[56]

Estamos falando do descentramento narcísico operado pela raça como fundamento do modo de poder colonial.[57] Quarta ferida narcísica do homem, depois da teoria heliocêntrica, da teoria evolucionista e da teoria psicanalítica.[58] O homem agora perde a centralidade branca. Não há mais um monocentrismo. Essas construções nos interessam na medida em

---

53 > Ibid., p. 14.
54 > Ibid., p. 15.
55 > Ibid., p. 16.
56 > Ibid., pp. 19-20.
57 > Aníbal Quijano, "Colonialidad del poder y subjetividad en América Latina", in: María Castañola y Maurício González (Orgs.), *Decolonialidad y psicoanálisis*. Cidade do México: Navarra, 2017, pp. 11-34
58 > Sigmund Freud, "Uma dificuldade no caminho da psicanálise" (1917), in: S. Freud, *Uma neurose infantil e outros trabalhos* (1917-1918), trad. bras. de Jayme Salomão. Edição standard brasileira das obras psicológicas completas de Sigmund Freud, vol. 17. Rio de Janeiro: Imago, 1996. pp. 147-153.

que conferem valor epistêmico, político, ético e, por que não assumir, ôntico à discussão conceitual, e fornecem o espectro a partir do qual, metodologicamente, assentamos nossa perspectiva acerca da decolonização da psicanálise em ato na práxis e na pólis.

desvelar e deslocar o gozo imperial

Com a psicanálise, exposta a arregimentação do poder colonial, conseguiremos destrinchar como esse modo e meio de gozo, como discurso em ação,[59] imiscuiu-se como hegemônico. Para isso, parto da premissa de que essa cosmologia que se efetivou universalizante por tantos séculos constitui-se como miragem narcísica, semblante ou véu, que ocultou o gozo imperial. Levantar esse véu e perscrutar sua obscenidade nos leva ao ponto da questão: o gozo que sustentou séculos de dominação e sua estrutura inconsciente. "O que há de absolutamente incrível é que ainda não se tenha percebido que os problemas de consciência são problemas de gozo."[60]

O ponto de onde a imagem real se torna imagem virtual e a ela acedemos implica um olhar atravessado pela interposição de um espelho plano como Outro constitutivo. Através desse espelho plano, o eu se (re)conhece como uma imagem alienada, que ele não é, e onde não está.[61] Nossa hipótese é a de que o espelho plano, que opera como Ideal de Eu na cultura ocidental, hipermoderna e neoliberal, é montado discursivamente como normatividade branca, burguesa, patriarcal, cisheteronormativa (e mais charmosa, se europeizada). Assim, nascem os racismos e se legitimam suas violências. A raça "se constitui pelo modo como se transmitem, pela ordem de um discurso, os lugares simbólicos, aquele com que se perpetua a raça dos senhores e igualmente dos escravos".[62]

---

59 > Jacques Lacan, "O aturdito", in: *Outros escritos*. Rio de Janeiro: Zahar, 2003.
60 > Jacques Lacan, *O saber do psicanalista*. Recife: Centro de estudos Freudianos do Recife, 1971, p. 23.
61 > Marta D'agord et al., Dos modelos à função crítica. *Revista Latinoamericana de Psicopatologia Fundamental*, vol. 18, n. 1, 2015, pp. 152-166.
62 > Jacques Lacan, "O aturdito", op. cit., p. 462.

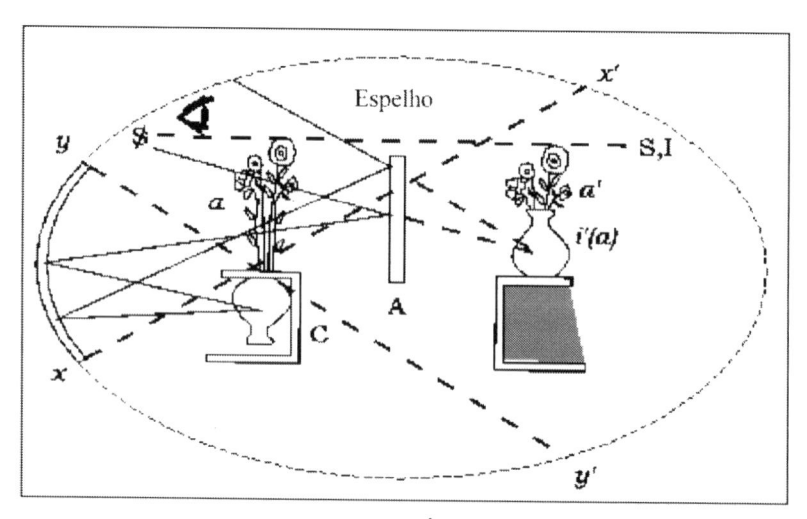

Figura 3 – Esquema Óptico de Lacan [63]

O Eu se identificaria, então, no nível do -i(a) com uma imagem real, articulada simbolicamente pelo Ideal de Eu I(A) – espelho plano –, restando sempre não especularizável o objeto subtraído (- j), ponto de ancoragem do gozo, matricial nos fenômenos identificatórios e segregatórios. O resultado é a imagem virtual, que comporta a imagem real – i'(a) –, refletida pelo espelho plano do outro lado.[64]

O sofrimento nasce quando um corpo – negro, trans, feminino, indígena – não corresponde ao I(A). Ele disjunta o conjunto social de sua estabilidade imaginária e afeta sua borda simbólica, esgarçando o tecido por onde o gozo se encontrava contido pelo discurso. Evidencia-se o gozo recoberto pelo véu. De seu avesso nasce "à rejeição deste gozo inassimilável, domínio de uma barbárie possível".[65] Fundamento dos processos segregatórios, assentados no ódio à forma particular com a qual o Outro goza.[66]

O véu que invisibiliza esse procedimento como linhas abissais[67] está, para Lacan, referido ao poder. O véu é o que se interpõe como cortina entre o sujeito e o objeto, ocultando, recalcando ou desmentindo, seu mais além. O nada, lugar vazio, equante desde

---

63 > Jacques Lacan, "Observações sobre o relatório de Daniel Lagache: psicanálise e estrutura da personalidade", in: Escritos. Rio de Janeiro: Zahar, 1998, p. 681.
64 > Andréa Guerra, "Branquitude e Psicanálise", Revista Espaço Acadêmico, vol. 21, n. 230, 2021, pp. 55-67.
65 > Éric Laurent, Racismo 2.0. Lacan Quotidien, n. 371, 2014.
66 > Jacques-Allain Miller, Extimidad. Los cursos psicoanalíticos de Jacques-Alain Miller. Buenos Aires: Paidós, 2010.
67 > Boaventura de Sousa Santos, Para além do pensamento abissal: das linhas globais a uma ecologia de saberes. Revista Novos Estudos, n. 79, 2007.

onde as distintas formas de exercício do poder ganharão forma e se presentificarão na história do mundo.

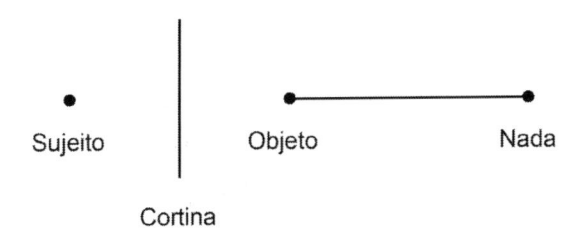

```
         •          |      •—————————•
      Sujeito       |   Objeto      Nada
                 Cortina
```

Figura 4 - Esquema do véu[68]

A estrutura, na relação entre o mais além (nada) e o véu (cortina), ou seja, onde está o objeto, é onde se fixa a captura imaginária, inscreve-se a condição simbólica do desejo e também se fixa o ponto de escape do gozo; intervalo perigoso, portanto. Na instalação da relação simbólica, a história interrompe seu curso ao ser escrita. "Este é o momento da história onde a imagem se fixa."[69] Sobre o véu, nasce o objeto fetichizado que oblitera a visão desde então. Indígena no Europeu em nossas terras ameríndias. Preto no Branco em nossa história colonial. Mulher no Homem na história da subalternização feminina. Trans no Cis na história da normatização do gênero. E assim sucessivamente numa série que se forçou binária nos processos de normatização do gozo pelo discurso.

> A rememoração da história se detém e se suspende num momento imediatamente anterior. [...] Detendo-se ali, a cadeia indica sua sequência a partir daí velada, sua sequência ausente [recalcada]. [...] Veem aqui entrar em jogo, e projetar-se num ponto sobre o véu, a cadeia histórica, que pode mesmo conter uma frase inteira e, bem mais ainda, uma frase numa língua esquecida.[70]

O desmentido e o recalque, como operações de defesa contra o real do gozo, estão na base constitutiva da dimensão histórica do processo de racialização como condição da estrutura da Modernidade. Na radicalização, temos mesmo a foraclusão, a não inscrição de processos históricos, conforme a versão original que é recontada. Não à toa foi preciso legislar

---

68 > Jacques Lacan, *O seminário, livro 4: a relação de objeto* (1956-1957). Rio de Janeiro: Zahar, 1995, p. 158.
69 > Ibid., p. 159.
70 > Ibid., pp. 160-161.

sobre o ensino das tradições africanas como obrigatório no ensino básico das escolas brasileiras. Esse é o segundo aspecto que a psicanálise revela: a presença de operações denegatórias em nossa experiência com o real, atravessadas pelo inconsciente e constituídas depois como pensamento racional, imposto violentamente como universalização hegemônica de um modo de gozo uno.

O ponto sofisticado aqui radica exatamente na constituição do Outro, que não é simplesmente o próximo, como iminência intolerável do gozo.[71] O Outro é sua terraplanagem higienizada[72] e encontra, exatamente nessa disjunção constitutiva do gozo, por vezes obscenamente explicitada, seu limite. O Outro, em última instância, é a invenção simbólica de uma perspectiva, assentada no real do corpo, alteridade mais radical porque apenas acessada pela linguagem, o que aliena o corpo como Outro.

Ao buscar localizar-se como eu no mundo, a carne se desenha corpo em relação a um referente que, como espelho externo, lhe restitui sua unidade imaginária. Essa assunção antecipada de uma miragem de unidade chega de fora, como estrangeira, mesmo sendo o que, de mais íntimo, localiza o sujeito, que pode, então, enunciar-se como "eu", um objeto entre outros objetos. O eu, assim, é um outro, internalizada a estrangeiridade desta alteridade em sua constituição. Quando, pois, desconhecemos em nós esse outro que nos habita, tendemos a projetá-lo fora, nas figuras histórica, geopolítica e discursivamente nomeadas como piores, selvagens, primitivas, anormais, abjetas. Tentamos nos livrar de nosso próprio mal-estar dessa maneira. Daí nasce o racismo como estrutura segregatória e constituinte do eu e do laço social.

> Sabemos que o estatuto fundamental do objeto é o de sempre ter sido roubado pelo Outro. Esse roubo de gozo é o que escrevemos como menos fi (-φ) que, como se sabe, é o matema da castração. Se o problema tem o ar de insolúvel, é porque o Outro é Outro dentro de mim mesmo. A raiz do racismo é o ódio de meu próprio gozo. Não há outra raiz a não ser essa. Se o Outro está no interior de mim mesmo em posição de extimidade, trata-se igualmente de meu próprio ódio.[73]

Portanto, o que caracteriza o significante, o termo, que nomeia e localiza, não é o sentido, mas a diferença. O fato de o significante ser sempre outro ao explicar-se, nesta mínima diferença, distingue-se dos demais e nos conduz a perguntar se ele poderia constituir uma classe, organizar um universal, e como essa operação lógica se realizaria. Em outras palavras, nos

---

71 > Jacques Lacan, *O seminário, livro 16: de um Outro ao outro* (1968-1969). Rio de Janeiro: Zahar, 2008, p. 219.
72 > Ibid.
73 > Jacques-Allain Miller, Racismo e extimidade. *Derivas analíticas*, n. 4, 2016.

convida a perguntar se ele funda um Um ao se diferenciar do Outro. Se o Outro é também Um, ele incluirá o Sujeito/Significante, assim ali representado?

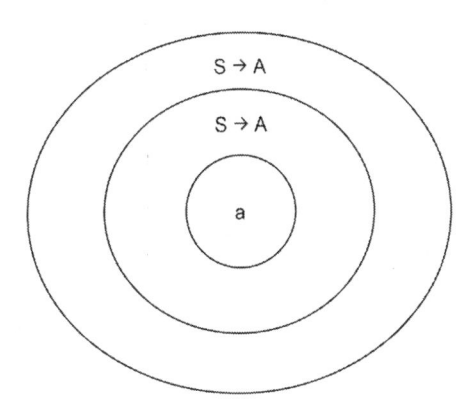

```
        ┌─────────────────────┐
        │      S → A          │
        │   ┌───────────┐     │
        │   │   S → A   │     │
        │   │  ┌────┐   │     │
        │   │  │ a  │   │     │
        │   │  └────┘   │     │
        │   └───────────┘     │
        └─────────────────────┘
```

Figura 5 – Escrita em série[74]

Quando o Sujeito inclui o Outro, como Um, para se designar; porém, se o significante é o que representa o sujeito para outro significante, esse Outro será sempre predicado. Enquanto o Um será não o traço, mas o 1 unificador que definirá o próprio campo do Outro. E assim sucessivamente numa série sempre ampliada, que contém em seu núcleo o que não é nunca nomeado desde sempre e, por isso, carece da linguagem para se fazer representar, ao preço da perda dessa subtração – a saber, perda entrópica de gozo. Por isso, Lacan diz que o Um é sempre Outro, referindo-se ao gozo. E acrescenta: "É exatamente para dizer que não há nenhum nome que o nomeie que eu o designo pela letra mais discreta, a letra a".[75]

| Outro → Significante → Gozo ∴ A → S → a |

"Há nesse jogo alguma coisa que interroga o 1 sobre aquilo em que ele se transforma, o 1, quando o a, lhe falto. E, se mais uma vez me coloco como Eu nesse ponto em que falto a ele, será para interrogá-lo sobre o que resulta de eu ter instalado essa falta."[76] Assim, seja numa série crescente, seja numa série decrescente, instala-se a subtração do gozo, que sempre

---

74 > Jacques Lacan, *O seminário, livro 16: de um Outro ao outro* (1968-1969), op. cit., p. 177.
75 > Jacques Lacan, *O seminário, livro 16: de um Outro ao outro* (1968-1969), op. cit., p. 177.
76 > Jacques Lacan, *O seminário, livro 16: de um Outro ao outro* (1968-1969), op. cit., p. 178.

deixa o Eu sem um anteparo identitário que o sustente ou defina. Por isso, a recorrência do Sujeito ao Outro, num circuito em elipse. Essa terceira dimensão da questão nos conduz à conclusão de que não se forma uma classe, sem a necessária violência fundante do universal,[77] pois há sempre a perda constante de gozo em a.

Na série de Fibonacci, o (1 − a) implica o quantum de gozo extraído do significante Outro, que, ao deslocar o corpo do sentido primeiro a ele atribuído, descompleta o 1 identitário que o fixaria como totalidade. Na linha crescente, da mesma forma, ao atribuir mais gozo, a um significante (1 + a), temos um deslocamento de sentido, mas também um deslocamento do modo de gozo no corpo, podendo seguir-se ao infinito essa série que mantém constante o a.

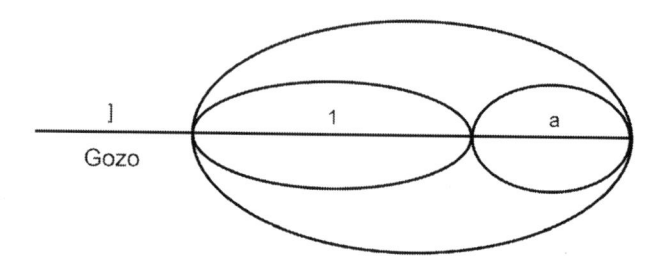

Figura 6 – Relação do a com a falta recebida do Outro como 1[78]

A contradição consiste no paradoxo do conjunto que contém a todos os conjuntos, menos a si mesmo. Se ele contém todos os conjuntos e a si mesmo, estamos diante de um paradoxo – dado que ele é o conjunto que contém a todos os outros, menos a si mesmo. Se ele contém todos os conjuntos, menos a si mesmo, então ele não pode conter todos os conjuntos... o outro lado do paradoxo. Em última instância, se o significante não é capaz de designar a si mesmo, temos aqui ao menos dois níveis do problema quanto ao universal.

1. No nível do gozo, o mesmo permanece como instância constante que singulariza um corpo, mas não forma uma classe de iguais, porque diferentes a cada novo 1, subtraído de gozo;
2. No nível do significante, a impossibilidade de designação de si implica o significante como o que designa o Outro, mas jamais o idêntico. O que se designa é o significante como Outro.[79]

---

77 > Antônio Teixeira, A Fundação Violenta do Universal. *Derivas Analíticas,* 2012, pp. 1-8.
78 > Jacques Lacan, *O seminário, livro 16: de um Outro ao outro* (1968-1969), op. cit., p. 132.
79 > Andréa Guerra, "Branquitude e Psicanálise", op. cit.

"O enunciado formulado da cadeia decrescente demonstra que é sempre do mesmo círculo que se trata. O círculo, esse Outro, é por um ato que estabelecemos como campo do discurso. [...] E é por um ato puramente arbitrário, esquemático e significante, que nós o definimos como Um".[80] Assim, inventaram-se a Modernidade e os meios de sua sustentação discursiva, seus universais e seu modo de gozo. Contra eles, uma psicanálise, em operação elíptica permanente de descentramento, decoloniza.

finalmente, o centro e o equante

Tomar a perspectiva decolonial, enfim, não retira do inconsciente suas qualidades sensíveis. O modo operatório com que a norma simbólica constrange o corpo de gozo continua a reger os discursos e a forjar seus efeitos. O que verificamos como novos são os nomes de gozo despertados e os truques inventados pelo inconsciente na mitridatização dos efeitos de discurso de nossa época, quando descentramos o olhar de sua função de enquadre. Tomar o olhar como pulsão escópica, e deslocar seu eixo do lugar regente do olhar que a tudo vê menos a si mesmo, deixa desnuda a obscenidade do gozo opressor. Assim, as ferramentas inconscientes: eu, isso, supereu; sua topografia, dinâmica e economia pulsional; seus registros real, simbólico e imaginário; em elipse, implodem os arranjos que pareciam orquestrar e regular nosso agora. Na mais radical experiência com a palavra, ela desbota os significantes mestres de nossa geopolítica, que, obsoletos para compor os regimes normativos dos semblantes, esvaziam-se como saber-poder. Sabemos hoje que são apenas semblantes, não normas. "As categorias tradicionais que organizam a existência passam para o nível de simples construções sociais, votadas à desconstrução. Não é apenas o fato de os semblantes vacilarem, mas de eles serem reconhecidos como semblantes".[81] E, devido a um curioso entrecruzamento, é a psicanálise que, por meio de Lacan, restitui o outro termo da polaridade conceitual: nem tudo é semblante, há um real.[82]

Há um movimento hegemônico de unicidade e homogeneização que reduz as experiências plurais e os saberes em dispersão num único modo de gozo que se pretende universal. Ele se justifica na imposição, pela Igreja, pelo Exército, pela nanotecnologia e pela virtualização do espaço comum, da cosmologia eurocêntrica-racional-ocidental-universalizada[83]

---

80 > Jacques Lacan, *O seminário, livro 16: de um Outro ao outro* (1968-1969), op. cit., p. 178.
81 > Jacques-Allain Miller, *O inconsciente e o corpo falante*, conferência de encerramento apresentada no IX Congresso da Associação Mundial de Psicanálise (AMP), Paris, 14 de abril, s.p., 2014. Disponível em: https://www.wapol.org/pt/articulos/Template.asp?intTipoPagina=4&intPublicacion=13&intEdicion=9&intIdiomaPublicacion=9&intArticulo=2742&intIdiomaArticulo=9.
82 > Ibid.
83 > Boaventura de Sousa Santos, Para além do pensamento abissal: das linhas globais a uma ecologia de saberes. *Revista Novos Estudos*, n. 79, 2007.

como único modo legítimo de gozo, de usufruto do corpo e de relação com o Outro. Essa estrutura cria obstáculos ao pensamento e à ação, num regime de ocultamento e negação que mantém, à força e com violência, a dimensão local do pós-colônia como a-científica, primitiva, equivocada, subalternizada, selvagem.

A realidade negada é lida sob a lente imperial da dominação e submetida ao silenciamento em suas idiossincráticas manifestações, tomadas como desvio, patologia, defeito, anormalidade, selvageria, primitivismo, alienação. No campo ético, que se soma ao político, na práxis que recolhe o sofrimento psíquico como resposta inconsciente a essa condição colonial, emergem categorias que mesclam pobreza e diagnóstico, condenação e tratamento, criminalidade e incidência superegoica. Elas exigem um descentramento subversivo que resguarde o singular da experiência de gozo, sem perder de vista o horizonte geopolítico e histórico de sua inscrição violenta como universal. Nessa dobra forçada das linhas abissais, sua torção pela psicanálise pode trazer à luz elementos para leitura e intervenção junto à violência estrutural que essa lógica constitui. Esse entrecruzamento restitui o real.

Se na matriz de toda fraternidade está a segregação, a condição colonial do mal-estar contemporâneo radica do fato de que todo modo de gozo, disjunto do conjunto patriarcal, fálico e normatizado como permitido, porque identificado ao Ideal de Eu do colonizador imperialista, ameaçará os demais modos de gozo. O Ideal de Eu age como um regulador interno que tenta reparar todas as faltas do sujeito no inconsciente, exigindo sempre mais gozo. O Supereu agencia o Eu a partir do Ideal do Eu. Se o Ideal de Eu é encarnado pelo colonizador, daí nascerão os constrangimentos que produzem seus efeitos inconscientes junto a modos (não) consensuados de gozo. Constitui-se, assim, no modelo patriarcal, branco, acumulado e cisheteronormativo, a linha abissal de pertencimento ao que se legitima como norma humana. Desenha-se, aos moldes do Império, como se pode usufruir de um corpo, de um povo, de uma terra.

O prisma, portanto, sob o qual um acontecimento inconsciente é analisado, traz consequências em relação ao seu modo de apreensão, leitura e intervenção. Por isso, tomar a resposta inconsciente como efeito do modo como o discurso de uma época e de uma geopolítica incide sobre a normatização de modos consentidos e proibidos de satisfação interpõe fractalmente outra perspectiva no manejo da lente. Essa resposta resulta necessariamente numa cristalização nova do efeito de inconsciente que, por sua vez, opacifica esse discurso.[84] Daí o necessário levantamento do véu neocolonial para se deixar ver o modo como, aconteça o que acontecer, os efeitos civilizatórios farão o sujeito recuar, mitridatizarão o corpo com relação ao discurso, embaraçarão, desde os imperativos do supereu, as vias desejantes.

---

84 > Jacques Lacan, *O seminário, livro 8: a transferência*. Rio de Janeiro: Jorge Zahar, 1992, p. 324.

> Cristalização nova quer dizer o quê? Os efeitos que constatamos – não causam mais, nos pacientes, o mesmo efeito, o fato de se lhes dar certas percepções ou certas chaves, que se maneje diante deles certos significantes. [...] as estruturas subjetivas que correspondem a essa cristalização nova, estas não têm necessidade de serem novas. Falo desses registros ou graus de alienação, sob os termos de eu, supereu, ideal de eu.[85]

Essas estruturas são como ondas estáveis face à turbulência mundana. O inconsciente inventa truques com sua maquinaria, conforme se lhe são impostas codificações sociossimbólicas de modos e meios de gozo. Por isso, numa época em que o capitalismo farmacopornográfico desenha modos de desejo e de adoecimento, sem o seu suporte técnico, farmacológico e midiático, um corpo se torna errante na busca por satisfação.[86] Ou, ainda, numa geopolítica em que se erguem fronteiras, muros e enclaves, que dividem, classificam e hierarquizam as humanidades entre as reconhecidas e as rebaixadas, as semelhantes e as desprezadas, as que merecem viver e as que devem morrer por um critério racial essencialista, outras ondas de resistência se forjam.[87] Quando novos enquadres determinam, sob o manto da neutralidade asséptica e científica, o que pode e o que não pode ser lido, a vida precária que tem direito à proteção e a que não o tem,[88] as formas de racismo e sexismo[89] amplificam o espectro que, no mal-estar colonial,[90] exclui formas de vida e dilacera meios de relação. As formas de racismo estrutural, o devir negro no mundo, aloca todo corpo à condição precária de poder ser morto, sem apelo a uma ordem que defenda a pluralidade de formas de viver.

Assim, em testemunho decolonial de um modo elíptico de rearranjo de agenciamento, se abri com dois homens, encerro este texto com uma mulher, negra, poeta, coreógrafa, folclorista, estilista e ativista afro-peruana com uma enunciação em ato. Com sua poesia performada, "Me gritaron negra", Victoria Santa Cruz[91] mostra como tratar o gozo contido na nomeação que vem como espelho doutrinador do Outro imperialista. Ao apontar-lhe, pelo vazio da pulsão invocante que alojava o significante "negra", seu modo obsceno, racista e imperialista de gozo, perspectiva o Outro e realoja o gozo do corpo. Ao alienante

---

85   > Ibid.
86   > Paul Preciado, *Testo junkie: sexo, drogas e biopolítica na era farmacopornográfica*. São Paulo: n-1 Edições, 2018.
87   > Achille Mbembe, *Necropolítica: biopoder, soberania, estado de exceção, política da morte*, trad. bras. Renata Santini. São Paulo: n-1 edições, 2018.
88   > Judith Butler, *Quadros de guerra – quando a vida é passível de luto?*, trad. bras. de Sérgio Lamarão e Arnaldo Marques da Cunha. Rio de Janeiro: Civilização Brasileira, 2018.
89   > Lélia Gonzalez, "Racismo e sexismo na cultura brasileira". In Flávia Rios e Márcia Lima (Orgs.), *Por um feminismo afro-latino-americano*. Rio de Janeiro: Zahar, 2020.
90   > Deivison Faustino, O mal-estar colonial: racismo e o sofrimento psíquico no Brasil, *Clínica & Cultura*, vol. 8, n. 2, 2019, pp. 82-94.
91   > Victoria Santa Cruz, "Me gritaron negra", 1960. Disponível em: https://www.geledes.org.br/me-gritaron-negra-a-poeta-victoria-santa-cruz/.

"Negra!" que lhe gritaram na rua, num primeiro momento de identificação, ele cede de si, alojando-se no lugar da estrutura simbólica a ela destinado na hierarquia colonial dos corpos. Descontruído e apropriado como nome do gozo, nome próprio, "Negra soy" desloca o poder patriarcal, branco, burguês e cisheteronormativo em ato de fala com valor de tratamento do traumático acontecimento de corpo. O mesmo significante "Negra!" e seu deslize metonímico mostram o efeito que buscamos com uma psicanálise em elipse decolonial: nomear o gozo do Outro, separar-se de seus significantes mestres, (re)apropriar terra, corpo, gênero e nome, multinaturalismos, numa posição que desvela o gozo e imiscui na estrutura o processo histórico e geopolítico, na construção do nome próprio como nome de gozo pelo qual se responsabiliza. Nunca mais o mesmo.

Me gritaron negra – Victoria Santa Cruz

Tenía siete años apenas,
apenas siete años
Qué siete años!
No llegaba a cinco siquiera!
De pronto unas voces en la calle
Me gritaron Negra!
Negra! Negra! Negra! Negra! Negra! Negra! Negra!
"Soy acaso negra?"- me dije
SÍ!
"Qué cosa es ser negra?"
Negra!
Y yo no sabía la triste verdad que aquello escondía.
Negra!
Y me sentí negra,
Negra!
Como ellos decían
Negra!
Y retrocedí
Negra!
Como ellos querían
Negra!
Y odie mis cabellos y mis labios gruesos
Y mire apenada mi carne tostada
Y retrocedí
Negra!
Y retrocedí ...
Negra! Negra! Negra! Negra!
Negra! Negra! Negra!
Negra! Negra! Negra! Negra!
Negra! Negra! Negra! Negra!
Y pasaba el tiempo,
Y siempre amargada
Seguía llevando a mi espalda
Mi pesada carga
Y cómo pesaba!...

Me alacié el cabello,
Me polvee la cara
Y entre mis entrañas siempre resonaba la misma palabra
Negra! Negra! Negra! Negra!
Negra! Negra! Neeegra!
Hasta que un día que retrocedía, retrocedía y qué iba a caer
Negra! Negra! Negra! Negra!
Negra! Negra! Negra! Negra!
Negra! Negra! Negra! Negra!
Negra! Negra! Negra!
Y qué?
Negra!
Si   Negra!
Soy
Y qué?
Negra!
Negra
Negra!
Negra soy
Negra!
Si
Negra!
Soy
Negra!
Negra
Negra!
Negra soy
De hoy en adelante no quiero
Laciar mi cabello
No quiero
Y voy a reírme de aquellos,
Que por evitar -según ellos-
Que por evitarnos algún sinsabor
Llaman a los negros gente de color
Y de qué color!
Negro
Y qué lindo suena!

Negro
Y qué ritmo tiene!
Negro Negro Negro Negro
Negro Negro Negro Negro
Negro Negro Negro Negro
Negro Negro
Al fin
Al fin comprendí
Al fin
Ya no retrocedo
Al fin
Y avanzo segura
Al fin
Avanzo y espero
Al fin

Y bendigo al cielo porque quiso Dios
Que negro azabache fuese mi color
Y ya comprendí
Al fin
Ya tengo la llave!
Al fin
Negro Negro Negro Negro
Negro Negro Negro Negro
Negro Negro Negro Negro
Negro Negro
Negra soy

PSILACS

@psilacs – ufmg – www.psilacs.org

> o núcleo psilacs (psicanálise e laço social no contemporâneo – universidade federal de minas gerais) articula transmissão, pesquisa e extensão em psicanálise, com apoio do instituto pipa (instituto de pesquisa e intervenção em projetos de assistência social), em cinco frentes: <

> programa já é – psicanálise, juventudes e cidade – coordenação: *tatiana goulart e fídias siqueira* <

> programa transmissão lacaniana – a letra de jacques lacan – coordenação: *ernesto anzalone e renata mendonça.* <

> programa interfaces – psicanálise, direito, interdisciplinaridade e contemporaneidade – coordenação: *adriana goulart, camila nicácio, marina otoni, paula penna, rodrigo lima* <

> programa conexão – radar psilacs nas redes sociais – equipe: *lucas rocha, ana paula menezes de souza, joao pedro salgado, dalila amorin, sarah murali* <

> programa ocupação psicanalítica – psicanálise, clínica e antirracismo – *equipe minas gerais: alessandro silva, beatriz dagma, caique henrique, cristiane ribeiro, dalila amorin, enrico poletti, gabriela ferreira, joao pedro salgado, késsia brito, leila lemes, lucas rocha, marcela fernanda, olívia viana, david cárdenas, paulina rosa, renata mendonça, thaiane libório, tayná santos* <

> coordenação geral: *andréa máris campos guerra* <

A Coleção Decolonização e Psicanálise, como movimento em elipse nas terras psicanalíticas, inaugura um programa continuado de descentralização. Às voltas com os impasses do horizonte da subjetividade de nossa época, criamos um espaço livre para formulação de perguntas sobre os alcances de nossa práxis, sobre os fundamentos de nosso saber, sobre o gozo singular que impera adestrado em nosso contemporâneo, sobre a ontologia do corpo falante e sobre a estética de mundo que daí deriva.

O programa pretende enumerar as perguntas para as quais já vivemos as respostas, sem termos criado o tempo de sua nomeação. A clínica psicanalítica, na sua experiência mais íntima com o falasser, é interrogada pelos movimentos sociais e feministas, pelas teorias críticas, pelo mal-estar colonial. E, desde fora, recebe o impacto do edifício pulsional, que atualiza modos de sofrimento, de resistência, de invenção. Esta coleção recolhe e testemunha em ato seus efeitos.

Em obras coletivas e obras autorais, nacionais ou estrangeiras, buscamos recolher o saber-fazer com o resto que escreve respiradouros para a Psicanálise. Sustentamos um espaço no qual o acontecimento traumático se escreve pela contingência do desejo. Seu desenho, cuja imagem se constitui a cada pincelada, subverte a ideia original ao tocar o real.

A cada nova obra, esperamos forçar a necessária presença desvelada da herança colonial nos confins do mundo em que habitamos: nosso corpo. Nossa geopolítica, latina, desde a qual a transmissão da psicanálise se renova universal na escuta singular, torna viva sua lâmina afiada. De nossa língua mãe de gozo, ensaiamos ler os contornos e os excessos de nosso agora.

Sinta-se parte.

Dados Internacionais de Catalogação na Publicação (CIP) de acordo com ISBD

P974	A psicanálise em elipse decolonial / vários autores ; organizado por Andréa Máris Campos Guerra, Rodrigo Goes e Lima ; ilustração na capa Denilson Baniwa. - São Paulo : n-1 edições, 2021. 288 p. : il. ; 16cm x 23cm. – coleção decolonização e psicanálise Inclui índice. ISBN: 978-65-86941-57-9 1. Psicanálise. 2. Decolonização. 3. Antirracismo. 4. Clínica. 5. Política. I. Guerra, Andréa Máris Campos. II. Lima, Rodrigo Goes e. III. Baniwa, Denilson. IV. Título. V. Série.
2021-2635	CDD 150.195 CDU 159.964.2

Elaborado por Vagner Rodolfo da Silva - CRB-8/9410

Índice para catálogo sistemático:
1. Psicanálise 150.195
2. Psicanálise 159.964.2

n-1
edições

O livro como imagem do mundo é de toda maneira uma ideia insípida. Na verdade não basta dizer Viva o múltiplo, grito de resto difícil de emitir. Nenhuma habilidade tipográfica, lexical ou mesmo sintática será suficiente para fazê-lo ouvir. É preciso fazer o múltiplo, não acrescentando sempre uma dimensão superior, mas ao contrário, da maneira mais simples, com força de sobriedade, no nível das dimenões de que se dispõe, sempre n-1 (é somente assim que o uno faz parte do múltiplo, estando sempre subtraído dele). Subtrair o único da multiplicidade a ser constítuida; escrever a n-1.

Gilles Deleuze e Félix Guattari